1 あいさつ p.1

2 紹介 p.14

3 日常生活 p.32

4 お礼を言う・あやまる p.42

5 祝う・なぐさめる p.49

6 呼びかけ・質問 p.57

7 肯定・否定 p.62

8 能力・可能性 p.68

9 感情表現 p.73

10 意見・好み・願い p.83

11 誘う・約束 p.95

12 許可・依頼 p.105

13 数・時間の表現 p.112

14 現在と過去の出来事 p.126

15 未来の予定 p.133

＊後半は巻末に

Daily
Japanese-German-English
Dictionary of Conversation

デイリー日独英
3か国語会話
辞典 カジュアル版

渡辺学 [監修]
三省堂編修所 [編]

© Sanseido Co., Ltd. 2006

Printed in Japan

装丁　三省堂デザイン室
装画　内山洋見

はじめに

　海外旅行や日常生活の場面で，さまざまな外国語とふれあう機会が，一昔前に比べると飛躍的に増えています．むずかしいことはさておき，まずは「こんにちは．Guten Tag!/グーテン ターク/」のひとことで見も知らぬ外国の人と意思を通わせることができたら，旅や出会いの楽しさも倍増するのではないでしょうか．この辞書は，そんな読者を後押しするために作りました．

　全体を 27 の状況に分けて，それぞれの場面でよく使われる表現を集めました．ドイツ語にはカナ発音が付いています．『3か国語』のタイトルどおり，英語も示してありますので，ドイツならではの文化を英語で表現する楽しみも味わっていただけることと思います．
　「修道院とワイン」「ブンデスリーガ観戦」など，実際の場面を想定した会話のやりとり（シミュレーション）も収めました．また，まとめて覚えると効率のよい関連語や知っておくと得するミニ情報のコラムもあります．巻末には，日独・独日単語帳も付いているので，看板や掲示でよく見かける単語を勉強することもできます．

　本書は，監修を学習院大学文学部教授　渡辺学先生にお願いいたしました．株式会社ジャレックスには編集作業全般にご協力いただきました．ハンディで見やすいこの辞書とともに，Gute Reise!/グーテ ライゼ/楽しい旅を！

2006 年 3 月

三省堂編修所

＊ 本書は 2006 年版を新たな判型のカジュアル版として刊行したものです．

基本文法表（数詞・冠詞・代名詞など）

■基数詞

0	null	/ヌル/
1	eins	/アインス/
2	zwei	/ツヴァイ/
3	drei	/ドライ/
4	vier	/フィーア/
5	fünf	/フュンフ/
6	sechs	/ゼクス/
7	sieben	/ズィーベン/
8	acht	/アハト/
9	neun	/ノイン/
10	zehn	/ツェーン/
11	elf	/エルフ/
12	zwölf	/ツヴェルフ/
13	dreizehn	/ドライツェーン/
14	vierzehn	/フィルツェーン/
15	fünfzehn	/フュンフツェーン/
16	sechzehn	/ゼヒツェーン/
17	siebzehn	/ズィープツェーン/
18	achtzehn	/アハツェーン/
19	neunzehn	/ノインツェーン/
20	zwanzig	/ツヴァンツィヒ/
21	einundzwanzig	/アインウントツヴァンツィヒ/
30	dreißig	/ドライスィヒ/
40	vierzig	/フィルツィヒ/
50	fünfzig	/フュンフツィヒ/
60	sechzig	/ゼヒツィヒ/
70	siebzig	/ズィープツィヒ/

80	achtzig	/アハツィヒ/
90	neunzig	/ノインツィヒ/
100	hundert	/フンダート/
1000	tausend	/タオゼント/
1万	zehntausend	/ツェーンタオゼント/
10万	hunderttausend	/フンダートタオゼント/
100万	eine Million	/アイネ ミリオーン/
1000万	zehn Millionen	/ツェーン ミリオーネン/
1億	hundert Millionen	/フンダート ミリオーネン/

■序数詞

1番目の	erst	/エーアスト/
2番目の	zweit	/ツヴァイト/
3番目の	dritt	/ドリット/
4番目の	viert	/フィーアト/
5番目の	fünft	/フュンフト/
6番目の	sechst	/ゼクスト/
7番目の	siebt	/ズィープト/
	siebent	/ズィーベント/
8番目の	acht	/アハト/
9番目の	neunt	/ノイント/
10番目の	zehnt	/ツェーント/
11番目の	elft	/エルフト/
12番目の	zwölft	/ツヴェルフト/
13番目の	dreizehnt	/ドライツェーント/
14番目の	vierzehnt	/フィルツェーント/
15番目の	fünfzehnt	/フュンフツェーント/
16番目の	sechzehnt	/ゼヒツェーント/
17番目の	siebzehnt	/ズィープツェーント/
18番目の	achtzehnt	/アハツェーント/
19番目の	neunzehnt	/ノインツェーント/

20番目の	zwanzigst	/ツヴァンツィヒスト/
21番目の		
	einundzwanzigst	/アインウントツヴァンツィヒスト/
30番目の	dreißigst	/ドライスィヒスト/
40番目の	vierzigst	/フィルツィヒスト/
50番目の	fünfzigst	/フュンフツィヒスト/
60番目の	sechzigst	/ゼヒツィヒスト/
70番目の	siebzigst	/ズィープツィヒスト/
80番目の	achtzigst	/アハツィヒスト/
90番目の	neunzigst	/ノインツィヒスト/
100番目の	hundertst	/フンダーツト/
1000番目の	tausendst	/タオゼンツト/

■その他の数の表現

2倍の	doppelt	/ドッペルト/
	zweifach	/ツヴァイファッハ/
3倍の	dreifach	/ドライファッハ/
$1/2$	halb	/ハルプ/
$2/3$	zwei drittel	/ツヴァイ ドリッテル/
$2\,4/5$	zwei und vier fünftel	/ツヴァイ ウント フィーア フュンフテル/
0,1	null Komma eins	/ヌル コンマ アインス/
2,14	zwei Komma vierzehn	/ツヴァイ コンマ フィルツェーン/

●小数点には「,」(Komma/コンマ/) を使う.

■定冠詞(類)・不定冠詞(類)の変化

定冠詞(類)　　　　　　単数
　　　　　男性　　　　　　女性　　　　　　中性
1格　der/dieser　　　die/diese　　　das/dieses
2格　des/dieses　　　der/dieser　　　des/dieses
3格　dem/diesem　　der/dieser　　　dem/diesem
4格　den/diesen　　　die/diese　　　das/dieses
　　　　　　　　　　　複数
1格　　　　　die/diese
2格　　　　　der/dieser
3格　　　　　den/diesen
4格　　　　　die/diese

● 指示代名詞 jener, solcher; 疑問代名詞 welcher; 不定代名詞 jeder, mancher も上の指示代名詞 dieser の変化に準ずる.

不定冠詞(類)　　　　　　単数
　　　　　男性　　　　　　女性　　　　　　中性
1格　ein/mein　　　　eine/meine　　　ein/mein
2格　eines/meines　　einer/meiner　　eines/meines
3格　einem/meinem　einer/meiner　　einem/meinem
4格　einen/meinen　　eine/meine　　　ein/mein
　　　　　　　　　　　複数
1格　　　　　－/meine
2格　　　　　－/meiner
3格　　　　　－/meinen
4格　　　　　－/meine

● 所有代名詞 dein(きみの), sein(彼の, それの), ihr(彼女の, 彼らの, 彼女らの, それらの), unser(私たちの), euer(きみたちの), Ihr(あなたの, あなたがたの) および否定冠詞 kein も, 上の mein(私の) に準じて変化する. 複数形の不定冠詞はない.

■形容詞の付加語的用法

	男性	単数 女性
1格	guter Tee	gute Milch
2格	guten Tees	guter Milch
3格	gutem Tee	guter Milch
4格	guten Tee	gute Milch

1格	der alte Baum	die neue Tür
2格	des alten Baums	der neuen Tür
3格	dem alten Baum	der neuen Tür
4格	den alten Baum	die neue Tür

1格	ein guter Vater	eine nette Mutter
2格	eines guten Vaters	einer netten Mutter
3格	einem guten Vater	einer netten Mutter
4格	einen guten Vater	eine nette Mutter

■人称代名詞の格変化

単数

1格	ich	du	er, sie, es	Sie
2格	(meiner)	(deiner)	(seiner, ihrer, seiner)	(Ihrer)
3格	mir	dir	ihm, ihr, ihm	Ihnen
4格	mich	dich	ihn, sie, es	Sie

複数

1格	wir	ihr	sie	Sie
2格	(unser)	(euer)	(ihrer)	(Ihrer)
3格	uns	euch	ihnen	Ihnen
4格	uns	euch	sie	Sie

● 2格は今日ではほとんど用いられない．

中性	複数
gutes Bier	gute Weine
guten Bier(e)s	guter Weine
gutem Bier	guten Weinen
gutes Bier	gute Weine
das blaue Haus	die alten Bäume
des blauen Hauses	der alten Bäume
dem blauen Haus	den alten Bäumen
das blaue Haus	die alten Bäume
ein braves Kind	gute Väter
eines braven Kind(e)s	guter Väter
einem braven Kind	guten Vätern
ein braves Kind	gute Väter

■動詞 haben/sein/werden/wissen の現在人称変化

	haben	*sein*	*werden*	*wissen*
ich	habe	bin	werde	weiß
du	hast	bist	wirst	weißt
er	hat	ist	wird	weiß
wir	haben	sind	werden	wissen
ihr	habt	seid	werdet	wisst
sie	haben	sind	werden	wissen
Sie	haben	sind	werden	wissen

キーワード索引

あ行

(時間が) 空いている.........99, 101
(席が) あいている 216
会いましょう......................97, 102
明かり..270
あきらめないで..........................55
あこがれる................................201
明日 134, 136, 141
頭にくる.....................................81
扱っておりません....................241
あとにします.............................98
謝る...45
ありがとう...................7, 42, 43
(〜に) あります.......................241
ありますか.... 55, 166, 178, 194, 195, 199, 213, 219, 239, 244, 245, 295
ありませんでした....................273
歩く..180
安心..75
案内...185
いい 63, 83, 97, 98, 100, 106, 111, 179,
いいえ.................................64, 151
いいかげんに..............................80
いい知らせ 74
Eメール........................268, 269
家にいます 137
いかがですか..................100, 225
〜行き..157
息が苦しい...............................285
行きましょう..............................96
行きます...............104, 138, 139
行きませんか...................95, 212
行く... 32
いくらですか......112, 162, 166, 246
行けます [ません]........71, 72, 98
居心地がいい............................ 76
(〜年) 以上................................132
急いでいる................................ 66
忙しい................................66, 127
痛い....................................282, 287
(〜を) いただけますか............218
痛み止め...................................296
痛む........................282, 286, 287
一概には言えません................. 84
いつ......88, 100, 118, 134, 165, 196, 281
いつから [まで]...............134, 281
いつでも言ってください............44
1泊.. 174
いなくなりました....................275
今ごろは...................................127
(〜に) います...........................185
意味... 61
いやです..................................... 65
いらいら.................................... 80
いらしてください............6, 97
いらっしゃいませ....................239
入れ歯.......................................289
色違い.......................................244
印象的.. 73
インターネット 167, 268
うかがいます..............................6
動けません...............................277
うまくありません..................... 70
うまくいく................................. 56
(〜で) 生まれました.................17

裏手	182
うるさい	174
うれしい	49, 51, 75, 76, 227
エアコン	174
ATM	267
駅	158, 160, 182
エコノミー	163
エレベーター	172, 241
遠慮	107
お会い（することに）しましょう．	96, 103
おいしい	74, 225, 227
お祝い	49
応援	196
往復	156
大きな声で	60
大喜びでした	43
おかげです	43
おかしい	74
おかわり	227
お勘定	222
起きる	32
送る	247
（時計が）遅れる	114
お元気そうですね	3
お元気ですか	2, 3, 4
お先に	58
教える	213
お勧め	216
お世話になりました	44
お粗末	87
落ち込む	79
落ち着く	56
お伝えください	263
おつり	162, 222, 248
落とす	57
お取りください	225

驚きました	78
お腹が一杯	227
お腹がすく	212
お願いがある	108
（〜さんを）お願いしたいのですが	262
お願いします	112, 161,163,167, 223
おはよう	1
お久しぶりです	5
覚えていらっしゃいますか	5
お待ちください	111, 219, 263
おまわりさん！	276
おみやげ	43
おめでとう	49, 50, 51, 53
お目にかかれてうれしいです	5
思います	83, 84, 131, 138
思いません	64, 84
おもしろい	73, 85
思ってもみません	78
おやすみなさい	1
お湯	174
（〜時に）終わります	33
音量	270

か行

〜階	170, 183
改札	102
階段	241
（ペットを）飼う	21
買う	112
（ユーロに）替えてください	267
帰る	294
顔色	296
香り	225
書留	265

確認	171, 219	気に入る	43, 75, 80
かけなおす	263	気にしないでください	47
火事だ！	276	気の毒	54
風邪	283, 295	気分	281, 283, 297
課税	153	（〜から）来ました	15, 16
片道	156	来ます	140
勝つ	198	休館日	193
がっかり	79, 87	救急車	277
角を曲がる	182	急行	157
悲しい	81	興味	89
かなりあります	181	去年	130
かゆい	287	嫌い	89, 213
（〜に）通う	200	気楽に	55
（今朝）からです	281	気を落とさないで	54
かわいそう	55	気をつける	8, 45
換金	194	禁煙席	215
関係ありません	66	銀行	266
観光	150, 192	緊張	82
感謝します	42	具合悪い	281
関心	89	〜空港	165
かんたんです	70	空席待ち	163
感動	74, 86	薬	152, 295
乾杯！	220	（〜を）ください	112, 156, 193, 217, 220, 223, 246, 295
がんばる	56, 199		
キー	170, 173	くつろいでいます	76
気温	148	クレジットカード	173, 222
聞き取れません	70	警察(官)	184, 272
聞こえません	60	携帯	262, 264
期待外れ	86	けが	277, 290
（〜度）来たことがあります	16	結構です	65, 98, 100
きつい	245	下痢	284
喫煙席	215	元気です	2, 4
切手	265, 266	現金	222, 247
切符	159	検査	283, 293
着ている	275	豪華	87
来てください	277	航空券	151
来てくれますか	103	航空便	265

口座	267
交差点	180
～号室	170, 173
交通事故	277
小切手	266
国外	152
午後	134, 135
ここ数年	131
(～に) ございます	240
ご使用になれません	222
午前中	135
ごちそう	224
ごちそうする	214
こちらこそ	44
こちらは (～さん) です	23
こちらへどうぞ	215
小包	265
子供	19, 20
困っています	82, 272
困ります	65
ごめんなさい	46, 47
これから	137, 140
怖い	81
コンセント	269
こんにちは	1
こんばんは	1
今夜	136

さ 行

～歳	19, 20
最高 (です)	74, 85
サイズ	243, 244
サイン	169
(～を) 探しています	240
探してください	275
さっき	129
寂しい	81
さようなら	7
(～に) 参加します	200
賛成	83
残念	54, 79, 111
試合	139, 197
～時間	116
仕事	3
時差ぼけ	6, 297
自信がある [ない]	71, 201
静かな	175
～したい	91, 92, 93, 94
～次第	140
したくありません	65
～したことがあります [ありません]	129, 130
～したところです	128, 129
～したほうがいい	55
失礼しました	45
～していただけます [ません] か.	59, 108, 109, 194
～しているところです	126, 127
～してください	103, 109, 110, 111, 158, 161, 162, 185, 218,
(～に) してください	217, 223, 295
～してくださいますか	108
～してくれます [ません] か	108, 109, 196
～してはいけません	107
～してもいいですか	105, 106, 107, 193, 241, 244
～してもらえますか	109
自動販売機	178
～しないでください	223
(～に) します	217, 221
～しませんか	95
写真	276

シャワー	167, 174
充電	271
十分	65, 227
週末	136
出張	140
(〜を) 紹介します	23
上手	86
冗談	77
商用	150
常用する	295
職業	18
食事	138
食欲	283
ショック	78
調べる	164
知りません (でした)	64, 131, 278
申告	151
信じられません	78
親切	44, 87
診断書	152
心配 (事)	81, 82
スイッチ	269, 270
好き	88, 89, 90, 201
〜すぎます	243
過ぎる	160
すぐそこ	181
すぐに	137
すごい	73
過ごしやすい	146
(時計が) 進む	114
ずっと前に	131
すでに	131
すばらしい	73
スペル	168
スポーツ	200
すみません	45, 46
すみません (が…)	57, 58
(〜に) 住む	22
すられる	273
〜するかもしれません	139
〜することにしました	139
姓	14
税関	152
請求額	222
席	158, 159
責任	48
先約	66
そういたします	111
送金	267
送迎バス	196
そうしましょう	103
相談	55
そうなんですか	63
速達	265
素材	242
そのとおり	62, 84
そのときちょうど	130

た行

〜対〜	197
退屈	81
大好物	225
滞在	150
大使館	278
たいしたことはありません	291
だいじょうぶ	5, 47, 100, 213
大好き	89, 90
体調	297
大変	54, 82
(物価が) 高い	87
高すぎます	247
タクシー	160, 161, 181
助かります	104

助けて！	276
たった今	128
楽しかった	75
楽しみ	76, 104
たばこ	153, 215
食べられます [ません]	226
食べる	212, 224, 226
たまに	35
だめです	70, 107, 220
だるい	285
誕生日	17
チェックイン [アウト]	168, 172
ちがいます	64
チケット	193
地図	184
チャンネル	270
昼食	33
注文	216, 218
朝食	172
ちょうどいいです	244
（〜は）ついていますか	195
ツイン	167
通訳	278
疲れ	297
疲れる	5, 6, 297
着く	159, 160
都合	100, 101
包む	247
（〜に）勤める	18
つまらない	79
出かけませんか	96
手が届く	68
手が離せません	98
できます [ません]	66, 69, 107
手ごろ	213
デザート	221
デザイン	244

手伝い	58
出てこられませんか	71, 96
手で持つ	226
デパート	179
手前	184
テラス席	214
テレビ	34, 270
〜点入れる	198
天気	141, 146
電球	174
電池	269, 270
電話	103, 262, 263, 273
（週に）〜度	35
トイレ	167, 173, 178
トイレットペーパー	174
どういたしまして	44
どう思いますか	83, 85
同感です	63
どうして	99
どうしよう	78
搭乗	164
どうすれば	179
（〜を）どうぞ	7
どうぞ	107
どうでしたか	85
どうですか	96, 212
同点	198
どうやって	179, 225
遠い	180
通して	58
〜時に	101
得意	69, 70
特徴	274
どこ	15, 59, 102, 133, 134, 156, 157, 159, 172, 179, 180, 192, 193, 194, 240
どちら	22, 133

特急	157
どなた	59
どのくらいかかりますか	116, 161, 180, 247, 293
トラベラーズチェック	247, 267
取り替える	248
どれくらい	118
どろぼう！	276

な行

治る	298
（〜を）なくしました	272
なぜ	61
何	51, 59, 60, 88, 126, 133, 151, 219, 225, 282
何もし（てい）ません	34, 127, 200
何よりです	4
何をしますか	33
何をなさっていますか	18
名前	14, 15, 214, 275
なるほど	61, 62
何階ですか	170, 240
何時	113, 114, 115
何時間	116
なんともありません	47
何日	117
何番	263
何分	116
何曜日	118
似合う	245
苦手	70, 89, 213
荷物	159, 161, 164
入国目的	150
入場料	193
盗まれる	273, 274
熱	282, 285, 286
熱中	90
寝不足	297
眠る	6, 285
寝る	33
のどが渇く	212
飲みませんか	95
（薬を）飲む	294
乗り換え	157, 158
乗り場	192
のんびりする	34

は行

パーティー	138
はい	151
倍	113
（〜は）入っていますか	195
バイバイ	8
ばかげています	80
〜泊	166
橋	184
初めてです	15, 226
はじめまして	4
始めましょう	96
バス	158
バス停	178
パスポート	150, 272
話が違います	248
話せません	68
晴れています	146
番号が違います	263
〜番線	158
反対	83
反対側	182
半分	113
引き分ける	198
左手	182

ぴったりです	245
ひどい	80, 86
一口	220
暇	101
（店が）開いている	193
昼	135
ビル	182, 183
拾う	274
便	163
ファン	197
フィルム	270
二日酔い	297
船便	265
振り込み	266
プレゼント	43, 51
下手	86
部屋	167, 168, 171
便秘	284
他の人	184
ほしい	91
ほしくありません	91
没収	152
ほっといてください	66
ホテル	165, 166, 172
ほとんど～しません	35
本気	77
本当	77

ま行

まあまあです	2
（右に）曲がる	183
まけてもらえますか	247
まさか	77
まずまず	86
また明日	8
またあとで	8
また来てください	294
まだ来ません	219
また近いうちに	8
間違う[える]	222, 248, 263
待つ	57, 137, 214
まっすぐ	183
まぶた	289
迷う	185
回ります	139
満室	171
満席	163
満足	75
見えますか	71
右手	182, 183
見せてください	216, 242
道	182
道に迷う	46, 272
見ているだけです	239
見に行きます	138
身の回り品	153
みやげ	7
むかむかする	284
向こう側	184
虫歯	289
むずかしいです	70
夢中	90
無理です	66, 71
メール	264
召し上がれ	224
滅茶苦茶	86
メッセージ	264
目に入る	289
めまい	284
免税	246
もう	130
もう一度	59, 61
（～と）申します	14, 262

申し訳ありません [ございません] 46, 171, 219	呼ばれています 99
もうたくさん（です）............80, 91	予約 162, 169, 170, 214, 215
もしもし 262	喜んで 63, 111
持ち帰ります 224	よろしい 111
もちろん 63, 97	よろしくお伝えください..............9
最寄の 178	（〜と）呼んでください............. 14

や行

焼き具合 217	
役に立つ [立たない] 84	
やけど 291	
安い 87	
休む 137, 212	
薬局 280	
やったね 49	
やっとできた 75	
やめましょう 103	
夕方 135	
夕食 33	
郵便局 264	
有料 172	
ゆっくり 60	
ゆるい 245	
よいお年を！ 53	
よい休暇を 8	
（乗り物に）酔う 285	
ようこそ 5	
よかった 87	
よかった（です）ね 49, 63	
よく（〜する）........................ 34	
よくありません 86	
よくなりました 298	
横になる 281	
寄ってください 97	
予定 99, 101, 133, 139, 140	

ら行

来週の〜曜日 136
来年 136
リードする 198
リモコン 269
留学 16, 150
了解 63
両替 266
旅行 293
リラックス 76
ルームサービス 173
レシート 249
列車 157
レントゲン 283
連絡を取り合う 9
路線図 192

わ行

わからない 58, 184
わかります（か）........54, 62, 68
わかりません 61, 65, 84
ワクチン 296
わくわく 76
忘れる 46, 273
（〜を）渡しました 223, 248
割り勘 221
悪い 87

第1章 あいさつ

日々のあいさつ
―― こんにちは! ――

1 あいさつ

☐ おはよう.
Good morning.
Guten Morgen!
グーテン　モルゲン

☐ こんにちは.
Good afternoon.
Guten Tag!
グーテン　ターク

☐ こんばんは.
Good evening.
Guten Abend!
グーテン　アーベント

☐ (親しい人に) やあ.
Hello!/ Hi!
Tag!/ Hallo!
ターク/ハロー

☐ おやすみなさい.
Good night.
Gute Nacht!
グーテ ナハト

夜かなり遅い時間であっても Guten Abend! を使います．Gute Nacht! は外出先で夜遅く別れるときなど，相手がまもなく就寝することが見込まれる場面で用いられます．またドイツ語では，Tag, Gabi!; Hallo, Daniel! のように，相手の名前も添えることがしばしばです．

1 あいさつ

近況・暮らしぶりをたずねる・答える
—— お元気ですか？ ——

☐ お元気ですか．

How are you?

Wie geht es Ihnen?

ヴィー ゲート エス イーネン

☐ はい，元気です．あなたは？

I'm fine. And you?

Danke, gut. Und Ihnen?

ダンケ グート ウント イーネン

☐ まあどうということもなくやってます．

Nothing to complain about.

Ich kann mich nicht beklagen.

イヒ カン ミヒ ニヒト ベクラーゲン

☐ まあまあです．

So-so.

So lala.

ゾー ララ

❏ お元気そうですね.

You're looking good.
Sie sehen gut aus.
ズィー ゼーエン グート アオス

■ du か Sie か ■

ドイツ語には日本語にはそのままの形では対応しない, du（家族, 友人など親しい間柄）と Sie（敬称）の使い分けがあります. 大学生を含む若者同士ははじめから du（およびファーストネーム）で呼び合う傾向があるのですが, Sie から du への移行は基本的にお互いの了解のうえでのことです. 初学者のうちは, 小さい子に呼びかける場合 (du) を除き Sie を用いるのを原則とし, du への切り替えは先方のイニシアチブに任せる方がよいでしょう.

❏ （親しい人に）元気？

How are you doing?
Wie geht's?
ヴィー ゲーツ

❏ 仕事はどうですか.

How are you getting along with your business?
Was macht die Arbeit?
ヴァス マハト ディー アルバイト

❏ 忙しいです.

I'm busy.
Ich habe viel zu tun.
イヒ ハーベ フィール ツー トゥーン

❏ 奥さん［ご主人］はお元気ですか.

How's your wife [husband]?
Wie geht es Ihrer Frau [Ihrem Mann]?
ヴィー ゲート エス イーラー フラオ［イーレム マン］

1 あいさつ

❏ 息子さん［娘さん］はお元気ですか．
How's your son [daughter]?
Wie geht es Ihrem Sohn [Ihrer Tochter]?
ヴィー ゲート エス イーレム ゾーン［イーラー トホター］

❏ ご両親はお元気ですか．
How are your parents?
Wie geht es Ihren Eltern?
ヴィー ゲート エス イーレン エルターン

❏ マイヤーさんはお元気ですか．
How is Mr. [Mrs./Ms.] Mayer?
Wie geht es Herrn [Frau] Mayer?
ヴィー ゲート エス ヘルン［フラオ］マイヤー

❏ 彼［彼女］は元気です．
He [She] is fine.
Ihm [Ihr] geht es gut.
イーム［イーア］ ゲート エス グート

❏ それは何よりです．
I'm glad to hear that.
Das ist schön zu hören.
ダス イスト シェーン ツー ヘーレン

初対面・再会のときのあいさつ
—— はじめまして．——

❏ はじめまして．
How do you do? /Nice to meet you.
Sehr angenehm!/ Freut mich, Sie kennen zu lernen.
ゼーア アンゲネーム／フロイト ミヒ ズィー ケネン ツー レルネン

❏ お目にかかれてうれしいです．

Nice to meet you.

Freut mich, Sie kennen zu lernen.

フロイト ミヒ ズィー ケネン ツー レルネン

❏ フィッシャーさんではありませんか．

Are [Aren't] you Mr. Fischer?

Sind Sie nicht Herr Fischer?

ズィント ズィー ニヒト ヘル フィシャー

❏ 私を覚えていらっしゃいますか．

Do you remember me?

Erinnern Sie sich an mich?

エアイナーン ズィー ズィヒ アン ミヒ

❏ お久しぶりです．

It's been a long time.

Wir haben uns ja lange nicht gesehen.

ヴィーア ハーベン ウンス ヤー ランゲ ニヒト ゲゼーエン

❏ ようこそドイツへ．

Welcome to Germany.

Willkommen in Deutschland.

ヴィルコメン イン ドイチュラント

❏ 疲れていませんか．

Are [Aren't] you tired?

Sind Sie noch fit?

ズィント ズィー ノッホ フィット

❏ ええ，大丈夫です．

Yes, I'm fine.

Nein, mir geht's gut.

ナイン ミーア ゲーツ グート

❏ ちょっと疲れました.

I'm a little tired.

Ja, ich bin ein bisschen kaputt [erschöpft].

ヤー イヒ ビン アイン ビスヒェン カプット [エアシェプフト]

❏ 時差ぼけかもしれません.

It might be jet lag.

Vielleicht habe ich einen Jetlag.

フィライヒト ハーベ イヒ アイネン ジェットラグ

❏ ぐっすり眠れましたか.

Did you sleep well?

Haben Sie gut geschlafen?

ハーベン ズィー グート ゲシュラーフェン

❏ 熟睡しました.

I slept well./I slept like a log.

Ich habe sehr gut geschlafen.

イヒ ハーベ ゼーア グート ゲシュラーフェン

招待・訪問のあいさつ
—— すてきなお家ですね. ——

❏ うちにいらしてください.

Come over to my place.

Kommen Sie bitte mal zu uns.

コメン ズィー ビッテ マール ツー ウンス

❏ ぜひうかがいます.

I'm definitely going.

Ich komme sehr gern.

イヒ コメ ゼーア ゲルン

1 あいさつ

❑ お招きいただきありがとうございます.
Thank you very much for inviting me.
Vielen Dank für die Einladung.
フィーレン　ダンク　フューア　ディー　**ア**インラードゥング

❑ すてきなお家ですね.
What a wonderful house!
Was für ein schönes Haus!
ヴァス　フューア　アイン　シェーネス　ハオス

❑ これをどうぞ.
Please accept this gift.
Das ist für Sie.
ダス　イスト　フューア　ズィー

❑ 日本のおみやげです.
It's a Japanese gift.
Das ist aus Japan.
ダス　イスト　アオス　ヤーパン

別れのあいさつ
── さようなら. ──

❑ もう行かなくては.
I should be going now.
Ich muss jetzt gehen.
イヒ　ムス　イ**ェ**ット　ゲーエン

❑ さようなら.
Good-bye./See you.
Auf Wiedersehen!
アオフ　**ヴィ**ーダーゼーエン

1 あいさつ

☐ バイバイ．
  Bye(-bye).
  Tschüs!
  チュース

☐ また近いうちに．
  See you soon.
  Bis bald!
  ビス バルト

☐ じゃあまたあとで．
  See you later.
  Bis später!
  ビス シュペーター

☐ また明日．
  See you tomorrow.
  Bis morgen!
  ビス モルゲン

☐ よい休暇を．
  Have a good vacation.
  Schönen Urlaub!
  シェーネン ウーアラオプ

☐ どうぞ，楽しい旅を！
  Have a nice trip!
  Gute Reise!
  グーテ ライゼ

☐ 気をつけてね！
  Take care!
  Mach's gut!/ Alles Gute!
  マハス グート ／ アレス グーテ

❏ あなたもね！
You too!/ The same to you!
Danke gleichfalls!
ダンケ グライヒファルス

❏ またいつかお会いしたいですね.
I hope to see you again sometime.
Ich hoffe, dass wir uns irgendwann wiedersehen.
イヒ ホッフェ ダス ヴィーア ウンス イルゲントヴァン ヴィーダーゼーエン

❏ 今後も連絡を取り合いましょう.
Let's keep in touch.
Bleiben wir in Kontakt.
ブライベン ヴィーア イン コンタクト

❏ ご主人によろしくお伝えください.
My regards to your husband.
Schöne Grüße an Ihren Mann.
シェーネ グリューセ アン イーレン マン

シミュレーション 空港で（1）

ようこそいらっしゃい.

フランツ・正雄

フ ようこそいらっしゃい.
A warm welcome to you!
Herzlich willkommen!
ヘルツリヒ ヴィルコメン

正 飛行機が遅れてしまったよ.
The flight's been delayed.
Das Flugzeug hatte Verspätung.
ダス フルークツォイク ハッテ フェアシュペートゥング

フ 荷物，持ちましょうか.
Shall I carry your bag?
Soll ich Ihr Gepäck tragen?
ゾル イヒ イーア ゲペック トラーゲン

正 ありがとう. でも，軽いですから.
No, thank you. This is light.
Danke. Aber es ist nicht schwer.
ダンケ アーバー エス イスト ニヒト シュヴェーア

フ 食事はすみましたか.
Have you eaten something yet?
Haben Sie schon etwas gegessen?
ハーベン ズィー ショーン エトヴァス ゲゲッセン

正 まだなんです.
Not yet.
Noch nicht.
ノッホ ニヒト

🟥**フ** 空港にレストランがあります.
There is a restaurant in the airport.
Im Flughafen ist das Restaurant.
イム フルークハーフェン イスト ダス レストラーン

それとも,すぐに町に出ますか.
Or shall we go out to the town?
Oder sollen wir gleich in die Stadt fahren?
オーダー ゾレン ヴィーア グライヒ イン ディー シュタット ファーレン

🟥**正** 町の中心まで遠いですか.
Is it far to the center of the city?
Ist es weit bis zur Stadt?
イスト エス ヴァイト ビス ツーア シュタット

🟥**フ** バスで 45 分ほどです.
It will take you about forty-five minutes by bus.
Mit dem Bus dauert es etwa eine Dreiviertelstunde.
ミット デム ブス ダオアート エス エトヴァ アイネ ドライフィルテル シュトゥンデ

🟥**正** じゃあ,空港で食べませんか.
Then, how about eating here at the airport?
Gut, dann essen wir hier im Flughafen.
グート ダン エッセン ヴィーア ヒーア イム フルークハーフェン

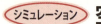 空港で（2）

旅はいかがでしたか？

由 すみません，ハンス・シュレーダーさん？
　Excuse me, are you Mr. Hans Schröder?
　Entschuldigung, sind Sie Hans Schröder?
　エント**シュル**ディグング　ズィント　ズィー　ハンス　シュ**レー**ダー

ハ そうですけど…？
　Yes I am.
　Ja...
　ヤー

由 私はスタジオ・トーキョーの小谷由紀子です．
　I'm Yukiko Kotani from Studio Tokyo.
　Ich bin Yukiko Kotani vom Studio Tokio.
　イヒ　ビン　ユキコ　コタニ　フォム　シュトゥーディオ　トーキオ

ハ はじめまして．お会いできてうれしいです．
　How do you do. I'm glad to meet you.
　Guten Tag. Freut mich, Sie kennen zu lernen.
　グーテン　ターク　フロイト　ミヒ　ズィー　ケネン　ツー　レルネン

由 こちらこそ．
　Me too.
　Ganz meinerseits.
　ガンツ　マイナーザイツ

ハ 旅はいかがでしたか．
　How did you enjoy your trip?
　Wie war die Reise?
　ヴィー　ヴァール　ディー　ライゼ

🈷 乗り継ぎが多くて，疲れました．
I had to change planes many times. So, I am quite tired.
Ich bin müde, da ich ein paar Mal umsteigen musste.
イヒ ビン ミューデ ダー イヒ アイン パール マール ウムシュタイゲン ムステ

🈂 駐車場に私の車があります．
My car is in the parking lot.
Mein Auto ist auf dem Parkplatz.
マイン アオト イスト アオフ デム パルクプラッツ

ホテルまでお連れしましょう．
I'll give you a ride to the hotel.
Ich fahre Sie zum Hotel.
イヒ ファーレ ズィー ツム ホテル

🈷 どうもありがとう．
Thank you very much.
Vielen Dank.
フィーレン ダンク

🈂 ホテルはどちらですか？
In which hotel will you be staying?
Wie heißt denn Ihr Hotel?
ヴィー ハイスト デン イーア ホテル

🈷 ええと，これがホテルの名前ですが…
Well, this is the name of the hotel...
Also, der Name des Hotels ist...
アルゾ デア ナーメ デス ホテルス イスト

由紀子 🈷 ・ ハンス 🈂

第2章 紹介

自分の名前
── 山田健次と申します. ──

☐ 私は山田健次と申します.
> My name is Kenji Yamada.
> Mein Name ist Kenji Yamada.
> マイン ナーメ イスト ケンジ ヤマダ

☐ 姓が田中, 名前が浩です.
> My first name is Hiroshi, and my last name is Tanaka.
> Mein Vorname ist Hiroshi und mein Familienname ist Tanaka.
> マイン フォーアナーメ イスト ヒロシ ウント マイン ファミーリエンナーメ イスト タナカ

☐ ヒロと呼んでください.
> Please call me Hiro.
> Bitte nennen Sie mich Hiro.
> ビッテ ネネン ズィー ミヒ ヒロ

☐ お名前はなんとおっしゃいますか.
> May I have your name please?
> Wie heißen Sie bitte?
> ヴィー ハイセン ズィー ビッテ

❏ お名前は.
   What's your name?
   Wie ist Ihr Name?
   ヴィー イスト イーア **ナ**ーメ

❏ お名前をもう一度お願いします.
   What was your name again?
   Wie war Ihr Name nochmal?
   ヴィー ヴァール イーア **ナ**ーメ **ノ**ッホマール

❏ お名前はどう書きますか.
   How do you spell your name?
   Wie buchstabieren Sie Ihren Namen?
   ヴィー ブフシュタビーレン ズィー **イ**ーレン **ナ**ーメン

2 紹介

出身地・誕生日をたずねる・答える
―― 日本から来ました. ――

❏ どこからいらしたのですか.
   Where are you from?
   Woher kommen Sie?
   ヴォ**ヘ**ーア **コ**メン ズィー

❏ 日本から来ました.
   I'm from Japan.
   Ich komme aus Japan.
   イヒ **コ**メ アオス **ヤ**ーパン

❏ ドイツは初めてです.
   This is my first trip to Germany.
   Ich bin zum ersten Mal in Deutschland.
   イヒ ビン ツム **エ**ーアステン **マ**ール イン **ド**イチュラント

❏ ドイツには2度来たことがあります．

I have been to Germany twice.

Ich war schon zweimal in Deutschland.

イヒ ヴァール ショーン ツヴァイマール イン ドイチュラント

❏ ミュンヘンには3年前に来ました．

I came to Munich three years ago.

Ich war vor drei Jahren schon einmal in München.

イヒ ヴァール フォーア ドライ ヤーレン ショーン アインマール イン ミュンヒェン

❏ こちらへは休暇で来ました．

I am on vacation here.

Ich bin hier in Urlaub.

イヒ ビン ヒーア イン ウーアラオプ

❏ 仕事で来ています．

I am here on business.

Ich bin geschäftlich hier.

イヒ ビン ゲシェフトリヒ ヒーア

❏ 留学です．

I'm an exchange student.

Ich bin Austauschstudent(in).

イヒ ビン アオスタオシュトゥデント(-ティン)

❏ ご出身は東京ですか．

Are you from Tokyo?

Kommen Sie aus Tokio?

コメン ズィー アオス トーキオ

❏ 京都に住んでいます．

I live in Kyoto.

Ich wohne in Kyoto.

イヒ ヴォーネ イン キョート

❏ 大阪で生まれました．
I was born in Osaka.
Ich bin in Osaka geboren.
イヒ　ビン　イン　**オー**サカ　ゲ**ボー**レン

❏ 誕生日は5月15日です．
My birthday is May 15.
Mein Geburtstag ist der 15. Mai.
マイン　ゲ**ブー**アツターク　イスト　デア　**フ**ュンフツェーンテ　**マ**イ

職業・学校をたずねる・答える
―― 看護師です．――

❏ 学生です．
I am a student.
Ich bin Student(in).
イヒ　ビン　シュトゥ**デ**ント(-ティン)

❏ 看護師です．
I am a nurse.
Ich bin Krankenschwester.
イヒ　ビン　クランケンシュ**ヴェ**スター

❏ 学校はどちらですか．
Where do you go to school?
In welche Schule gehen Sie?
イン　**ヴェ**ルヒェ　**シュー**レ　**ゲー**エン　**ズィー**

❏ 九州大学に通っています．
I am a student at Kyushu University.
Ich bin Student(in) an der Universität Kyushu.
イヒ　ビン　シュトゥ**デ**ント(-ティン)　アン　デア　ウニヴェルズィ**テー**ト　**キュー**シュー

❏ 大学で経済を専攻しています.

I'm majoring in Economics in college.

Ich studiere Wirtschaftswissenschaften.

イヒ シュトゥディーレ ヴィルトシャフツヴィッセンシャフテン

❏ ご職業は何ですか.

What kind of work do you have?

Was sind Sie von Beruf?

ヴァス ズィント ズィー フォン ベルーフ

❏ お仕事は何をなさっていますか.

What do you do?

Was machen Sie?

ヴァス マッヘン ズィー

❏ 銀行に勤めています.

I work in a bank.

Ich arbeite bei einer Bank.

イヒ アルバイテ バイ アイナー バンク

❏ 田中電気に勤めています.

I work for the Tanaka Electric Company.

Ich arbeite bei der Firma „Tanaka Elektrik".

イヒ アルバイテ バイ デア フィルマ タナカ エレクトリク

❏ 主婦です.

I am a housewife.

Ich bin Hausfrau.

イヒ ビン ハオスフラオ

❏ 商店の経営者です.

I run a shop.

Ich habe ein Geschäft.

イヒ ハーベ アイン ゲシェフト

家族について話す
―― こどもは3人います. ――

❑ 独身です.
> I'm single.
> **Ich bin ledig.**
> イヒ ビン レーディヒ

❑ 結婚しています.
> I'm married.
> **Ich bin verheiratet.**
> イヒ ビン フェアハイラーテット

❑ 夫とは去年別れました.
> I separated from my husband last year.
> **Ich habe mich im letzten Jahr von meinem Mann getrennt.**
> イヒ ハーベ ミヒ イム レッツテン ヤール フォン マイネム マン ゲトレント

❑ 子供は3人います.
> I have three kids.
> **Ich habe drei Kinder.**
> イヒ ハーベ ドライ キンダー

❑ 10歳の男の子と8歳の女の子です.
> I have a ten-year-old boy and an eight-year-old daughter.
> **Ich habe einen zehnjährigen Sohn und eine achtjährige Tochter.**
> イヒ ハーベ アイネン ツェーンイェーリゲン ゾーン ウント アイネ アハトイェーリゲ トホター

2 紹介

❏ 5歳の男［女］の双子がいます．

I have five-year-old twin boys [girls].

Ich habe Zwillinge, zwei Jungen [Mädchen] mit 5.

イヒ ハーベ ツヴィリンゲ ツヴァイ ユンゲン ［メートヒェン］ ミット フュンフ

> 日本語では場合によっては「お子さんはいらっしゃいますか (Haben Sie Kinder?)」とたずねるかもしれませんが，ドイツ語ではまずたずねません．ましてや「独身ですか」などの質問はご法度です．相手が自分から進んでそうした個人情報を述べるならば別ですが，多くの場合は，聞いて分かる程度でいいでしょう．

❏ 子供はいません．

I don't have any kids.

Ich habe keine Kinder.

イヒ ハーベ カイネ キンダー

❏ 9月に初めての子供が産まれます．

My first child is due in September.

Mein erstes Kind kommt im September.

マイン エーアステス キント コムト イム ゼプテンバー

❏ 父は5年前に亡くなりました．

My father passed away five years ago.

Mein Vater ist vor fünf Jahren gestorben.

マイン ファーター イスト フォーア フュンフ ヤーレン ゲシュトルベン

❏ 母は健在です．

My mother is alive and well.

Meine Mutter ist gesund und munter.

マイネ ムッター イスト ゲズント ウント ムンター

❑ 姉が1人，弟が1人います．

I have a big sister and a little brother.

Ich habe eine ältere Schwester und einen jüngeren Bruder.

イヒ ハーベ アイネ エルテレ シュヴェスター ウント アイネン ユンゲレン ブルーダー

❑ 姉は2つ上です．

My sister is two years older than I am.

Meine Schwester ist zwei Jahre älter als ich.

マイネ シュヴェスター イスト ツヴァイ ヤーレ エルター アルス イヒ

❑ 弟は3つ下です．

My brother is three years younger than I am.

Mein Bruder ist drei Jahre jünger als ich.

マイン ブルーダー イスト ドライ ヤーレ ユンガー アルス イヒ

❑ 犬［猫］を飼っています．

I have a dog [cat].

Ich habe einen Hund [eine Katze].

イヒ ハーベ アイネン フント［アイネ カッツェ］

❑ 妻はデザイナーです．

My wife is a designer.

Meine Frau ist Designerin.

マイネ フラオ イスト ディザイネリン

❑ うちは夫婦共働きです．

Both my wife and I are working.

Meine Frau und ich sind beide berufstätig.

マイネ フラオ ウント イヒ ズィント バイデ ベルーフステーティヒ

❑ 上の息子は結婚しています．
   My elder son is married.
   Mein ältester Sohn ist verheiratet.
   マイン エルテスター ゾーン イスト フェアハイラーテット

❑ 親と同居しています．
   I live with my parents.
   Ich wohne bei meinen Eltern.
   イヒ ヴォーネ バイ マイネン エルターン

❑ お兄さんはどちらにお住まいですか．
   Where does your brother live?
   Wo wohnt Ihr Bruder?
   ヴォー ヴォーント イーア ブルーダー

❑ 両親は北海道に住んでいます．
   My parents live in Hokkaido.
   Meine Eltern wohnen in Hokkaido.
   マイネ エルターン ヴォーネン イン ホッカイドー

❑ 父は定年退職しました．
   My father has retired.
   Mein Vater ist pensioniert.
   マイン ファーター イスト パンジオニールト

知人・家族を紹介する
―― こちらは友人の山田理恵さんです．――

☐ 友人の田中君を紹介します．
Can I introduce my friend Tanaka?
Darf ich Ihnen meinen Freund, Herrn Tanaka, vorstellen?
ダルフ イヒ イーネン マイネン フロイント ヘルン タナカ フォーアシュテレン

☐ こちらは田中君の奥さんです．
This is Mr. Tanaka's wife.
Das ist Herrn Tanakas Frau.
ダス イスト ヘルン タナカス フラオ

☐ こちらはいっしょに仕事をしている中野さんです．
This is Mr. Nakano. He works with us.
Das ist Herr Nakano. Wir arbeiten zusammen.
ダス イスト ヘル ナカノ ヴィーア アルバイテン ツザメン

☐ こちらは友人の山田理恵さんです．
This is my friend, Rie Yamada.
Das ist meine Freundin, Rie Yamada.
ダス イスト マイネ フロインディン リエ ヤマダ

☐ 私たちは高校時代からの友人です．
We have been friends since high school.
Wir sind seit der Oberschulzeit Freunde.
ヴィーア ズィント ザイト デア オーバーシュールツァイト フロインデ

2 紹介

単語 家族 *die* **Familie**/ファミーリエ/

- 両親 *die* **Eltern**/エルターン/(英parents)
- 父 *der* **Vater**/ファーター/(英father)
- 母 *die* **Mutter**/ムッター/(英mother)
- 兄・弟 *der* **Bruder**/ブルーダー/(英brother)
- 姉・妹 *die* **Schwester**/シュヴェスター/(英sister)
- 夫 *der* **Mann**/マン/(英husband)
- 妻 *die* **Frau**/フラオ/(英wife)
- 子供 *das* **Kind**/キント/(英child)
- 息子 *der* **Sohn**/ゾーン/(英son)
- 娘 *die* **Tochter**/トホター/(英daughter)
- 祖父 *der* **Großvater**/グロースファーター/(英grandfather)
- 祖母 *die* **Großmutter**/グロースムッター/(英grandmother)
- 孫 *der(die)* **Enkel(*in*)**/エンケル(･リン)/(英grandchild)
- 叔父・伯父 *der* **Onkel**/オンケル/(英uncle)
- 叔母・伯母 *die* **Tante**/タンテ/(英aunt)
- 従兄弟［姉妹］ *der* **Vetter**(*die* **Kusine**)/フェッター(クズィーネ)/(英cousin)
- 甥 *der* **Neffe**/ネッフェ/(英nephew)
- 姪 *die* **Nichte**/ニヒテ/(英niece)
- 舅 *der* **Schwiegervater**/シュヴィーガーファーター/(英father-in-law)
- 姑 *die* **Schwiegermutter**/シュヴィーガームッター/(英mother-in-law)
- 親戚 *der/die* **Verwandte**/フェアヴァンテ/(英relative)

2 紹介

単語 家 *das* **Haus**/ハオス/

玄関　*der* **Hauseingang**/ハオスアインガング/(㊤entrance)
ドア　*die* **Tür**/テューア/(㊤door)
部屋　*das* **Zimmer**/ツィマー/(㊤room)
リビングルーム　*das* **Wohnzimmer**/ヴォーンツィマー/(㊤living room)
ダイニング　*das* **Esszimmer**/エスツィマー/(㊤dining room)
キッチン　*die* **Küche**/キュッヒェ/(㊤kitchen)
寝室　*das* **Schlafzimmer**/シュラーフツィマー/(㊤bedroom)
浴室　*das* **Badezimmer**/バーデツィマー/(㊤bathroom)
トイレ　*die* **Toilette**/トアレッテ/(㊤toilet)
階段　*die* **Treppe**/トレッペ/(㊤stairs)
1階　*das* **Erdgeschoss**/エーアトゲショス/(㊤the first floor)
2階(ドイツで)　**erster Stock**/エーアスター シュトック/(㊤the second floor)
地下室　*der* **Keller**/ケラー/(㊤basement)
窓　*das* **Fenster**/フェンスター/(㊤window)
ベランダ　*der* **Balkon**/バルコーン/(㊤veranda, balcony)
車庫　*die* **Garage**/ガラージェ/(㊤garage)
庭　*der* **Garten**/ガルテン/(㊤garden, yard)
いす　*der* **Stuhl**/シュトゥール/(㊤chair, stool)
ソファー　*das* **Sofa**/ゾーファ/(㊤sofa, couch)
肘掛けいす　*der* **Sessel**/ゼッセル/(㊤armchair)
テーブル　*der* **Tisch**/ティッシュ/(㊤table)
机　*der* **(Schreib)tisch**/(シュライプ) ティッシュ/(㊤desk, bureau)
たんす　*der* **Kleiderschrank**/クライダーシュランク/(㊤chest of drawers)
食器棚　*der* **Geschirrschrank**/ゲシルシュランク/(㊤cupboard)
ベッド　*das* **Bett**/ベット/(㊤bed)

友人の家で(1)

日本から来ました.

ペ さあ, 中へどうぞ.
Please come in.
Kommen Sie doch rein.
コメン ズィー ドッホ ライン

恵 すてきなお家ね.
It's a nice house.
Schönes Haus!/Schöne Wohnung!
シェーネス ハオス/シェーネ ヴォーヌング

ペ 母さん, 友だちを連れてきたよ.
Mom, I've taken a friend with me.
Mutti, ich habe eine Freundin mitgebracht.
ムッティ イヒ ハーベ アイネ フロインディン ミットゲブラハト

母 ようこそいらっしゃい.
Welcome.
Herzlich willkommen.
ヘルツリヒ ヴィルコメン

恵 はじめまして. 後藤恵理です.
How do you do? I'm Eri Goto.
Guten Tag. Ich heiße Eri Goto.
グーテン ターク イヒ ハイセ エリ ゴトー

ペ 大学でいっしょに勉強しているんだ.
We study together in college.
Wir sind an der gleichen Uni.
ヴィーア ズィント アン デア グライヒェン ウニ

ペーター**ペ**・恵理**恵**・ペーターの母**母**

母 どちらのご出身なの？
Where are you from?
Woher kommen Sie?
ヴォヘーア コメン ズィー

恵 日本です．
I come from Japan.
Ich komme aus Japan.
イヒ コメ アオス ヤーパン

母 お住まいはミュンヘン？
Do you live in Munich?
Wohnen Sie in München?
ヴォーネン ズィー イン ミュンヒェン

恵 ええ，先月アパートを見つけました．
Yes. I found an apartment there last month.
Ja, letzten Monat habe ich eine Wohnung gefunden.
ヤー レッツテン モーナト ハーベ イヒ アイネ ヴォーヌング ゲフンデン

ペ 休暇中はオーストリアを旅行するんだって．
She's planning a trip to Austria during the vacation.
In den Ferien fährt sie nach Österreich.
イン デン フェーリエン フェールト ズィー ナーハ エスターライヒ

母 ああ，そうなの．楽しんでいらっしゃいね．
That's fine. Have a good time.
Wirklich? Viel Spaß dabei!
ヴィルクリヒ フィール シュパース ダバイ

ペーター **ペ** ・恵理 **恵** ・ペーターの母 **母**

> **シミュレーション** **友人の家で(2)**

音楽がお好きなのね.

エ ドイツは初めてですか.
Is this your first time in Germany?
Sind Sie zum ersten Mal in Deutschland?
ズィント ズィー ツム エーアステン マール イン ドイチュラント

正 学生時代に一度ハンブルクに来たことがあります.
I visited Hamburg once when I was a student.
Als Student war ich einmal in Hamburg.
アルス シュトゥデント ヴァール イヒ アインマール イン ハンブルク

そのときはビートルズゆかりのクラブを訪れました.
Then I visited a club where the Beatles had played before.
Damals war ich in dem Club, wo die Beatles gespielt haben.
ダーマルス ヴァール イヒ イン デム クルップ ヴォー ディー
ビートルズ ゲシュピールト ハーベン

フ 彼はビートルズのファンなんだよ.
He's a fan of the Beatles.
Er ist ein Fan von den Beatles.
エア イスト アイン フェン フォン デン ビートルズ

エマ **エ** ・ 正雄 **正** ・ フランツ **フ**

エ ビートルズがハンブルクにいたなんて知らなかったわ.
I didn't know that the Beatles were in Hamburg.
Ich wusste nicht, dass die Beatles in Hamburg waren.
イヒ ヴステ ニヒト ダス ディー ビートルズ イン ハンブルク ヴァーレン

正 今は趣味が変わりましてね.
But, in the meantime, I've changed my taste.
Aber mein Geschmack hat sich inzwischen verändert.
アーバー マイン ゲシュマック ハット ズィヒ インツヴィッシェン フェアエンダート

バイロイトでワーグナーを聴こうかなと思って.
I'm planning on listening to Wagner in Bayreuth.
Ich habe vor, in Bayreuth Wagner zu hören.
イヒ ハーベ フォーア イン バイロイト ヴァーグナー ツー ヘーレン

エ 音楽がお好きなのね.
You really like music.
Sie hören also gern Musik.
ズィー ヘーレン アルゾ ゲルン ムズィーク

フ さあ, おかけください. 今コーヒーをいれますから.
Please sit down. I'll make some coffee.
Bitte setzen Sie sich. Ich mache uns jetzt Kaffee.
ビッテ ゼッツェン ズィー ズィヒ イヒ マヘ ウンス イェット カフェ

エマ **エ**・正雄 **正**・フランツ **フ**

シミュレーション 民宿で

ガルミッシュ＝パルテンキルヒェン

民宿の亭主 男・慎吾 慎

男 やあ，ガルミッシュへようこそ．
Welcome to Garmisch!
Herzlich willkommen in Garmisch!
ヘルツリヒ　ヴィルコメン　イン　ガルミッシュ

田舎の生活を満喫してくれたまえ．
You can enjoy the country life here.
Genießen Sie das Leben auf dem Land.
ゲニーセン　ズィー　ダス　レーベン　アオフ　デム　ラント

慎 おや，この壁の写真はご主人ですか．
Well, is this you in the photo on the wall?
Oh, sind Sie das auf dem Foto an der Wand?
オー　ズィント　ズィー　ダス　アオフ　デム　フォト　アン　デア　ヴァント

男 私が現役のジャンプの選手のころのだよ．
The picture was taken when I was a ski jumper.
Als ich noch Skispringer war.
アルス　イヒ　ノッホ　シーシュプリンガー　ヴァール

慎 ジャンプの選手だったんですか．すごいなあ．
Oh, you did? That's awesome.
Sie waren früher Skispringer? Toll!
ズィー　ヴァーレン　フリューアー　シーシュプリンガー　トル

男 札幌の選手権にも行ったよ．

I went to Sapporo for a game.

Ich habe auch an einer Meisterschaft in Sapporo teilgenommen.

イヒ ハーベ アオホ アン アイナー マイスターシャフト イン サッポロ タイルゲノメン

さあ，これがそのころのアルバムだ．これが私さ．

Here. This is an album of those days. This is me.

Hier habe ich ein Fotoalbum von damals. Das bin ich.

ヒーア ハーベ イヒ アイン フォトアルブム フォン ダーマールス ダス ビン イヒ

これはうちのかみさん．若いころは美人で評判だった．

This is my wife. When she was young, she was famous for her beauty.

Hier ist meine Frau. Als sie jung war, war sie für ihre Schönheit bekannt.

ヒーア イスト マイネ フラオ アルス ズィー ユング ヴァール ヴァール ズィー フューア イーレ シェーンハイト ベカント

さあ，遠慮しないで見たまえ．アルバムはこんなにある．

Well, don't be shy to look through them. Here are a bunch of albums.

Schauen Sie sich alles in Ruhe an. Ich habe noch mehr Alben.

シャオエン ズィー ズィヒ アレス イン ルーエ アン イヒ ハーベ ノッホ メーア アルベン

民宿の亭主 男・慎吾 慎

第3章 日常生活

毎日の暮らしぶり
―― 7時に起きます．――

☐ 朝は何時に起きますか．
> What time do you get up in the morning?
> **Wann stehen Sie am Morgen auf?**
> ヴァン シュテーエン ズィー アム モルゲン アオフ

☐ だいたい7時に起きます．
> I usually get up at seven.
> **Ich stehe normalerweise um sieben Uhr auf.**
> イヒ シュテーエ ノルマーラーヴァイゼ ウム ズィーベン ウーア アオフ

☐ 朝はコーヒーだけですませます．
> I just have coffee in the morning.
> **Am Morgen trinke ich nur Kaffee.**
> アム モルゲン トリンケ イヒ ヌーア カフェ

☐ 毎朝8時に家を出ます．
> I leave the house at eight every morning.
> **Ich gehe jeden Morgen um acht Uhr aus dem Haus.**
> イヒ ゲーエ イェーデン モルゲン ウム アハト ウーア アオス デム ハオス

☐ オフィスへはバスで行きます．
> I go to work by bus.
> **Ich fahre mit dem Bus zur Arbeit.**
> イヒ ファーレ ミット デム ブス ツーア アルバイト

❏ マイカー通勤です．
I go to work by car.
Ich fahre mit meinem Auto zur Arbeit.
イヒ ファーレ ミット マイネム アオト ツーア アルバイト

❏ 昼食は1時ごろにとります．
I eat lunch about one o'clock.
Ich esse etwa um ein Uhr zu Mittag.
イヒ エッセ エトヴァ ウム アイン ウーア ツー ミッターク

❏ 会社は6時に終わります．
My company finishes up at six.
Ich bin um sechs Uhr im Büro fertig.
イヒ ビン ウム ゼクス ウーア イム ビュロー フェルティヒ

❏ 家族といっしょに夕食をとります．
I eat supper with my family.
Ich esse abends mit meiner Familie.
イヒ エッセ アーベンツ ミット マイナー ファミーリエ

❏ 夜11時に寝ます．
I go to bed at eleven in the evening.
Ich gehe um elf Uhr ins Bett.
イヒ ゲーエ ウム エルフ ウーア インス ベット

ふだんの暮らしについてたずねる・答える
―― 日曜日はスポーツクラブに行きます．――

❏ 日曜日はいつも何をしますか．
What do you do on Sundays?
Was machen Sie am Sonntag?
ヴァス マッヘン ズィー アム ゾンターク

❏ 日曜日はスポーツクラブに行きます．

I go to sports club on Sunday(s).

Ich gehe am Sonntag zum Sportklub.

イヒ ゲーエ アム ゾンターク ツム シュポルトクルップ

❏ 土曜の午後はいつもテニスをします．

I play tennis every Saturday afternoon.

Ich spiele jeden Samstag Nachmittag Tennis.

イヒ シュピーレ イェーデン ザムスターク ナーハミッターク テニス

❏ 明日は何もしません．

I'm not doing anything tomorrow.

Ich mache morgen gar nichts.

イヒ マッヘ モルゲン ガール ニヒツ

❏ 家でのんびりしています．

I'm taking it easy at home.

Ich bleibe zu Hause und mache es mir bequem.

イヒ ブライベ ツー ハオゼ ウント マッヘ エス ミーア ベクヴェーム

❏ 冬にはスキーに行きます．

I go skiing in winter.

Im Winter gehe ich Ski fahren.

イム ヴィンター ゲーエ イヒ シー ファーレン

❏ よく買い物に出かけます．

I go out shopping pretty often.

Ich gehe oft einkaufen.

イヒ ゲーエ オフト アインカオフェン

❏ 夜はだいたいテレビを見ています．

I usually watch television in the evening.

Ich sehe abends meistens fern.

イヒ ゼーエ アーベンツ マイステンス フェルン

❏ 週に1度，プールに行きます．

I go to the pool once a week.

Ich gehe einmal pro Woche ins Schwimmbad.

イヒ　ゲーエ　アインマール　プロ　**ヴォッ**ヘ　インス　シュ**ヴィ**ムバート

❏ たまにゴルフをします．

I play golf once in a while.

Ich spiele von Zeit zu Zeit Golf.

イヒ　シュピーレ　フォン　**ツァ**イト　ツー　**ツァ**イト　ゴルフ

❏ ほとんど映画は見ません．

I almost never watch movies.

Ich sehe sehr selten Filme.

イヒ　**ゼ**ーエ　**ゼ**ーア　**ゼ**ルテン　**フィ**ルメ

日常の動作

- ●手を洗います. (㊈I wash my hands.)
  Ich wasche mir die Hände.
  /イヒ ヴァッシェ ミーア ディー ヘンデ/

- ●歯を磨きます. (㊈I brush my teeth.)
  Ich putze die Zähne.
  /イヒ プッツェ ディー ツェーネ/

- ●ひげをそります. (㊈I shave.)
  Ich rasiere mich.
  /イヒ ラズィーレ ミヒ/

- ●風呂に入ります. (㊈I take a bath.)
  Ich nehme ein Bad.
  /イヒ ネーメ アイン バート/

- ●シャワーを浴びます. (㊈I take a shower.)
  Ich nehme eine Dusche.
  /イヒ ネーメ アイネ ドゥッシェ/

- ●トイレに行きます. (㊈I go to the bathroom.)
  Ich gehe auf die Toilette.
  /イヒ ゲーエ アオフ ディー トアレッテ/

- ●食事をつくります. (㊈I prepare a meal.)
  Ich bereite eine Mahlzeit zu.
  /イヒ ベライテ アイネ マールツァイト ツー/

- ●食事をとります. (㊈I have a meal.)
  Ich esse.
  /イヒ エッセ/

- ●お湯を沸かします. (㊈I boil water.)
  Ich koche Wasser.
  /イヒ コッヘ ヴァッサー/

- ●コーヒーを飲みます. (㊈I drink coffee.)
  Ich trinke Kaffee.
  /イヒ トリンケ カフェ/

3 日常生活

●食器を洗います. ([英]I wash the dishes.)
Ich spüle das Geschirr.
/イヒ シュピューレ ダス ゲシル/

●掃除をします. ([英]I do the cleaning.)
Ich putze.
/イヒ プッツェ/

●洗濯をします. ([英]I do the washing.)
Ich wasche.
/イヒ ヴァッシェ/

●手紙を書きます. ([英]I write a letter.)
Ich schreibe einen Brief.
/イヒ シュライベ アイネン ブリーフ/

●本を読みます. ([英]I read a book.)
Ich lese ein Buch.
/イヒ レーゼ アイン ブーフ/

●CDを聴きます. ([英]I listen to a CD.)
Ich höre eine CD.
/イヒ ヘーレ アイネ ツェーデー/

●テレビを見ます. ([英]I watch television.)
Ich sehe fern.
/イヒ ゼーエ フェルン/

●外出します. ([英]I go out.)
Ich gehe aus.
/イヒ ゲーエ アオス/

●椅子に座ります. ([英]I sit in a chair.)
Ich setze mich auf einen Stuhl.
/イヒ ゼッツェ ミヒ アオフ アイネン シュトゥール/

●寝室で寝ます. ([英]I am going to bed.)
Ich gehe ins Bett.
/イヒ ゲーエ インス ベット/

ドイツのしつけ

まだ使える！

ペーター ペ ・ 恵理 恵 ・ ハネ ハ

ペ 恵理は包丁さばきがうまいなあ．
You are good at using knives.
Eri kann sehr gut mit dem Messer umgehen.
エリ カン ゼーア グート ミット デム メッサー ウムゲーエン

恵 まかせておいて！
You can count on me!
Genau so ist es!
ゲナオ ゾー イスト エス

ペ あ，そのアルミ箔，捨てないで．まだ使える．
Oh, don't throw away that aluminium foil. You can use it again.
Ey, diese Alufolie darfst du nicht wegwerfen. Die kann noch benutzt werden.
エイ ディーゼ アールフォーリエ ダルフスト ドゥー ニヒト ヴェックヴェルフェン ディー カン ノッホ ベヌットツ ヴェーアデン

恵 だいぶこびりついてるわ．
A lot of stuff is stuck.
Aber da klebt schon etwas.
アーバー ダー クレープト ショーン エトヴァス

ペ ママがうるさいんだよ．
Mom complains.
Meine Mutter ist wirklich pingelig.
マイネ ムッター イスト ヴィルクリヒ ピンゲリヒ

|ハ| ペーターはしつけがいいのよ.
Peter is well disciplined.
Peter ist sehr gut erzogen.
ペーター イスト ゼーア グート エアツォーゲン

|ペ| それから, ゴミはちゃんと分別しなきゃ.
Also, you should separate the garbage into their different types.
Und Müll muss vor dem Wegwerfen getrennt werden.
ウント ミュル ムス フォーア デム ヴェックヴェルフェン ゲトレント ヴェーアデン

|恵| 日本ではよくドイツ人の生活を学べと言うわ.
In Japan, people often say that they should learn about the lifestyles of German people.
In Japan wird oft gesagt, dass wir die Lebensweise der Deutschen erlernen müssen.
イン ヤーパン ヴィルト オフト ゲザークト ダス ヴィーア ディー レーベンスヴァイゼ デア ドイチェン エアレルネン ミュッセン

|ハ| 隣の芝生は青いものよ.
The grass is always greener on the other side of the fence.
Die Kirschen aus Nachbars Garten schmecken immer viel besser.
ディー キルシェン アオス ナッハバールス ガルテン シュメッケン イマー フィール ベッサー

シミュレーション 多文化時代?

トルコ系移民が多いの.

恵理恵・ハネ八

恵 これは何?インスタント食品?
What is this? Instant food?
Was ist das? Ist das ein Fertiggericht?
ヴァス イスト ダス イスト ダス アイン フェルティヒゲリヒト

ハ ブルグルよ.挽き割りの小麦.
That is bulgur. Oatmeal.
Das ist Bulgur. Weizenschrot.
ダス イスト ブルグル ヴァイツェンシュロート

トルコ風のピラフにするのよ.
That will be Turkish Pilaf.
Damit kann man türkischen Pilaf kochen.
ダミット カン マン テュルキシェン ピラフ コッヘン

ドイツにはトルコ系移民が多いの.
In Germany, there are many Turkish immigrants.
In Deutschland leben viele türkische Einwanderer.
イン ドイチュラント レーベン フィーレ テュルキシェ アインヴァンデラー

サッカーの選手にも大勢いるわ.
There are a lot of Turkish soccer players.
Auch viele Fußballspieler stammen aus der Türkei.
アオホ フィーレ フースバルシュピーラー シュタメン アオス デア テュルカイ

ねえ，サッカーがめちゃめちゃ好きな友人がいるのよ．

I have a friend who is addicted to soccer.

Übrigens habe ich einen Freund, der ein fanatischer Fußballfan ist.

ユーブリゲンス ハーベ イヒ アイネン フロイント デア アイン
ファナーティシャー フースバルフェン イスト

その彼がTシャツに日本の文字で「勝利」って書いてほしいんだって．

He wants you to write the word "victory" in Japanese on his T-shirt.

Er möchte sich von dir auf Japanisch „Sieg" aufs T-Shirt schreiben lassen.

エア メヒテ ズィヒ フォン ディーア アオフ ヤパーニシュ ズィーク
アオフス ティーシャート シュライベン ラッセン

恵 日本ではTシャツにインチキな英語が印刷されているわ．

In Japan, the wrong English is printed on T-shirts.

In Japan steht auch oft komisches Englisch auf T-Shirts.

イン ヤーパン シュテート アオホ オフト コーミシェス エングリシュ
アオフ ティーシャーツ

ハ どこの国でも同じようなものね．

Similar things also happen in other nations.

Das scheint in jedem Land gleich zu sein.

ダス シャイント イン イェーデム ラント グライヒ ツー ザイン

恵理 恵 ・ ハネ ハ

第4章 お礼を言う・あやまる

基本的なお礼の表現
── どうもありがとう. ──

☐ ありがとう. ／どうもありがとう.
Thank you./ Thanks a lot.
Danke./ Vielen Dank.
ダンケ／フィーレン ダンク

☐ どうもありがとうございます.
Thank you very much.
Danke vielmals!/ Danke schön.
ダンケ フィールマールス／ダンケ シェーン

☐ 心より感謝します.
Thank you from the bottom of my heart.
Ich danke Ihnen herzlich.
イヒ ダンケ イーネン ヘルツリヒ

☐ お気遣いほんとうにありがとう.
That's really thoughtful of you.
Herzlichen Dank für Ihre Aufmerksamkeit.
ヘルツリヒェン ダンク フューア イーレ アオフメルクザームカイト

☐ 今日は本当にありがとう.
Thank you so much for today.
Vielen Dank für heute.
フィーレン ダンク フューア ホイテ

❏ あなたのおかげです.
  Thanks to you.
  Danke für Ihre Unterstützung.
  ダンケ フューア イーレ ウンターシュテュッツング

❏ おみやげをありがとう.
  Thank you for the present.
  Danke für das Geschenk.
  ダンケ フューア ダス ゲシェンク

❏ あなたのプレゼント, とても気に入りました.
  I like your present a lot.
  Ihr Geschenk hat mir sehr gut gefallen.
  イーア ゲシェンク ハット ミーア ゼーア グート ゲファレン

❏ すてきなプレゼントに子供も大喜びでした.
  My children were very pleased with your nice present.
  Meine Kinder haben sich sehr über Ihr schönes Geschenk gefreut.
  マイネ キンダー ハーベン ズィヒ ゼーア ユーバー イーア シェーネス ゲシェンク ゲフロイト

❏ 切符を買ってくれてありがとう.
  Thank you for getting me the ticket.
  Danke, dass Sie für mich das Ticket geholt haben.
  ダンケ ダス ズィー フューア ミヒ ダス ティケット ゲホールト ハーベン

❏ コンサートに誘ってくれてありがとう.
  It is very kind of you to invite me to the concert.
  Vielen Dank für die Einladung zum Konzert.
  フィーレン ダンク フューア ディー アインラードゥング ツム コンツェルト

4 お礼を言う・あやまる

お礼を言う・あやまる

❏ アドバイスをありがとう.

I appreciate your advice.

Ich danke Ihnen für Ihre Beratung.

イヒ ダンケ イーネン フューア イーレ ベラートゥング

❏ いろいろとお世話になりました.

Thank you for everything.

Vielen Dank für alles.

フィーレン ダンク フューア アレス

❏ ご親切は忘れません.

I won't forget your kindness.

Ich werde Ihre Freundlichkeit nicht vergessen.

イヒ ヴェルデ イーレ フロイントリヒカイト ニヒト フェアゲッセン

❏ ご協力に感謝します.

Thanks for your cooperation.

Ich danke Ihnen für Ihre Kooperation.

イヒ ダンケ イーネン フューア イーレ コオペラツィオーン

❏ どういたしまして.

You are welcome.

Bitte schön.

ビッテ シェーン

❏ こちらこそ.

The pleasure is mine./ My pleasure.

Gern geschehen.

ゲルン ゲシェーエン

❏ またいつでも言ってください.

Ask me anytime.

Bitte wenden Sie sich jeder Zeit an mich.

ビッテ ヴェンデン ズィー ズィヒ イェーダー ツァイト アン ミヒ

基本的なお詫びの表現
—— どうもすみません．

☐ どうもすみません．
Excuse me./ Pardon me!
Entschuldigen Sie!/ Pardon!
エント**シュ**ルディゲン ズィー／パル**ドー**ン

☐ 失礼しました．
Excuse me./I'm sorry.
Entschuldigung./ Verzeihen Sie, bitte.
エント**シュ**ルディグング／フェア**ツァ**イエン ズィー ビッテ

☐ 心から謝ります．
I apologize from the bottom of my heart.
Ich entschuldige mich vielmals.
イヒ エント**シュ**ルディゲ ミヒ **フィ**ールマールス

☐ すみません，気がつきませんでした．
I'm sorry, I didn't realize.
Entschuldigung, mir ist das nicht aufgefallen.
エント**シュ**ルディグング ミーア イスト ダス ニヒト **ア**オフゲファレン

☐ これから気をつけます．
I'll be more careful from now on.
Das wird nicht wieder vorkommen.
ダス **ヴィ**ルト ニヒト **ヴィ**ーダー **フォ**ーアコメン

☐ ミスしてすみません．
I am sorry for the mistake.
Entschuldigen Sie mir bitte für den Fehler!
エント**シュ**ルディゲン ズィー ミーア ビッテ フューア デン **フェ**ーラー

4 お礼を言う・あやまる

❑ 遅れてすみません．

(I'm) sorry I'm late.

Entschuldigung, dass ich zu spät komme!

エントシュルディグング ダス イヒ ツー シュペート コメ

❑ ご連絡が遅れて申し訳ありません．

I'm sorry I couldn't contact you sooner.

Entschuldigen Sie bitte, dass ich mich so lange nicht gemeldet habe.

エントシュルディゲン ズィー ビッテ ダス イヒ ミヒ ゾー ランゲ ニヒト ゲメルデット ハーベ

❑ 待たせてしまってごめんなさい．

I'm sorry to have kept you waiting.

Es tut mir Leid, dass ich Sie habe warten lassen.

エス トゥート ミーア ライト ダス イヒ ズィー ハーベ ヴァルテン ラッセン

❑ 道に迷ってしまって．

I got lost.

Ich habe mich verlaufen.

イヒ ハーベ ミヒ フェアラオフェン

❑ あなたの携帯の番号を忘れてしまって．

I forgot your cell phone number.

Ich habe Ihre Handynummer vergessen.

イヒ ハーベ イーレ ヘンディヌマー フェアゲッセン

❑ うっかり忘れて申し訳ありませんでした．

I am so sorry. I completely forgot.

Entschuldigen Sie bitte, dass ich das vergessen habe.

エントシュルディゲン ズィー ビッテ ダス イヒ ダス フェアゲッセン ハーベ

❏ おじゃまをしてごめんなさい.
Sorry for bothering you.
Entschuldigen Sie bitte die Störung.
エント**シュ**ルディゲン ズィー **ビッ**テ ディー シュ**テー**ルング

❏ だいじょうぶですか.
Are you all right?
Ist alles in Ordnung?
イスト **ア**レス イン **オ**ルドヌング

❏ だいじょうぶです.
I'm [That's] all right.
Alles in Ordnung.
アレス イン **オ**ルドヌング

❏ 痛かったですか.
Did it hurt?
Hat es wehgetan?
ハット エス **ヴェー**ゲターン

❏ なんともありません.
It's nothing.
Es macht nichts aus.
エス **マ**ハト **ニ**ヒツ **ア**オス

❏ 気にしないでください.
Don't worry about it.
Bitte machen Sie sich keine Gedanken.
ビッテ **マッ**ヘン ズィー **ズィ**ヒ **カイ**ネ ゲ**ダ**ンケン

❏ 私も悪かったんです.
It was my fault too.
Das ist meine Schuld.
ダス イスト **マイ**ネ **シュ**ルト

4 お礼を言う・あやまる

❏ 私の責任です.

It's my responsibility.

Das habe ich zu verantworten.
ダス ハーベ イヒ ツー フェアアントヴォルテン

職業 der Beruf /ベルーフ/

医者 der(die) **Arzt(Ärztin)** /アールツト (エーアツティン) / (🇬🇧doctor)

運転手 der(die) **Fahrer(in)** /ファーラー (-レリン) / (🇬🇧driver)

エンジニア der(die) **Ingenieur(in)** /インジェニエーア (-リン) / (🇬🇧engineer)

会社員 der(die) **Angestellte** /アンゲシュテルテ / (🇬🇧office worker)

看護師 der(die) **Krankenpfleger(in)** /クランケンプフレーガー (-ゲリン) / (🇬🇧nurse)

教員 der(die) **Lehrer(in)** /レーラー (-レリン) / (🇬🇧teacher)

銀行員 der/die **Bankangestellte** /バンクアンゲシュテルテ / (🇬🇧bank clerk)

公務員 der(die) **Beamte(Beamtin)** /ベアムテ (ベアムティン) / (🇬🇧public official)

コック der(die) **Koch(Köchin)** /コッホ (ケッヒン) / (🇬🇧cook)

セールスマン der(die) **Vertreter(in)** /フェアトレーター (-テリン) / (🇬🇧salesman)

デザイナー der(die) **Designer(in)** /ディザイナー (-ネリン) / (🇬🇧designer)

店員 der(die) **Verkäufer(in)** /フェアコイファー (-フェリン) / (🇬🇧clerk)

美容師 der(die) **Kosmetiker(in)** /コスメーティカー (-ケリン) / (🇬🇧beautician)

弁護士 der(die) **Rechtsanwalt(wältin)** /レヒツアンヴァルト (-ヴェルティン) / (🇬🇧lawyer, barrister)

薬剤師 der(die) **Apotheker(in)** /アポテーカー (-ケリン) / (🇬🇧pharmacist, druggist)

第5章 祝う・なぐさめる

よい知らせを祝して
―― おめでとう！ ――

☐ おめでとう．
Congratulations!
Herzlichen Glückwunsch!
ヘルツリッヒェン グリュックヴンシュ

☐ よかったね．
That's good! / I'm happy to hear that.
Schön!/ Gut zu hören!
シェーン／ グート ツー ヘーレン

☐ やったね．
You did it!
Geschafft!
ゲシャッフト

☐ 心からお祝い申し上げます．
Congratulations from the bottom of my heart.
Ich gratuliere Ihnen von ganzem Herzen.
イヒ グラトゥリーレ イーネン フォン ガンツェム ヘルツェン

☐ 私もとてもうれしく思います．
I'm so happy for you.
Ich freue mich für Sie.
イヒ フロイエ ミヒ フューア ズィー

5 祝う・なぐさめる

❏ ご出産おめでとう.

Congratulations on becoming parents!

Herzlichen Glückwunsch zur Geburt Ihres Sohnes [Ihrer Tochter].

ヘルツリッヒェン グリュックヴンシュ ツーア ゲブーアト イーレス ゾーネス [イーラー トホター]

❏ 合格おめでとう.

Congratulations on passing the exam!

Herzlichen Glückwunsch zur bestandenen Prüfung!

ヘルツリッヒェン グリュックヴンシュ ツーア ベシュタンデネン プリューフング

❏ 入学おめでとう.

Congratulations on getting accepted to school!

Herzlichen Glückwunsch zum Studienanfang!

ヘルツリッヒェン グリュックヴンシュ ツム シュトゥーディエンアンファング

❏ 卒業おめでとう.

Congratulations on graduating!

Herzlichen Glückwunsch zum Abschluss des Studiums!

ヘルツリッヒェン グリュックヴンシュ ツム アップシュルス デス シュトゥーディウムス

❏ ご就職おめでとう.

Congratulations on your employment!

Herzlichen Glückwunsch zu Ihrer neuen Stelle!

ヘルツリッヒェン グリュックヴンシュ ツー イーラー ノイエン シュテレ

❏ 成功を祈ります.

I wish you success.

Ich wünsche Ihnen viel Erfolg.

イヒ ヴュンシェ イーネン フィール エアフォルク

❑ 健康を祈ります.
I wish you good health.
Ich wünsche Ihnen Gesundheit.
イヒ ヴュンシェ イーネン ゲズントハイト

❑ 赤ちゃんがすくすくとそだちますように.
I hope you have a healthy happy child.
Ich wünsche Ihrem Baby Gesundheit.
イヒ ヴュンシェ イーレム ベイビー ゲズントハイト

誕生日を祝って
―― お誕生日おめでとう! ――

❑ お誕生日おめでとう.
Happy Birthday!
Herzlichen Glückwunsch zum Geburtstag!
ヘルツリッヒェン グリュックヴンシュ ツム ゲブーアツターク

❑ お誕生日のプレゼントです.
Here's a birthday present for you.
Ich habe Ihnen etwas mitgebracht.
イヒ ハーベ イーネン エトヴァス ミットゲブラハト

❑ 気に入ってもらえるとうれしいです.
I hope you'll like it.
Ich hoffe, dass es Ihnen gefällt.
イヒ ホッフェ ダス エス イーネン ゲフェルト

❑ 誕生石は何ですか.
What's your birthstone?
Was ist Ihr Monatsstein?
ヴァス イスト イーア モーナツシュタイン

- ❏ ケーキのろうそくを吹き消して.

    Blow out the birthday candles!

    Blas doch die Kerzen aus!

    ブラース　ドッホ　ディー　**ケ**ルツェン　**ア**オス

> ## 結婚を祝って
> ── ご結婚おめでとう! ──

- ❏ ご結婚おめでとう.

    Congratulations on getting married!

    Herzlichen Glückwunsch zur Hochzeit.

    ヘルツ**リッ**ヒェン　グ**リュッ**クヴンシュ　ツーア　**ホッ**ホツァイト

- ❏ お似合いのカップルです.

    You make a nice couple.

    Sie sind ein nettes Paar.

    ズィー　ズィント　アイン　**ネッ**テス　パール

- ❏ 末永くお幸せに.

    I hope you find everlasting happiness.

    Ich wünsche Ihnen viel Glück.

    イヒ　**ヴュ**ンシェ　イーネン　**フィ**ール　グ**リュッ**ク

- ❏ 新婚旅行はどちらへ?

    Where are you going on your honeymoon?

    Wohin machen Sie Ihre Hochzeitsreise?

    ヴォー**ヒ**ン　**マッ**ヘン　ズィー　イーレ　**ホッ**ホツァイツライゼ

5 祝う・なぐさめる

記念日・祝日を祝して
—— 結婚記念日おめでとう！——

☐ 結婚記念日おめでとう．
Happy anniversary!
Herzlichen Glückwunsch zu Ihrem Hochzeitstag.
ヘルツリッヒェン グリュックヴンシュ ツー イーレム ホッホツァイツターク

☐ メリークリスマス！
Merry Christmas!
Frohe Weihnachten!
フローエ ヴァイナハテン

☐ あけましておめでとう．
Happy New Year!
Glückliches Neues Jahr!
グリュックリッヒェス ノイエス ヤール

☐ 今年もよい年でありますように．
Here's to another great year.
Auf dass es ein gutes neues Jahr wird!
アオフ ダス エス アイン グーテス ノイエス ヤール ヴィルト

☐ よいお年を！
Have a good year!
Guten Rutsch ins neue Jahr!
グーテン ルッチュ インス ノイエ ヤール

5 祝う・なぐさめる

お悔やみとなぐさめの表現
—— お悔やみ申し上げます．——

❏ 残念でしたね．
That's too bad.
Das ist aber schade.
ダス イスト アーバー シャーデ

❏ お気の毒に．
I'm sorry. / That's too bad.
Das tut mir Leid.
ダス トゥート ミーア ライト

❏ お悔やみ申し上げます．
Please accept my condolences.
Herzliches Beileid.
ヘルツリッヒェス バイライト

❏ それは大変ですね．
That's too bad.
Das ist aber schrecklich.
ダス イスト アーバー シュレックリヒ

❏ お気持ちはよくわかります．
I understand how you feel.
Ich verstehe Sie sehr gut.
イヒ フェアシュテーエ ズィー ゼーア グート

❏ 気を落とさないで．
Don't let things get you down.
Lass dich nicht unterkriegen!
ラス ディヒ ニヒト ウンタークリーゲン

❏ あきらめないで.

Don't give up.

Nicht aufgeben!

ニヒト アオフゲーベン

❏ 運が悪かっただけですよ.

You just had bad luck.

Sie hatten nur Pech.

ズィー ハッテン ヌーア ペッヒ

❏ なんだか彼がかわいそう.

Somehow I feel sorry for him.

Das tut mir Leid für ihn.

ダス トゥート ミーア ライト フューア イーン

❏ 気楽に.

Take it easy.

Immer mit der Ruhe!

インマー ミット デア ルーエ

❏ 少し休んだほうがいいですよ.

You should take a little rest.

Wie wäre es mit einer Pause?

ヴィー ヴェーレ エス ミット アイナー パオゼ

❏ 私にできることがありますか.

Is there anything I can do?

Kann ich etwas tun?

カン イヒ エトヴァス トゥーン

❏ 専門家に相談してみてはいかがですか.

Why not consult some specialist?

Wie wäre es, wenn Sie einen Fachmann fragen?

ヴィー ヴェーレ エス ヴェン ズィー アイネン ファッハマン フラーゲン

❏ 今度はうまくいきますよ.

It'll go well next time.

Nächstes Mal klappt es bestimmt.

ネーヒステス マール クラップト エス ベシュティムト

❏ あなたならできますよ.

I bet you can do it!

Sie schaffen es schon!

ズィー シャッフェン エス ショーン

❏ これからもがんばって.

Keep on doing your best.

Machen Sie weiter so!

マッヘン ズィー ヴァイター ゾー

❏ 落ち着いて.

Calm down.

Bitte beruhigen Sie sich doch!

ビッテ ベルーイゲン ズィー ズィヒ ドッホ

❏ 深呼吸をして.

Take a deep breath.

Atmen Sie mal tief durch.

アートメン ズィー マール ティーフ ドゥルヒ

第6章 呼びかけ・質問

呼びかける
—— ちょっとすみません. ——

□ (ちょっと) すみません.
Excuse me.
Entschuldigung.
エント**シュ**ルディグング

□ (客室乗務員などに) すみませんが….
Excuse me...
Hallo...
ハロ

□ ウエイター.
Waiter!
Herr Ober!
ヘル オーバー

□ 何か落としましたよ.
You dropped something.
Sie haben etwas fallen lassen.
ズィー ハーベン エトヴァス ファレン ラッセン

□ 待って. / ちょっと待って.
Wait. / Wait a minute.
Warte mal. / Einen Moment bitte.
ヴァルテ マール／アイネン モメント ビッテ

❏ ちょっと通してください.
Please let me through.
Darf ich mal durch?
ダルフ イヒ マール ドゥルヒ

❏ お先にどうぞ.
Please go ahead./ After you, please.
Bitte, nach Ihnen!
ビッテ ナーハ イーネン

❏ お手伝いしましょうか.
Shall I help you?
Kann ich Ihnen helfen?
カン イヒ イーネン ヘルフェン

ものを尋ねるとき
—— ちょっとお尋ねしたいのですが. ——

❏ すみませんが….
Excuse me, but...
Entschuldigen Sie bitte...
エントシュルディゲン ズィー ビッテ

❏ ちょっとお尋ねしたいのですが.
May I ask you a question?
Darf ich Sie etwas fragen?
ダルフ イヒ ズィー エトヴァス フラーゲン

❏ 分からないことがあるのですが.
I have something to ask you.
Ich habe eine Frage.
イヒ ハーベ アイネ フラーゲ

6 呼びかけ・質問

□ (話があるときに) 今ちょっといいですか.
> Could I talk to you?
>
> **Kann ich Sie kurz sprechen?**
>
> カン イヒ ズィー クルツ シュプレッヒェン

□ ちょっとこちらへ来ていただけますか.
> Could you come here for a second?
>
> **Kommen Sie bitte her zu mir!**
>
> コメン ズィー ビッテ ヘーア ツー ミーア

□ これは何ですか
> What's this?
>
> **Was ist das denn?**
>
> ヴァス イスト ダス デン

□ ここはどこですか.
> Where are we? / Where is this?
>
> **Wo sind wir hier?**
>
> ヴォー ズィント ヴィーア ヒーア

□ 失礼ですが, あなたはどなたですか.
> Excuse me, but who are you?
>
> **Entschuldigen Sie, aber wer sind Sie denn?**
>
> エントシュルディゲン ズィー アーバー ヴェーア ズィント ズィー デン

6 呼びかけ・質問

聞き取れなかったとき
—— もう一度おっしゃってください. ——

□ もう一度おっしゃってください.
> Could you say that again, please?
>
> **Können Sie das bitte noch einmal sagen?**
>
> ケネン ズィー ダス ビッテ ノッホ アインマール ザーゲン

❑ よく聞こえません.

I can't hear you.

Ich kann Sie nicht gut hören.

イヒ カン ズィー ニヒト グート ヘーレン

❑ 何て言いました?

What did you say? / I beg your pardon?

Was haben Sie gesagt?/ Wie bitte?

ヴァス ハーベン ズィー ゲザークト / ヴィー ビッテ

❑ えっ, 何ですって?

Pardon? What did you say?

Bitte?/ Wie bitte?

ビッテ / ヴィー ビッテ

❑ なに?

What?

Was?/ Bitte?

ヴァス / ビッテ

❑ もう少しゆっくり話していただけますか.

Would you mind speaking a little more slowly?

Können Sie bitte langsamer sprechen?

ケネン ズィー ビッテ ラングザーマー シュプレッヒェン

❑ もう少し大きな声でお願いできますか.

Would you mind speaking up a bit?

Könnten Sie bitte ein bisschen lauter sprechen?

ケンテン ズィー ビッテ アイン ビスヒェン ラオター シュプレッヒェン

理解できないとき
── それはどういう意味ですか？ ──

❏ それはどういう意味ですか．
What does that mean?
Was bedeutet das denn?
ヴァス ベドイテット ダス デン

❏ この言葉はどういう意味ですか．
Can you tell me what this means?
Was bedeutet dieses Wort?
ヴァス ベドイテット ディーゼス ヴォルト

❏ なぜですか．
Why?
Warum?
ヴァルム

❏ お話がよくわかりませんでした．
I didn't catch what you said.
Ich habe nicht verstanden, was Sie sagen wollten.
イヒ ハーベ ニヒト フェアシュタンデン ヴァス ズィー ザーゲン ヴォルテン

❏ もう一度説明していただけますか．
Would you mind explaining it again?
Könnten Sie es noch einmal erklären, bitte?
ケンテン ズィー エス ノッホ アインマール エアクレーレン ビッテ

❏ なるほど / ようやく理解できました．
I see. / I see it now.
Aha, ich verstehe. / Ich habe das jetzt verstanden.
アハ イヒ フェアシュテーエ / イヒ ハーベ ダス イェッツト フェアシュタンデン

6 呼びかけ・質問

第7章 肯定・否定

肯定するとき・引き受けるとき
── はい，そうです．──

☐ はい(そうです)．
> Yes.
> **Ja.**
> ヤー

☐ そのとおりです．
> That's right./ Exactly!
> **Richtig./ Das stimmt!**
> リヒティヒ／ ダス シュティムト

☐ そうだと思います．
> I think so.
> **Ich denke schon./ Ich glaub schon.**
> イヒ デンケ ショーン／ イヒ グラオプ ショーン

☐ おっしゃることはわかります．
> I understand what you're saying.
> **Ich verstehe schon, was Sie meinen.**
> イヒ フェアシュテーエ ショーン ヴァス ズィー マイネン

☐ わかりました．／ なるほど．
> I understand. / I see.
> **Ich verstehe. / Ach ja [so].**
> イヒ フェアシュテーエ／ アッハ ヤー [ゾー]

❏ そうなんですか． / それはよかったですね．
> Is that so? / That's good.
>
> **So? / Das finde ich aber gut.**
> ゾー / ダス フィンデ イヒ アーバー グート

❏ まったく同感です．
> Absolutely, I agree./ I couldn't agree (with you) more.
>
> **Ich bin ganz Ihrer Meinung.**
> イヒ ビン ガンツ イーラー マイヌング

❏ 了解．
> OK! / Got it!
>
> **Okay! / Alles klar.**
> オケー / アレス クラール

❏ いいですよ．
> All right.
>
> **Kein Problem.**
> カイン プロブレーム

❏ もちろんですよ．
> Of course.
>
> **Aber natürlich.**
> アーバー ナテューアリヒ

❏ 喜んで．
> I'd love to./ I'll be glad to.
>
> **Gern./ Mit Vergnügen.**
> ゲルン / ミット フェアグニューゲン

❏ 時と場合によります．
> That depends.
>
> **Das kommt darauf an.**
> ダス コムト ダラオフ アン

7 肯定・否定

否定するとき・拒否するとき
── いいえ，ちがいます．──

☐ いいえ．
No.
Nein.
ナイン

☐ ちがいます．
No, that's wrong./ No, that's different.
Nein, das stimmt nicht./ Nein, das ist nicht so.
ナイン ダス シュティムト ニヒト / ナイン ダス イスト ニヒト ゾー

☐ そうは思いません．
I don't think so.
Das glaube ich nicht.
ダス グラオベ イヒ ニヒト

☐ それは別の問題です．
That's something else.
Das ist ein ganz anderes Problem./ Es geht nicht darum, dass...
ダス イスト アイン ガンツ アンデレス プロブレーメ / エス ゲート ニヒト ダルム ダス

☐ 知りません．
I don't know.
Ich weiß nicht.
イヒ ヴァイス ニヒト

私にはわかりません．

I can't understand.

Das verstehe ich nicht.

ダス フェアシュテーエ イヒ ニヒト

いいえ，結構です．

No, thank you.

Nein, danke.

ナイン ダンケ

いやです．

It's no good./ No way.

Das ist schlecht./ Keineswegs!

ダス イスト シュレヒト/ カイネスヴェークス

もう十分です．

That's enough.

Es ist genug./ Schon gut.

エス イスト ゲヌーク/ ショーン グート

それは困ります．

That'll put me in a bind.

Das geht nicht.

ダス ゲート ニヒト

したくありません．

I don't want to do it.

Ich will das nicht tun. /Ich mache das bestimmt nicht.

イヒ ヴィル ダス ニヒト トゥーン/ イヒ マッヘ ダス ベシュティムト ニヒト

❑ 悪いのですが，できません．
Sorry but I can't do it.
Entschuldigung, aber ich kann das nicht.
エントシュルディグング アーバー イヒ カン ダス ニヒト

❑ 無理です．
It's impossible.
Es geht nicht./ Das ist unmöglich.
エス ゲート ニヒト / ダス イスト ウンメークリヒ

❑ 今は忙しいのです．
I'm busy right now.
Ich habe viel zu tun.
イヒ ハーベ フィール ツー トゥーン

❑ 私には関係ありません．
That has nothing to do with me.
Das geht mich nichts an.
ダス ゲート ミヒ ニヒツ アン

❑ 急いでいますので．
Sorry, but I'm in a bit of a hurry.
Ich habe es leider eilig./ Ich hab's eilig.
イヒ ハーベ エス ライダー アイリヒ / イヒ ハープス アイリヒ

❑ 先約があります．
I have an appointment.
Ich habe eine Verabredung.
イヒ ハーベ アイネ フェアアップレードゥング

❑ ほっといてください．
Leave me alone.
Lassen Sie mich in Ruhe.
ラッセン ズィー ミヒ イン ルーエ

❏ 私のではありません.
> It's not mine.
>
> **Das gehört mir nicht.**

ダス ゲヘールト ミーア ニヒト

単語 芸術 *die* **Kunst**/クンスト/

絵画 *die* **Malerei**/マーレライ/(㉘picture)
彫刻 *die* **Skulptur**/スクルプトゥーア/(㉘sculpture)
建築術 *die* **Baukunst**/バオクンスト/(㉘architecture)
演劇 *das* **Schauspiel**/シャオシュピール/(㉘theater)
オペラ *die* **Oper**/オーパー/(㉘opera)
バレエ *das* **Ballett**/バレット/(㉘ballet)
音楽 *die* **Musik**/ムズィーク/(㉘music)
古典の **klassisch**/クラスィシュ/(㉘classical)
中世の **mittelalterlich**/ミッテルアルターリヒ/(㉘medieval)
ロマネスク *die* **Romanik**/ロマーニク/(㉘Romanesque)
ゴシック *die* **Gotik**/ゴーティク/(㉘Gothic)
近代 *die* **Neuzeit**/ノイツァイト/(㉘modern age)
ルネサンス *die* **Renaissance**/レネサーンス/(㉘Renaissance)
バロック *das(der)* **Barock**/バロック/(㉘baroque)
ロココ *das* **Rokoko**/ロココ/(㉘rococo)
印象派 *der* **Impressionismus**/インプレスィオニスムス/(㉘Impressionism)
アール・ヌーヴォー *der* **Jugendstil**/ユーゲントシュティール/(㉘art nouveau)
超現実主義 *der* **Surrealismus**/ズレアリスムス/(㉘surrealism)

肯定・否定

第8章 能力・可能性

相手の能力をたずねる・答える
――英語はわかりますか．――

☐ 英語はわかりますか．
Do you understand English?
Verstehen Sie Englisch?
フェアシュテーエン ズィー エングリッシュ

☐ はい，わかります．
Yes, I understand.
Ja. Ich verstehe Englisch.
ヤー イヒ フェアシュテーエ エングリッシュ

☐ 英語は読めますが，話せません．
I can read English but I can't speak.
Ich kann Englisch lesen, aber nicht sprechen.
イヒ カン エングリッシュ レーゼン アーバー ニヒト シュプレッヒェン

☐ あそこに手が届きますか．
Can you reach over there?
Kommen Sie daran?
コメン ズィー ダラン

❏ パソコンが使えますか．

Do you know how to use a computer?

Können Sie einen Computer benutzen? / Kennen Sie sich mit Computern aus?

ケネン ズィー アイネン コンピューター ベヌッツェン／
ケネン ズィー ズィヒ ミット コンピューターン アオス

❏ 使えます．

I know how to use a computer.

Ich kann ihn benutzen. / Ich kenne mich da aus.

イヒ カン イーン ベヌッツェン／イヒ ケネ ミッヒ ダー アオス

❏ 基本的なことならできます．

If it's something basic, I can do it.

Einfache Dinge kann ich schon.

アインファッヘ ディンゲ カン イヒ ショーン

❏ 水泳は得意です．

I am good at swimming.

Ich kann gut schwimmen.

イヒ カン グート シュヴィメン

❏ ピアノが少し弾けます．

I can play the piano a little.

Ich kann ein bisschen Klavier spielen.

イヒ カン アイン ビスヒェン クラヴィーア シュピーレン

❏ テニスはできません．

I cannot play tennis.

Ich kann nicht Tennis spielen.

イヒ カン ニヒト テニス シュピーレン

8 能力・可能性

8 能力・可能性

❏ パソコンはまったくだめです.
I can't use computers at all.
Ich kenne mich mit Computern überhaupt nicht aus.
イヒ ケネ ミヒ ミット コンピューターン ユーバーハオプト ニヒト アオス

❏ ドイツ語を話すのは得意でありません.
I am not very good at speaking German.
Ich kann nicht so gut Deutsch sprechen.
イヒ カン ニヒト ゾー グート ドイチュ シュプレッヒェン

❏ 料理はうまくありません.
I am not a good cook.
Ich kann nicht gut kochen.
イヒ カン ニヒト グート コッヘン

❏ 聞き取れません.
I didn't catch what you said.
Ich kann Sie nicht hören.
イヒ カン ズィー ニヒト ヘーレン

❏ 数学が苦手です.
I am not good at math.
Ich bin schlecht in Mathematik.
イヒ ビン シュレヒト イン マテマティーク

❏ かんたんです.
It's simple.
Das ist einfach.
ダス イスト アインファッハ

❏ むずかしいです.
It's hard.
Das ist schwierig.
ダス イスト シュヴィーリヒ

- ❏ 自信があります．

  I am confident (in myself).

  Ich bin mir sicher.

  イヒ ビン ミーア ズィヒャー

- ❏ 自信がありません．

  I am not confident (in myself).

  Ich bin mir nicht sicher.

  イヒ ビン ミーア ニヒト ズィヒャー

可能性をたずねる・答える
―― 公園まで 30 分で行けます．――

- ❏ そこから海は見えますか．

  Can you see the sea from there?

  Kann man von dort aus das Meer sehen?

  カン マン フォン ドルト アオス ダス メーア ゼーエン

- ❏ 今から，ケルンまで出てこられますか．

  Can you come out to Cologne now?

  Können Sie nach Köln kommen?

  ケネン ズィー ナーハ ケルン コメン

- ❏ ええ，行けます．

  Yes, I can.

  Ja, kann ich.

  ヤー カン イヒ

- ❏ いいえ，無理です．

  No, I can't.

  Nein, das kann ich nicht.

  ナイン ダス カン イヒ ニヒト

8 能力・可能性

❏ 公園まで 30 分で行けます.

I can go to the park in thirty minutes.

Man braucht zu Fuß dreißig Minuten bis zum Park.

マン ブラオホト ツー フース ドライスィヒ ミヌーテン ビス ツム パルク

❏ 空港まで1時間では行けませんよ.

You can't get to the airport in an hour.

Sie können nicht in einer Stunde den Flughafen erreichen.

ズィー ケネン ニヒト イン アイナー シュトゥンデ デン フルークハーフェン エアライヒェン

8 能力・可能性

第9章 感情表現

喜び・満足の表現
―― すばらしい！ ――

☐ すばらしい！
Wonderful! / Fantastic!
Wunderbar!/ Fantastisch!
ヴンダーバール / ファン**タ**スティシュ

☐ すごい！
Great!
Super!
ズーパー

☐ ラッキー！
Lucky me!
Glück gehabt!
グリュック ゲハープト

☐ おもしろい．
What fun!
Interessant!
インテレ**サ**ント

☐ とても印象的でした．
I was very impressed.
Das war sehr beeindruckend.
ダス ヴァール ゼーア ベアインドルッケント

- [ ] 感動しました.

    That's very moving.

    Das hat mich berührt.

    ダス ハット ミヒ ベリューアト

- [ ] その映画に感動しました.

    I was moved by the film.

    Ich war von dem Film sehr berührt.

    イヒ ヴァール フォン デム フィルム ゼーア ベリューアト

- [ ] おかしい!

    Hilarious!

    Witzig! / Lustig!

    ヴィッツィヒ／ルスティヒ

- [ ] 笑えますね.

    That makes me laugh.

    Das ist ja zum Lachen.

    ダス イスト ヤー ツム ラッヘン

- [ ] わあ, おいしい.

    How delicious!

    Lecker!

    レッカー

- [ ] 気分は最高です!

    I feel great! / I couldn't feel better.

    Mir geht es prima.

    ミーア ゲート エス プリーマ

- [ ] それはいい知らせです!

    That's good news.

    Das ist gut zu hören.

    ダス イスト グート ツー ヘーレン

❏ それを聞いて安心しました．

I'm relieved to hear that.

Das hat mich erleichtert zu hören. / Das ist tröstlich zu hören.

ダス ハット ミヒ エアライヒタート ツー ヘーレン／ダス イスト トレーストリヒ ツー ヘーレン

❏ 気に入りました．

I like it.

Das gefällt mir.

ダス ゲ**フェ**ルト ミーア

❏ 夢がかなってうれしいです．

I am glad my dream has come true.

Ich freue mich, dass mein Traum Wirklichkeit geworden ist.

イヒ フロイエ ミヒ ダス マイン トラウム **ヴィ**ルクリヒカイト ゲ**ヴォ**ルデン イスト

❏ やっとできた！

I'm finally finished!

Ich bin fertig!

イヒ ビン **フェ**ルティヒ

❏ 楽しかった．

I had a good time. / That was fun.

Ich hatte eine schöne Zeit. / Das war sehr schön.

イヒ ハッテ アイネ **シェ**ーネ ツァイト／ダス ヴァール **ゼ**ーア **シェ**ーン

❏ ツアーには満足しています．

I was satisfied with the tour.

Ich bin mit der Pauschalreise zufrieden.

イヒ ビン ミット デア パオ**シャ**ールライゼ ツーフリーデン

9 感情表現

❏ くつろいでいます．
I'm relaxing.
Ich fühle mich wie zu Hause.
イヒ フューレ ミヒ ヴィー ツー ハオゼ

❏ ここは居心地がいいです．
I feel comfortable here.
Hier ist es sehr gemütlich.
ヒーア イスト エス ゼーア ゲミュートリヒ

❏ ここに来るとリラックスできます．
When I come here, I can relax.
Ich kann mich hier völlig entspannen.
イヒ カン ミヒ ヒーア フェリヒ エントシュパンネン

期待の表現
―― 楽しみにしています． ――

❏ わくわくします．
I'm so excited!
Ich bin schon gespannt.
イヒ ビン ショーン ゲシュパント

❏ あなたにお会いできるのを楽しみにしています．
I am looking forward to seeing you.
Ich freue mich darauf, Sie zu sehen.
イヒ フロイエ ミヒ ダラオフ ズィー ツー ゼーエン

❏ 来てくれるとうれしいのですが．
I'd be glad if you could come.
Ich würde mich freuen, wenn Sie kommen könnten.
イヒ ヴュルデ ミヒ フロイエン ヴェン ズィー コメン ケンテン

9 感情表現

本当ならいいのですが.

I hope it's true.

Ich hoffe, dass das wahr ist.

イヒ ホッフェ ダス ダス ヴァール イスト

驚き・当惑の表現
── 本当ですか?! ──

本当?

Really?

Wirklich?

ヴィルクリヒ

ええっ?本当ですか.

Huh? Really?

Was? Wirklich?

ヴァス ヴィルクリヒ

まさか.

Come on./ You've got to be kidding.

Das kann nicht wahr sein.

ダス カン ニヒト ヴァール ザイン

ご冗談でしょう?

You're kidding, right?

Das ist doch nicht Ihr Ernst!

ダス イスト ドッホ ニヒト イーア エルンスト

本気かい?

Are you serious?

Meinst du das im Ernst?

マインスト ドゥー ダス イム エルンスト

9 感情表現

- ❏ それはショックです.

    I'm shocked to hear that.

    Das ist aber schrecklich.

    ダス イスト アーバー シュレックリヒ

- ❏ 驚きました.

    What a surprise!

    Was für eine Überraschung!

    ヴァス フューア アイネ ユーバーラッシュング

- ❏ 思ってもみませんでした.

    I never thought anything of the sort.

    Das habe ich mir so nicht vorgestellt.

    ダス ハーベ イヒ ミーア ゾー ニヒト フォーアゲシュテルト

- ❏ 信じられません.

    I can't believe it!

    Ich kann es nicht glauben.

    イヒ カン エス ニヒト グラオベン

- ❏ どうしよう.

    What shall [should] I do?

    Was soll ich denn machen?

    ヴァス ゾル イヒ デン マッヘン

- ❏ そのときは驚きました.

    I was surprised at the time.

    Ich war sehr überrascht.

    イヒ ヴァール ゼーア ユーバーラッシュト

9 感情表現

落胆・怒りの表現
── がっかりだ！──

☐ 残念です．
> That's too bad.
> **Das ist schade.**
> ダス イスト シャーデ

☐ がっかりだ．
> I'm disappointed.
> **Ich bin enttäuscht.**
> イヒ ビン エント**ト**イシュト

☐ もう売り切れなんてがっかりだわ．
> I'm so disappointed that it's sold out.
> **Ich bin sehr enttäuscht, dass das schon ausverkauft ist.**
> イヒ ビン ゼーア エント**ト**イシュト ダス ダス ショーン **ア**オスフェアカオフト イスト

☐ 落ち込んでいます．
> I am depressed.
> **Ich bin deprimiert.**
> イヒ ビン デプリ**ミ**ーアト

☐ あなたが来ないとつまらない．
> It'll be boring if you don't come.
> **Das wird langweilig, wenn Sie nicht kommen.**
> ダス **ヴ**ィルト **ラ**ングヴァイリヒ ヴェン ズィー ニヒト **コ**メン

9 感情表現

❏ 気に入りません.

I don't like it.

Das gefällt mir nicht.

ダス ゲ**フェ**ルト ミーア ニヒト

❏ それはひどい！

That's too bad. / That's terrible!

Das ist schrecklich! / Das ist fürchterlich!

ダス イスト シュ**レッ**クリヒ／ダス イスト **フュ**ルヒターリヒ

❏ ばかげています！

Nonsense!

Unsinn!

ウンズィン

❏ もうたくさんだ！

I've had it!

Ich habe es satt! / Es ist genug.

イヒ ハーベ エス **ザ**ット／エス イスト ゲ**ヌ**ーク

❏ いいかげんにしてください.

I've had enough of it.

Jetzt habe ich aber genug! / Ich habe die Nase voll davon.

イェット ハーベ イヒ アーバー ゲ**ヌ**ーク／イヒ ハーベ ディー **ナ**ーゼ フォル ダ**フォ**ン

❏ いらいらしています.

I'm upset.

Das regt mich aber auf.

ダス **レ**ークト ミヒ アーバー **ア**オフ

❏ 彼にはまったく頭にくる.
I am quite angry with him.
Er hat mich sehr verärgert.
エア ハット ミヒ ゼーア フェア**エ**ルガート

否定的な気持ちの表現
── 心配です. ──

❏ 悲しいです.
I feel sad.
Ich bin traurig.
イヒ ビン ト**ラ**オリヒ

❏ 寂しいです.
I'm lonely.
Ich fühle mich einsam.
イヒ **フュ**ーレ ミヒ **ア**インザーム

❏ 退屈です.
I am bored.
Es ist langweilig.
エス イスト **ラ**ングヴァイリヒ

❏ 怖いです.
I'm scared.
Ich habe Angst.
イヒ **ハ**ーベ **ア**ングスト

❏ 心配です.
I'm worried.
Ich mache mir Sorgen.
イヒ **マ**ッヘ **ミ**ーア **ゾ**ルゲン

9 感情表現

❏ 困っています.

I am in trouble.

Ich bin in Schwierigkeiten.

イヒ ビン イン シュヴィーリヒカイテン

❏ 心配事があります.

I have something to worry about.

Das macht mir Sorgen.

ダス マハト ミーア ゾルゲン

❏ 忙しくて, もう大変です.

I am busy to death.

Ich habe sehr sehr viel zu tun.

イヒ ハーベ ゼーア ゼーア フィール ツー トゥーン

❏ 緊張しています.

I'm nervous.

Ich bin nervös.

イヒ ビン ネルヴェース

9 感情表現

第10章 意見・好み・願い

意見を聞く・述べる
―― どう思いますか？ ――

☐ 私の考えをどう思いますか．
What do you think of my idea?
Wie denken Sie über meine Meinung?
ヴィー デンケン ズィー ユーバー マイネ マイヌング

☐ この腕時計をどう思いますか．
What do you think of this watch?
Wie finden Sie diese Armbanduhr?
ヴィー フィンデン ズィー ディーゼ アルムバントウーア

☐ いいと思います．
I think it's nice.
Ich finde sie schön.
イヒ フィンデ ズィー シェーン

☐ 問題があると思います．
I think there's something wrong with it.
Ich denke, dass das problematisch ist.
イヒ デンケ ダス ダス プロブレマーティシュ イスト

☐ 賛成です． / 反対です．
I am for it./ I am against it.
Ich bin dafür./ Ich bin dagegen.
イヒ ビン ダフューア / イヒ ビン ダゲーゲン

❏ 役に立つ［立たない］と思います．

I think it's useful [useless].

Ich finde das brauchbar [unbrauchbar].

イヒ フィンデ ダス ブラオホバール［ウンブラオホバール］

❏ 一概には言えません．

We can't say for sure whether or not that is so.

Allgemein kann man dazu nichts sagen.

アルゲマイン カン マン ダツー ニヒツ ザーゲン

❏ 私もそう思います．

I think so too.

Das finde ich auch.

ダス フィンデ イヒ アオホ

❏ 私はそうは思いません．

I don't think so.

Das glaube ich nicht.

ダス グラオベ イヒ ニヒト

❏ 私にはわかりません．

I cannot understand.

Ich kann das nicht verstehen.

イヒ カン ダス ニヒト フェアシュテーエン

❏ まったくそのとおりです．

That's exactly it.

Genauso ist das.

ゲナオゾー イスト ダス

感想を聞く・述べる
―― パリはどうでしたか? ――

☐ それをどう思いますか.
   What do you think about it?
   Wie denken Sie darüber?
   ヴィー デンケン ズィー ダリューバー

☐ パリはどうでしたか.
   How did you like Paris?
   Wie gefiel es Ihnen in Paris?
   ヴィー ゲフィール エス イーネン イン パリース

☐ コンサートはおもしろかったですか.
   Did you enjoy yourself at the concert?
   Wie war es im Konzert?
   ヴィー ヴァール エス イム コンツェルト

☐ よかったです.
   It was very good.
   Es war sehr gut.
   エス ヴァール ゼーア グート

☐ おもしろかったです.
   I had a good time.
   Es war interessant.
   エス ヴァール インテレサント

☐ 最高でした.
   Nothing could have been better.
   Es war wunderbar.
   エス ヴァール ヴンダーバール

10 意見・好み・願い

- ❏ 感動しました．

    I was moved.

    Ich war begeistert.

    イヒ　ヴァール　ベガイスタート

- ❏ まずまずでした．

    It was fairly good.

    Es war ziemlich gut.

    エス　ヴァール　ツィームリヒ　グート

- ❏ 役者が上手［下手］でした．

    The actors were good [no good].

    Die Schauspieler haben gut [schlecht] gespielt.

    ディー　シャオシュピーラー　ハーベン　グート［シュレヒト］ゲシュピールト

- ❏ よくありませんでした．

    It was no good.

    Es war nicht so gut.

    エス　ヴァール　ニヒト　ゾー　グート

- ❏ ひどいものでした．

    It was terrible.

    Es war furchtbar.

    エス　ヴァール　フルヒトバール

- ❏ 滅茶苦茶でした．

    It was out of the question.

    Es war chaotisch.

    エス　ヴァール　カオーティシュ

- ❏ 期待外れでした．

    It fell short of my expectations.

    Es hat mich enttäuscht.

    エス　ハット　ミヒ　エントトイシュト

❏ がっかりしました.
I was disappointed.
Ich war enttäuscht.
イヒ ヴァール エントトイシュト

❏ ストーリーがお粗末でした.
The story was pretty bad.
Die Geschichte war ziemlich schlecht.
ディー ゲシヒテ ヴァール ツィームリヒ シュレヒト

❏ 物価が高かった[安かった]です.
Their prices were high [low].
Die Preise waren sehr hoch [niedrig].
ディー プライゼ ヴァーレン ゼーア ホーホ [ニードリヒ]

❏ みんな親切でした.
All of them were kind.
Alle waren freundlich.
アレ ヴァーレン フロイントリヒ

❏ ホテルは豪華でした.
The hotel was luxurious.
Das Hotel war luxuriös.
ダス ホテル ヴァール ルクスリエース

❏ 景色がよかったです.
The scenery was very good.
Die Aussicht war herrlich.
ディー アオスズィヒト ヴァール ヘルリヒ

❏ サービスがよかった[悪かった]です.
The service was good [bad].
Der Service war gut [schlecht].
デア ゼーアヴィス ヴァール グート [シュレヒト]

10 意見・好み・願い

好みを聞く・述べる
―― 好きな音楽は何ですか? ――

☐ 好きな音楽は何ですか.
  What kind of music do you like?
  Was für Musik mögen Sie?
  ヴァス フューア ムズィーク メーゲン ズィー

☐ 好きな色は何ですか.
  What color do you like?
  Was ist Ihre Lieblingsfarbe?
  ヴァス イスト イーレ リープリングスファルベ

☐ あなたは中華はお好きですか.
  Do you like Chinese food?
  Essen Sie gern Chinesisch?
  エッセン ズィー ゲルン ヒネーズィシュ

☐ 赤ワインと白ワイン,どちらがお好きですか.
  Which do you like better, red or white wine?
  Trinken Sie lieber Rot- oder Weißwein?
  トリンケン ズィー リーバー ロート オーダー ヴァイスヴァイン

☐ 季節で好きなのはいつですか.
  Which season do you like?
  Welche Jahreszeit mögen Sie?
  ヴェルヒェ ヤーレスツァイト メーゲン ズィー

☐ 春が好きです.
  I like spring.
  Ich mag den Frühling.
  イヒ マーク デン フリューリング

10 意見・好み・願い

❏ わたしはドイツ映画が大好きです.

I like German films.

Ich mag deutsche Filme sehr.

イヒ　マーク　ドイチェ　フィルメ　ゼーア

❏ わたしはサッカーよりもラグビーが好きです.

I like rugby better than soccer.

Ich mag lieber Rugby als Fußball.

イヒ　マーク　リーバー　ラクビ　アルス　フースバル

❏ 中世の歴史に関心があります.

I am interested in medieval history.

Ich interessiere mich für mittelalterliche Geschichte.

イヒ　インテレスィーレ　ミヒ　フューア　ミッテルアルターリヒェ　ゲシヒテ

❏ スキーに興味はありません.

I'm not interested in skiing.

Ich habe kein Interesse am Skifahren.

イヒ　ハーベ　カイン　インテレッセ　アム　シーファーレン

❏ カラオケは嫌いです.

I hate Karaoke.

Ich mag Karaoke nicht.

イヒ　マーク　カラオケ　ニヒト

❏ スポーツは苦手です.

I'm bad at sports.

Ich bin schlecht in Sport.

イヒ　ビン　シュレヒト　イン　シュポルト

❏ 辛いものは苦手です.

Hot food disagrees with me.

Ich mag scharfes Essen nicht.

イヒ　マーク　シャルフェス　エッセン　ニヒト

10 意見・好み・願い

ひところサーフィンに熱中していました．

I was once carried away with surfing.

Früher war ich vom Surfen begeistert.

フリューアー ヴァール イヒ フォム サーフェン ベガイスタート

大好きです．

I like it very much.

Ich mag das sehr.

イヒ マーク ダス ゼーア

夢中になっています．

I'm really getting into it.

Ich bin begeistert.

イヒ ビン ベガイスタート

けっこう好きです． / まあまあ好きです．

I like it quite a bit. / I like it well enough.

Ich mag es ziemlich gern. / Ich mag es nicht ungern.

イヒ マーク エス ツィームリヒ ゲルン / イヒ マーク エス ニヒト ウンゲルン

あまり好きではありません．

I don't like it very much.

Ich mag es nicht besonders.

イヒ マーク エス ニヒト ベゾンダース

好きでも嫌いでもありません．

I neither like nor dislike it.

Das interessiert mich nicht.

ダス インテレスィーアト ミヒ ニヒト

ほしいものをたずねる・答える
―― 何がほしいですか？ ――

❑ プレゼントに何がほしいですか．
What do you want for a present?
Was wünschen Sie sich denn?
ヴァス ヴュンシェン ズィー ズィヒ デン

❑ 小さな絵がほしいです．
I want a small painting.
Ich möchte ein kleines Bild.
イヒ メヒテ アイン クライネス ビルト

❑ 自動車はそれほどほしくありません．
I don't want a car very much.
Ein Auto möchte ich nicht so sehr.
アイン アオト メヒテ イヒ ニヒト ゾー ゼーア

❑ ビールはもうたくさんです．
I've already had enough beer.
Ich habe schon genug Bier.
イヒ ハーベ ショーン ゲヌーク ビーア

望みをたずねる・述べる
―― どちらに行きたいですか？ ――

❑ 明日何がしたいですか．
What do you want to do tomorrow?
Was möchten Sie denn morgen machen?
ヴァス メヒテン ズィー デン モルゲン マッヘン

❏ 何が買いたいですか．

What do you want to buy?

Was möchten Sie kaufen?

ヴァス メヒテン ズィー カオフェン

❏ ネッカー河畔を歩いてみたいですか．

Would you like to walk along the Neckar?

Möchten Sie am Neckar entlang laufen?

メヒテン ズィー アム ネッカー エントラング ラオフェン

❏ 海と山とどちらに行きたいですか．

Where would you like to go, the mountains or the sea?

Möchten Sie lieber ans Meer oder in die Berge fahren?

メヒテン ズィー リーバー アンス メーア オーダー イン ディー ベルゲ ファーレン

❏ 映画が見たいです．

I want to go to see a movie.

Ich möchte gern einen Film sehen.

イヒ メヒテ ゲルン アイネン フィルム ゼーエン

❏ ケルンの大聖堂に行ってみたいです．

I would like to go to the Dom of Cologne.

Ich möchte gern den Kölner Dom besichtigen.

イヒ メヒテ ゲルン デン ケルナー ドーム ベズィヒティゲン

❏ ライン川の遊覧船に乗ってみたいです．

I'd like to go on a pleasure cruise on the Rhein.

Ich möchte gern mit einem Schiff auf dem Rhein fahren.

イヒ メヒテ ゲルン ミット アイネム シフ アオフ デム ライン ファーレン

10 意見・好み・願い

❑ 将来店を開きたいです．

> Someday, I want to open my own store.
>
> **Ich möchte in Zukunft mein eigenes Geschäft eröffnen.**
>
> イヒ メヒテ イン ツークンフト マイン アイゲネス ゲシェフト エアエフネン

❑ もっとやせたいです．

> I want to lose more weight.
>
> **Ich möchte etwas abnehmen.**
>
> イヒ メヒテ エトヴァス アップネーメン

❑ その方と会ってみたいです．

> I'd like to meet that man [woman].
>
> **Ich möchte diese Person gern kennen lernen.**
>
> イヒ メヒテ ディーゼ ペルゾーン ゲルン ケネン レルネン

❑ 試しに食べて［飲んで］みたいです．

> I'd like to try a bite [a drink] of that.
>
> **Ich möchte das gern mal probieren.**
>
> イヒ メヒテ ダス ゲルン マール プロビーレン

❑ 建物の中をちょっと見てみたいです．

> I want to see what it looks like inside.
>
> **Ich möchte gern kurz ins Gebäude hinein schauen.**
>
> イヒ メヒテ ゲルン クルツ インス ゲボイデ ヒナイン シャオエン

❑ いろいろチャレンジしてみたいです．

> I want to try to do as many things as possible.
>
> **Ich möchte gern alles Mögliche machen.**
>
> イヒ メヒテ ゲルン アレス メークリヒェ マッヘン

10 意見・好み・願い

- ❏ ライプツィヒをまた訪れてみたいです．
  I want to visit Leipzig once again.
  Ich möchte gern wieder Leipzig besuchen.
  イヒ メヒテ ゲルン ヴィーダー ライプツィヒ ベズーヘン

- ❏ 彼女のリサイタルに，もう行きたいとは思いません．
  I don't want to go to her recital again.
  Ich würde nicht noch einmal in ihr Konzert gehen.
  イヒ ヴュルデ ニヒト ノッホ アインマール イン イーア コンツェルト ゲーエン

第11章 誘う・約束

誘いの表現
—— 映画に行きませんか？——

❏ 映画に行きませんか．
Shall we go to the movies?
Gehen wir zusammen ins Kino?
ゲーエン　ヴィーア　ツザンメン　インス　キーノ

❏ 試合を見に行きませんか．
What do you say to watching the match?
Wollen wir zum Spiel gehen?
ヴォレン　ヴィーア　ツム　シュピール　ゲーエン

❏ ブドウ畑に行きませんか．
Why don't we go to the vineyard?
Wollen wir zum Weinberg gehen?
ヴォレン　ヴィーア　ツム　ヴァインベルク　ゲーエン

❏ いっしょに行きませんか．
Won't you come along?
Kommen Sie mit?
コメン　ズィー　ミット

❏ コーヒーでも飲みませんか．
Would you like a cup of coffee?
Möchten Sie vielleicht einen Kaffee trinken?
メヒテン　ズィー　フィライヒト　アイネン　カフェ　トリンケン

❑ 今晩, 出かけませんか.

How about going out this evening?

Wie wäre es, wenn wir heute Abend ausgehen?

ヴィー ヴェーレ エス ヴェン ヴィーア ホイテ アーベント アオスゲーエン

❑ ゲーテ通りにいるんですが, 出てこられませんか.

I am on the Goethe Street. Can you come out here now?

Ich bin jetzt in der Goethestraße. Können Sie hierher kommen?

イヒ ビン イェッツト イン デア ゲーテシュトラーセ ケネン ズィー ヒーアヘーア コメン

❑ あなたもどうですか.

How about you?

Sie auch? / Und Sie?

ズィー アオホ／ ウント ズィー

❑ 今度, 飲みに行きましょう.

How about getting a drink together one of these days?

Wollen wir nicht mal zusammen in die Kneipe gehen?

ヴォレン ヴィーア ニヒト マール ツザンメン イン ディー クナイペ ゲーエン

❑ 始めましょう.

Let's start now.

Fangen wir an.

ファンゲン ヴィーア アン

❑ 日曜にお会いしましょう.

See you on Sunday!

Wir sehen uns am Sonntag.

ヴィーア ゼーエン ウンス アム ゾンターク

11 誘う・約束

❏ あとで会いましょう．
See you later!
Wir sehen uns später.
ヴィーア ゼーエン ウンス シュペーター

❏ エッセンに来たら，ぜひ家へ寄ってください．
If you happen to come to Essen, please drop in at my house.
Kommen Sie bitte vorbei, wenn Sie in Essen sind.
コメン ズィー ビッテ フォーアバイ ヴェン ズィー イン エッセン ズィント

❏ ご家族といっしょにいらしてください．
Please bring your family along.
Kommen Sie bitte mit Ihrer Familie.
コメン ズィー ビッテ ミット イーラー ファミーリエ

誘いに答える
―― いいですよ． ――

❏ いいですよ．
OK.
Okay.
オケー

❏ はい，もちろん．
Yes, I'd love to.
Ja, gern.
ヤー ゲルン

- [ ] それはいいですね.

  That sounds good.

  Das klingt gut.
  ダス クリングト グート

- [ ] 残念ですが行けません.

  I am afraid I can't make it.

  Leider kann ich nicht kommen.
  ライダー カン イヒ ニヒト コメン

- [ ] 今, 手が離せません.

  I am busy now.

  Ich bin im Moment sehr beschäftigt.
  イヒ ビン イム モメント ゼーア ベシェフティヒト

- [ ] あとにします.

  I'll do it afterward.

  Ich mache das nachher.
  イヒ マッヘ ダス ナーハヘーア

- [ ] 体調が悪いので, 遠慮しておきます.

  I'd better not. I'm not in shape.

  Ich muss leider absagen, da ich mich nicht wohl fühle.
  イヒ ムス ライダー アップザーゲン ダー イヒ ミヒ ニヒト ヴォール フューレ

- [ ] いいえ, 結構です.

  No thanks.

  Nein, danke.
  ナイン ダンケ

11 誘う・約束

都合を聞く・答える
明日の晩空いていますか？

❏ 明日の晩空いていますか.

Are you free tomorrow evening?

Haben Sie morgen Abend Zeit?

ハーベン ズィー モルゲン アーベント ツァイト

❏ どうして？

Why?

Warum?

ヴァルム

❏ なにも予定はありません.

I don't have any plans.

Ich habe nichts vor.

イヒ ハーベ ニヒツ フォーア

❏ 知り合いの結婚式に呼ばれています.

I've been invited to a friend's wedding.

Ich bin zur Hochzeit eines [einer] Bekannten eingeladen.

イヒ ビン ツア ホッホツァイト アイネス [アイナー] ベカンテン アインゲラーデン

11 誘う・約束

時間を約束する
—— 明日の朝10時にしましょう. ——

☐ いつお会いしましょうか.

When shall we meet?

Wann treffen wir uns?

ヴァン トレフェン ヴィーア ウンス

☐ 17時でご都合はいかがでしょうか.

Would five p.m. be a convenient time to meet?

Passt es Ihnen um 17 Uhr?

パスト エス イーネン ウム ズィープツェーン ウーア

☐ 何曜日がいいですか.

What day would work for you?

Welcher Tag ist Ihnen recht?

ヴェルヒャー ターク イスト イーネン レヒト

☐ 今週の土曜日はいかがですか.

How about this Saturday?

Wie wäre es mit kommendem Samstag?

ヴィー ヴェーレ エス ミット コメンデム ザムスターク

☐ 金曜の午後でだいじょうぶですか.

Will Friday afternoon work for you?

Ist Ihnen der Freitag Nachmittag recht?

イスト イーネン デア フライターク ナーハミッターク レヒト

☐ 私はそれで結構です.

That suits me fine.

Das passt mir gut.

ダス パスト ミーア グート

11 誘う・約束

❏ 金曜の午後は予定が入っています.

I am busy on Friday afternoon.
Ich habe Freitag Nachmittag schon etwas vor.
イヒ ハーベ フライターク ナーハミッターク ショーン エトヴァス フォーア

❏ 残念ですが，予定があるんです.

I'm sorry but I have plans.
Leider bin ich schon verplant.
ライダー ビン イヒ ショーン フェアプラーント

❏ 残念ですが，その日は都合が悪いです.

I'm afraid that day won't work for me.
Leider passt mir der Tag nicht so gut.
ライダー パスト ミーア デア ターク ニヒト ゾー グート

❏ いつならご都合がよろしいですか.

When would be a good time for you?
Wann wäre es Ihnen denn recht?
ヴァン ヴェーレ エス イーネン デン レヒト

❏ 木曜の午後なら空いています.

I will be free on Thursday afternoon.
Donnerstag Nachmittag habe ich Zeit.
ドナースターク ナーハミッターク ハーベ イヒ ツァイト

❏ あさってだったら暇なのですが.

I'll be free the day after tomorrow.
Übermorgen habe ich Zeit.
ユーバーモルゲン ハーベ イヒ ツァイト

❏ では，明日の朝 10 時にしましょう.

Well, let's make it ten o'clock tomorrow morning.
Wir treffen uns also morgen Vormittag um 10 Uhr.
ヴィーア トレフェン ウンス アルゾ モルゲン フォーアミッターク ウム ツェーン ウーア

11 誘う・約束

❑ では，金曜日に会いましょう．
> Well, see you on Friday.

Gut, wir sehen uns am Freitag.
グート　ヴィーア　ゼーエン　ウンス　アム　フライターク

場所・その他を約束する
―― ロビーでお会いしましょう． ――

❑ どこで待ち合わせましょうか．
> Where should we meet?

Wo treffen wir uns?
ヴォー　トレッフェン　ヴィーア　ウンス

❑ 駅前の本屋では？
> At the bookstore in front of the station?

Treffen wir uns an der Buchhandlung vor dem Bahnhof?
トレッフェン　ヴィーア　ウンス　アン　デア　ブーフハンドルング　フォーア　デム　バーンホーフ

❑ 渋谷駅の改札は？
> At the ticket gate in Shibuya Station?

Treffen wir uns an der Bahnhofssperre in Shibuya?
トレッフェン　ヴィーア　ウンス　アン　デア　バーンホーフスシュペーレ　イン　シブヤ

❑ 人が多すぎます．
> It'll be really crowded.

Dort ist es aber zu voll.
ドルト　イスト　エス　アーバー　ツー　フォル

11 誘う・約束

- ❏ では，やめましょう．
  - Then, let's forget it.
  - **Dann lassen wir das.**
  - ダン ラッセン ヴィーア ダス

- ❏ では，ホテルのロビーでお会いすることにしましょう．
  - Then, let's get together at the hotel lobby.
  - **Treffen wir uns dann im Foyer des Hotels.**
  - トレッフェン ヴィーア ウンス ダン イム フォワイエー デス ホテルス

- ❏ そうしましょう．
  - Let's do that.
  - **Ich bin einverstanden.**
  - イヒ ビン アインフェアシュタンデン

- ❏ 空港に着いたら電話してくださいますか．
  - Please give me a call when you arrive at the airport.
  - **Könnten Sie mich bitte anrufen, wenn Sie am Flughafen angekommen sind?**
  - ケンテン ズィー ミヒ ビッテ アンルーフェン ヴェン ズィー アム フルークハーフェン アンゲコメン ズィント

- ❏ 必ずこのクーポンをお持ちになってください．
  - Be sure to bring this coupon with you.
  - **Bringen Sie bitte unbedingt diesen Gutschein mit.**
  - ブリンゲン ズィー ビッテ ウンベディングト ディーゼン グートシャイン ミット

- ❏ 迎えに来てくれますか．
  - Will you come and meet me?
  - **Könnten Sie mich abholen?**
  - ケンテン ズィー ミヒ アップホーレン

11 誘う・約束

❏ 車で迎えに行きますよ．

I'll pick you up by car.

Ich hole Sie mit dem Auto ab.

イヒ ホーレ ズィー ミット デム **ア**オト **ア**ップ

❏ それは助かります．

That helps.

Das ist nett von Ihnen.

ダス イスト **ネ**ット フォン **イ**ーネン

❏ お目にかかるのを楽しみにしています．

I'm really looking forward to meeting you.

Ich freue mich darauf, Sie zu treffen.

イヒ フ**ロ**イエ ミヒ ダ**ラ**オフ ズィー ツー ト**レ**ッフェン

11 誘う・約束

第12章 許可・依頼

許可を求める[与える]・禁止する
— 写真を撮ってもいいですか？ —

☐ チャンネルを替えてもいいですか.
May I change the channel?
Darf ich umschalten?
ダルフ イヒ **ウムシャルテン**

☐ ここに座ってもいいですか.
May I sit here?
Darf ich mich hier setzen?
ダルフ イヒ ミヒ **ヒーア** ゼッツェン

☐ ここで写真を撮ってもいいですか.
Is it all right to take pictures here?
Darf ich hier fotografieren?
ダルフ イヒ **ヒーア** フォトグラ**フィーレン**

☐ これをもらってもいいですか.
May I have this?
Kann ich das haben [behalten]?
カン イヒ ダス **ハーベン** [ベ**ハルテン**]

☐ たばこを吸ってもいいですか.
Do you mind if I smoke?
Darf ich rauchen?
ダルフ イヒ **ラオヘン**

12 許可・依頼

❏ ここに車を停めてもいいですか.

Can I park (my car) here?

Kann ich hier parken?

カン イヒ ヒーア パルケン

❏ 見てもいいですか.

Can I look at it?

Darf ich mal sehen?

ダルフ イヒ マール ゼーエン

❏ 今から行ってもいいですか.

Would it be all right if I came over now?

Kann ich jetzt zu Ihnen [rüber] kommen?

カン イヒ イェッツト ツー イーネン [リューバー] コメン

❏ いっしょに行ってもいいですか.

Can I go with you?

Darf ich mitkommen?

ダルフ イヒ ミットコメン

❏ 個人的なことを聞いてもいいですか.

Can I ask you a personal question?

Darf ich Sie vielleicht mal etwas Persönliches fragen?

ダルフ イヒ ズィー フィライヒト マール エトヴァス ペルゼーンリヒェス フラーゲン

❏ ちょっと2, 3分いいですか.

Can you spare me a few minutes?

Haben Sie 2, 3 Minuten Zeit für mich?

ハーベン ズィー ツヴァイ ドライ ミヌーテン ツァイト フューア ミヒ

12 許可・依頼

❑ 今，ちょっとお話ししてもいいですか．
　Could we talk for a minute?
　Kann ich jetzt kurz mit Ihnen sprechen?
　カン　イヒ　イェッツト　クルツ　ミット　イーネン　シュプレッヒェン

❑ さあ，どうぞ．
　You can. [You may./ All right./ Why not?/ Sure.]
　Ja, bitte.
　ヤー　ビッテ

❑ ボリュームを下げてもいいですよ．
　You can turn the volume down.
　Sie können gern die Lautstärke leiser stellen.
　ズィー　ケネン　ゲルン　ディー　ラオトシュテルケ　ライザー　シュテレン

❑ 予約をキャンセルできますよ．
　You can cancel the reservation.
　Sie können die Reservierung gern stornieren.
　ズィー　ケネン　ディー　レゼルヴィールング　ゲルン　シュトルニーレン

❑ それはご遠慮いただけますか．
　Please don't do that (sort of thing).
　Tut mir Leid, aber das geht hier nicht.
　トゥート　ミーア　ライト　アーバー　ダス　ゲート　ヒーア　ニヒト

❑ ここに車を停めてはいけません．
　You can't park here.
　Sie dürfen hier nicht parken.
　ズィー　デュルフェン　ヒーア　ニヒト　パルケン

❑ 絶対にだめです．
　Never do that.
　Das geht auf keinen Fall.
　ダス　ゲート　アオフ　カイネン　ファル

12 許可・依頼

依頼する・引き受ける・断る
── 窓を開けていただけますか？ ──

☐ お願いがあるのですが.
Can I ask you a favor?
Ich habe eine Bitte an Sie.
イヒ ハーベ アイネ ビッテ アン ズィー

☐ 写真を撮っていただけませんか.
Could you please take a photo of us?
Könnten Sie uns bitte fotografieren?
ケンテン ズィー ウンス ビッテ フォトグラフィーレン

☐ 窓を開けていただけますか.
Would you mind opening the window?
Könnten Sie bitte das Fenster öffnen?
ケンテン ズィー ビッテ ダス フェンスター エフネン

☐ このガイドブックを貸してくださいますか.
Could I borrow this guidebook?
Darf ich mir diesen Reiseführer ausleihen?
ダルフ イヒ ミーア ディーゼン ライゼフューラー アオスライエン

☐ コピーをとってくれますか.
Would you (please) make a copy of this?
Können Sie das bitte kopieren?
ケネン ズィー ダス ビッテ コピーレン

☐ 書類をファックスしてくれませんか.
Would you fax those papers, please?
Können Sie bitte die Papiere per Fax schicken?
ケネン ズィー ビッテ ディー パピーレ ペル ファクス シッケン

12 許可・依頼

❏ メールで連絡してもらえますか．

Could you send me an e-mail?

Können Sie mir bitte mailen [eine E-Mail schicken]?
ケネン ズィー ミーア ビッテ メイレン［アイネ イーメイル シッケン］

❏ 空港まで送っていただけませんか．

Could you give me a ride to the station?

Würden Sie mich bitte zum Flughafen bringen?
ヴュルデン ズィー ミヒ ビッテ ツム フルークハーフェン ブリンゲン

❏ 駅まで迎えに来てくれませんか．

Could you meet me [pick me up] at the station?

Würden Sie mich bitte am Bahnhof abholen?
ヴュルデン ズィー ミヒ ビッテ アム バーンホーフ アップホーレン

❏ ちょっと手伝っていただけますか．

Could you give me a hand?

Könnten Sie mir mal helfen?
ケンテン ズィー ミーア マール ヘルフェン

❏ あとにしてもらえますか．

Sorry, I can't do it right now. Ask me later.

Leider geht es jetzt nicht, später vielleicht.
ライダー ゲート エス イェッツト ニヒト シュペーター フィライヒト

❏ 電気をつけて［消して］ください．

Please turn on [off] the lights.

Bitte schalten Sie das Licht an [aus].
ビッテ シャルテン ズィー ダス リヒト アン［アオス］

❏ テレビをつけて［消して］ください．

Please turn on [off] the television.

Bitte schalten Sie den Fernseher ein [aus].
ビッテ シャルテン ズィー デン フェルンゼーアー アイン［アオス］

12 許可・依頼

❏ ここに書いてください.

Could you write that down here?

Schreiben Sie das doch bitte hier auf.

シュライベン ズィー ダス ドッホ ビッテ ヒーア アオフ

❏ 砂糖を取ってください.

Could you pass me the sugar?

Würden Sie mir bitte den Zucker reichen?

ヴュルデン ズィー ミーア ビッテ デン ツッカー ライヒェン

❏ 急いでください.

Please hurry.

Bitte beeilen Sie sich doch.

ビッテ ベアイレン ズィー ズィヒ ドッホ

❏ もう少しゆっくり話してください.

Speak more slowly, please.

Sprechen Sie bitte etwas langsamer.

シュプレッヒェン ズィー ビッテ エトヴァス ラングザーマー

❏ 見せてください.

Let me see that.

Bitte zeigen Sie mir das mal!

ビッテ ツァイゲン ズィー ミーア ダス マール

❏ 知らせてください.

Please let me know.

Bitte geben Sie mir Bescheid.

ビッテ ゲーベン ズィー ミーア ベシャイト

❏ 会社へ電話してください.

Please call me at the office.

Rufen Sie bitte mein Büro an.

ルーフェン ズィー ビッテ マイン ビュロー アン

12 許可・依頼

❏ 電話を貸してください．

Could I use your telephone?

Darf ich mal kurz Ihr Telefon benutzen?

ダルフ イヒ マール **クルツ** イーア テレ**フォー**ン ベ**ヌッ**ツェン

❏ 続けてください．

Please go on.

Bitte machen Sie so weiter.

ビッテ マッヘン ズィー ゾー ヴァイター

❏ 遅れないで来てくださいね．

Please don't be late.

Bitte kommen Sie pünktlich.

ビッテ コメン ズィー ピュンクトリヒ

❏ はい，喜んで．／ いいですよ．／ よろしいですよ．

Yes, with pleasure. / OK. / That's fine.

Ja, gern. / Okay. / Das ist schon in Ordnung.

ヤー ゲルン ／ オケー ／ ダス イスト ショーン イン **オル**ドヌング

❏ 分かりました．そういたします．

I understand. I'll do that.

Okay. Das mache ich dann so.

オケー ダス マッヘ イヒ ダン ゾー

❏ お待ちください．今すぐにやりますから．

Please wait. I'll do that right away.

Warten Sie bitte. Ich mache das sofort.

ヴァルテン ズィー ビッテ イヒ マッヘ ダス ゾ**フォ**ルト

❏ 残念ですが，お引き受けできません．

Sorry, but I can't take that on.

Leider kann ich das nicht übernehmen.

ライダー **カン** イヒ ダス ニヒト ユーバー**ネー**メン

12 許可・依頼

第13章 数・時間の表現

数の表現
── レモンを2個ください．──

☐ レモンを2個ください．

Give me two lemons.

Geben Sie mir bitte zwei Zitronen.

ゲーベン ズィー ミーア ビッテ ツヴァイ ツィトローネン

☐ 缶ビールを1ダース［2パック］買いましょう．

Let's get two six-packs of beer.

Kaufen wir uns doch Dosenbier, zwei 6-er Packungen.

カオフェン ヴィーア ウンス ドッホ ドーゼンビーア ツヴァイ ゼクサー パックンゲン

☐ これは1個いくらですか．

How much is a piece of this?

Wie viel kostet das pro Stück?

ヴィー フィール コステット ダス プロ シュテュック

☐ 1人いくらですか．

How much is it per person?

Wie viel kostet das pro Person?

ヴィー フィール コステット ダス プロ ペルゾーン

☐ 大人2枚，子供1枚お願いします．

Two adults and one child, please.

Zwei Erwachsene, ein Kind bitte.

ツヴァイ エアヴァクセネ アイン キント ビッテ

❏ このアパートは30平方メートルの広さがあります．
This apartment covers (an area of) 30 square meters.
Dieses Apartment ist 30 Quadratmeter groß.
ディーゼス　アパルトメント　イスト　ドライスィヒ　クヴァドラートメーター　グロース

❏ このモニターは51cmです．
This is a 20-inch monitor.
Dies ist ein 51cm-Bildschirm.
ディース　イスト　アイン　アインウントフュンフツィヒ　ツェンティメーター　ビルトシルム

❏ カバンの重さが倍［半分］になりました．
The bag weighs twice [half] as much as before.
Diese Tasche wiegt jetzt zweimal [halb] so viel.
ディーゼ　タッシェ　ヴィークト　イェッツト　ツヴァイマール　［ハルプ］　ゾー　フィール

今の時刻を述べる
―― 4時15分です．――

❏ 何時ですか
What time is it (now)?
Wie spät ist es?
ヴィー　シュペート　イスト　エス

❏ 2時です．
It's two o'clock.
Es ist zwei Uhr.
エス　イスト　ツヴァイ　ウーア

❏ もうすぐ3時です．
It's almost three o'clock.
Es ist gleich drei Uhr.
エス　イスト　グライヒ　ドライ　ウーア

13 数・時間の表現

- [ ] 3時を回ったところです.

    It's just after three (o'clock).

    Es ist kurz nach drei.

    エス イスト **クルツ** ナーハ **ドライ**

- [ ] 1時半です.

    Half past one.

    Es ist halb zwei.

    エス イスト **ハルプ** ツヴァイ

- [ ] 4時15分です.

    A quarter past four./ Four fifteen.

    Es ist Viertel nach vier./ Vier Uhr fünfzehn.

    エス イスト **フィルテル** ナーハ **フィーア**/ **フィーア** ウーア **フュンフツェーン**

- [ ] 6時10分前です.

    Ten to six.

    Es ist zehn vor sechs.

    エス イスト **ツェーン** フォーア **ゼクス**

- [ ] 私の時計は少し遅れて[進んで]います.

    My watch is a little slow [fast].

    Meine Uhr geht ein bisschen nach [vor].

    マイネ **ウーア** ゲート アイン ビスヒェン **ナーハ** [**フォーア**]

時刻・時間の表現
── 19時閉店です. ──

- [ ] 開店は何時ですか.

    What time does the store open?

    Wann wird das Geschäft geöffnet?

    ヴァン ヴィルト ダス **ゲシェフト** ゲエフネット

❏ 閉店は何時ですか.
> What time is the store closed?
> **Wann schließt dieses Geschäft?**
> ヴァン シュリースト ディーゼス ゲ**シェ**フト

❏ 19 時閉店です.
> The store closes at seven.
> **Das Geschäft macht um 19 Uhr zu.**
> ダス ゲ**シェ**フト **マ**ハト ウム **ノ**インツェーン **ウ**ーア ツー

❏ 何時開演ですか.
> What time does the performance start?
> **Wann beginnt die Vorstellung?**
> ヴァン ベ**ギ**ント ディー **フォ**ーアシュテルング

❏ 試合は 18 時に始まります.
> The game starts at six p.m.
> **Das Spiel beginnt um 18 Uhr.**
> ダス シュ**ピ**ール ベ**ギ**ント ウム **ア**ハツェーン **ウ**ーア

❏ 映画は何時に終わりますか.
> What time will the movie end?
> **Wann ist der Film zu Ende?**
> ヴァン イスト デア **フィ**ルム ツー **エ**ンデ

❏ コンサートは何時から何時までですか.
> What time will the concert start, and when will it be over?
> **Von wann bis wann dauert das Konzert?**
> フォン **ヴァ**ン ビス **ヴァ**ン **ダ**オアート ダス コン**ツェ**ルト

13 数・時間の表現

❑ 19時半から21時までです．

It is from seven-thirty till nine.

Es dauert von 19.30 bis 21 Uhr.

エス ダオアート フォン ノインツェーン ウーア ドライスィヒ ビス
アインウントツヴァンツィヒ ウーア

❑ ケルンからハンブルクまで何時間かかりましたか．

How long did it take from Cologne to Hamburg?

Wie lange hat es von Köln bis Hamburg gedauert?

ヴィー ランゲ ハット エス フォン ケルン ビス ハンブルク ゲダオアート

❑ 終点まで何分ほどですか．

How long does it take to get to the terminal?

Wie viel Minuten dauert es noch bis zur Endstation?

ヴィー フィール ミヌーテン ダオアート エス ノッホ ビス ツーア エントシュタツィオーン

❑ アーヘンまでどのくらいかかりますか．

How long does it take to get to Aachen?

Wie lange dauert es bis Aachen?

ヴィー ランゲ ダオアート エス ビス アーヘン

❑ バスで1時間です．

It will take about an hour to get there by bus.

Mit dem Bus dauert es eine Stunde.

ミット デム ブス ダオアート エス アイネ シュトゥンデ

❑ 渋滞すれば2時間かかります．

If the traffic is heavy, it will take two hours.

Bei Stau dauert es zwei Stunden.

バイ シュタオ ダオアート エス ツヴァイ シュトゥンデン

13 数・時間の表現

年月日をたずねる・答える
── 3月1日に来ました. ──

❏ 今日は何日ですか.
What's the date (today)?
Der Wievielte ist heute?/ Welches Datum ist heute?
デア ヴィーフィールテ イスト **ホイテ**/ **ヴェルヒェス ダー**トゥム イスト **ホイテ**

❏ 4月7日です.
It's April 7th.
Heute ist der 7. April.
ホイテ イスト デア **ズィー**プテ アプリル

❏ 会議は何日ですか.
What day will you hold the meeting?
Wann ist die Sitzung?
ヴァン イスト ディー **ズィ**ッツング

❏ 12日です.
12th.
Sie ist am 12.
ズィー イスト アム ツ**ヴェ**ルフテン

❏ 何月[何日]に行かれる予定ですか.
What month [day] are you planning to go?
Wann haben Sie vor, zu fahren?
ヴァン **ハー**ベン ズィー **フォー**ア ツー **ファー**レン

❏ 5月にロンドンへ発ちます.
I'll leave for London in May.
Ich fliege im Mai nach London.
イヒ フ**リー**ゲ イム マイ **ナー**ハ **ロ**ンドン

13 数・時間の表現

❑ いつこちらへ来られましたか.

When did you get here?

Wann sind Sie hierher gekommen?

ヴァン ズィント ズィー ヒーアヘーア ゲコメン

❑ こちらへは3月1日に来ました.

I got here on March 1st.

Ich bin am 1. März gekommen.

イヒ ビン アム エーアステン メルツ ゲコメン

❑ 休暇はどれくらいありますか.

How much time do you have off?

Wie lange nehmen Sie Urlaub?

ヴィー ランゲ ネーメン ズィー ウーアラオプ

❑ 2週間ほどです.

I'll have about two weeks off.

Etwa zwei Wochen.

エトヴァ ツヴァイ ヴォッヘン

曜日をたずねる・答える
― クリスマスは何曜日ですか？ ―

13 数・時間の表現

❑ クリスマスは何曜日ですか.

What day of the week is Christmas?

An welchem Wochentag ist Weihnachten?

アン ヴェルヒェム ヴォッヘンターク イスト ヴァイナハテン

❑ 今日は何曜日ですか.

What day is it today?

Welcher Tag ist heute?

ヴェルヒャー ターク イスト ホイテ

❑ 火曜です.

It's Tuesday.

Heute ist Dienstag.

ホイテ イスト ディーンスターク

❑ 彼とは木曜日に会います.

I'll meet him on Thursday.

Ich treffe ihn am Donnerstag.

イヒ トレッフェ イーン アム ドナースターク

❑ 先週の金曜日は大雪でした.

We had some heavy snow last Friday.

Letzte Woche Freitag hat es sehr viel geschneit.

レッツテ ヴォッヘ フライターク ハット エス ゼーア フィール ゲシュナイト

単語 季節・月など die **Jahreszeit**; der **Monat** /ヤーレスツァイト;モーナト/

春 der **Frühling** /フリューリング/ (英spring)
夏 der **Sommer** /ゾマー/ (英summer)
秋 der **Herbst** /ヘルプスト/ (英autumn, fall)
冬 der **Winter** /ヴィンター/ (英winter)
一月 der **Januar** /ヤヌアール/ (英January)
二月 der **Februar** /フェーブルアール/ (英February)
三月 der **März** /メルツ/ (英March)
四月 der **April** /アプリル/ (英April)
五月 der **Mai** /マイ/ (英May)
六月 der **Juni** /ユーニ/ (英June)
七月 der **Juli** /ユーリ/ (英July)
八月 der **August** /アオグスト/ (英August)
九月 der **September** /ゼプテンバー/ (英September)
十月 der **Oktober** /オクトーバー/ (英October)
十一月 der **November** /ノヴェンバー/ (英November)
十二月 der **Dezember** /デツェンバー/ (英December)
日曜日 der **Sonntag** /ゾンターク/ (英Sunday)
月曜日 der **Montag** /モンターク/ (英Monday)
火曜日 der **Dienstag** /ディーンスターク/ (英Tuesday)
水曜日 der **Mittwoch** /ミットヴォホ/ (英Wednesday)
木曜日 der **Donnerstag** /ドナースターク/ (英Thursday)
金曜日 der **Freitag** /フライターク/ (英Friday)
土曜日 der **Samstag**, der **Sonnabend** /ザムスターク, ゾン

13 数・時間の表現

アーベント/(英Saturday)

年 *das* **Jahr**/ヤール/(英year)

今年 **dieses Jahr**/ディーゼス ヤール/(英this year)

去年 **letztes Jahr**/レッツテス ヤール/(英last year)

来年 **nächstes Jahr**/ネーヒステス ヤール/(英next year)

月 *der* **Monat**/モーナト/(英month)

今月 **diesen Monat**/ディーゼン モーナト/(英this month)

先月 **letzten Monat**/レッツテン モーナト/(英last month)

来月 **nächsten Monat**/ネーヒステン モーナト/(英next month)

週 *die* **Woche**/ヴォッヘ/(英week)

今週 **diese Woche**/ディーゼ ヴォッヘ/(英this week)

先週 **letzte Woche**/レッツテ ヴォッヘ/(英last week)

来週 **nächste Woche**/ネーヒステ ヴォッヘ/(英next week)

日 *der* **Tag**/ターク/(英day)

今日 **heute**/ホイテ/(英today)

昨日 **gestern**/ゲスターン/(英yesterday)

明日 **morgen**/モルゲン/(英tomorrow)

平日 *der* **Werktag**, *der* **Wochentag**/ヴェルクターク, ヴォッヘンターク/(英weekday)

週末 *das* **Wochenende**/ヴォッヘンエンデ/(英weekend)

休日 *der* **Feiertag**/ファイアーターク/(英holiday)

時 **Uhr**/ウーア/(英time, o'clock)

分 *die* **Minute**/ミヌーテ/(英minute)

秒 *die* **Sekunde**/ゼクンデ/(英second)

13 数・時間の表現

> **シミュレーション** **ノイシュヴァンシュタイン城**
>
> ## 夢のある王様だこと！

恵理・ガイド 恵 男

恵 これは中世に建てられたもの？
Was this built in the medieval times?
Ist es aus dem Mittelalter?
イスト エス アオス デム ミッテルアルター

男 いえ，19世紀に建てられました．
No, it was built in the 19th century.
Nein, es wurde im 19. Jahrhundert erbaut.
ナイン エス ヴルデ イム ノインツェーンテン ヤールフンダート エアバオト

バイエルンの最後の王さま，ルートヴィヒ2世が建てたんです．
Ludwig II, the last king of Bavaria, built it.
Ludwig II., der letzte König von Bayern, hat es bauen lassen.
ルートヴィヒ デア ツヴァイテ デア レッツテ ケーニヒ フォン バイエルン ハット エス バオエン ラッセン

恵 夢のある王さまだこと！
What a romantic king he must have been!
Was für ein märchenhafter König!
ヴァス フューア アイン メーアヒェンハフター ケーニヒ

男 政治は不得意だったんですよ．
He was poor at politics.
Er wusste aber nicht, wie man regiert.
エア ヴステ アーバー ニヒト ヴィー マン レギーアト

恵 わかるわ，王さまの気持ち．
I understand his feelings.
Ich kann mich aber sehr gut in ihn hineinversetzen.
イヒ カン ミヒ アーバー ゼーア グート イン イーン ヒナインフェアゼッツェン

きっと子供のままでいたかったのよ．
Maybe he wanted to be a child for good.
Er wollte wohl nicht erwachsen werden.
エア ヴォルテ ヴォール ニヒト エアヴァクセン ヴェーアデン

男 さあ，入り口はこちらです．
Here is the entrance.
Also, der Eingang ist hier.
アルゾ デア アインガング イスト ヒーア

これからみなさんを数々の絢爛豪華な部屋に案内します．
Now, we're going to take you to many splendid rooms.
Folgen Sie mir bitte in die prachtvollen luxuriösen Gemächer.
フォルゲン ズィー ミーア ビッテ イン ディー プラハトフォレン ルクスリエーゼン ゲメッヒャー

詳しい日本語の解説はこのオーディオガイドで聞けます．
You can listen to the details in Japanese with this audio guide.
Mit diesen Kopfhörern können Sie eine ausführliche Audioführung auf Japanisch hören.
ミット ディーゼン コプフヘーラーン ケネン ズィー アイネ アオスフューアリヒェ アオディオフュールング アオフ ヤパーニシュ ヘーレン

シミュレーション ハーメルンの笛吹き男

子供たちはどうしたの？

ハネ八・恵理

八 グリムの童話は読んだことがある？
Have you ever read the Grimm Brother's fairy tales?
Hast du Grimms Märchen gelesen?
ハスト ドゥー グリムス メーアヒェン ゲレーゼン

恵 子供のころ大好きだったの．
I loved them when I was a child.
Als Kind habe ich sie gern gelesen.
アルス キント ハーベ イヒ ズィー ゲルン ゲレーゼン

八 ハーメルンは笛吹き男の話の舞台よ．
Hamelin is famous for the scene of the Pied Piper.
Die Geschichte vom Rattenfänger hat sich in Hameln abgespielt, nicht wahr?
ディー ゲシヒテ フォム ラッテンフェンガー ハット ズィヒ イン ハーメルン アップゲシュピールト ニヒト ヴァール

あるときハーメルンに妙な男が現れて…．
One day, a strange man shows up in Hamelin...
Es war einmal ein seltsamer Mann, der nach Hameln kam...
エス ヴァール アインマール アイン ゼルトザーマー マン デア ナーハ ハーメルン カーム

恵 子供たちがいなくなったのよね？
The children are gone, right?
Die Kinder sind verschwunden, nicht wahr?
ディー キンダー ズィント フェアシュヴンデン ニヒト ヴァール

ハ そう．これは 13 世紀に実際に起きた事件なのよ．
Yes, this is a real accident that happened in the 13th century.
Richtig. Und das ist im 13. Jahrhundert tatsächlich passiert.
リヒティヒ ウント ダス イスト イム ドライツェーンテン ヤールフンダート タートゼヒリヒ パスィーアト

恵 まあ，こわい．子供たちはどうしたの？
Oh, it is scary. What has happened to the children?
Eine schreckliche Geschichte. Was ist denn mit den Kindern passiert?
アイネ シュレクリヒェ ゲシヒテ ヴァス イスト デン ミット デン キンデルン パスィーアト

ハ 子供十字軍に行ったとか，いろいろな説があるわ．
There are many beliefs. For example, the children went to the Children's Crusade.
Man sagt z.B., dass sie sich an dem Kinderkreuzzug beteiligt haben. Es gibt verschiedene Deutungen.
マン ザークト ツム バイシュピール ダス ズィー ズィヒ アン デム キンダークロイツツーク ベタイリヒト ハーベン エス ギープト フェアシーデネ ドイトゥンゲン

恵 グリム童話って奥が深いのねえ．
Grimm Brother's fairy tales are profound.
Grimms Märchen sind doch wirklich tiefgründig.
グリムス メーアヒェン ズィント ドッホ ヴィルクリヒ ティーフグリュンディヒ

第14章 現在と過去の出来事

今していること
―― 今, 友達が来ているところです. ――

☐ 今何をしていますか.
> What are you doing right now?
> **Was machen Sie gerade?**
> ヴァス マッヘン ズィー ゲラーデ

☐ 今, ごはんを食べているところです.
> I'm having something to eat.
> **Ich esse gerade.**
> イヒ エッセ ゲラーデ

☐ 今, 友達が来ているところです.
> I have a friend over now.
> **Ich habe gerade Besuch von einem Freund [einer Freundin].**
> イヒ ハーベ ゲラーデ ベズーフ フォン アイネム フロイント
> [アイナー フロインディン]

☐ 今, ホテルから出るところです.
> I'm leaving the hotel just now.
> **Ich verlasse gerade das Hotel.**
> イヒ フェアラッセ ゲラーデ ダス ホテル

❏ 返事を待っているところです．

I'm waiting for the answer.

Ich warte noch auf die Antwort.

イヒ ヴァルテ ノッホ アオフ ディー アントヴォルト

❏ 今，忙しいですか．

Are you busy at the moment?

Haben Sie jetzt Zeit?

ハーベン ズィー イェッツト ツァイト

❏ 今は何もしていません．

I'm not doing anything now.

Jetzt habe ich gerade Zeit.

イェッツト ハーベ イヒ ゲラーデ ツァイト

❏ シュミットさんは今ごろは空港に着いているでしょう．

Mr. [Ms.] Schmidt should have gotten to the airport by now.

Herr [Frau] Schmidt wird jetzt am Flughafen angekommen sein.

ヘル[フラオ] シュミット ヴィルト イェッツト アム フルークハーフェン アンゲコメン ザイン

❏ 確認中です．

We're in the process of getting this confirmed.

Ich warte auf die Bestätigung.

イヒ ヴァルテ アオフ ディー ベシュテーティグング

❏ 修理中です．

It is under repair(s).

Das ist in Reparatur.

ダス イスト イン レパラトゥーア

14 現在と過去の出来事

たった今したこと
— 今，ホテルに着いたところです．—

- 今，ホテルに着いたところです．
  I just arrived at the hotel.
  Ich bin gerade im Hotel angekommen.
  イヒ ビン ゲラーデ イム ホテル アンゲコメン

- 今，会社を出たところです．
  I just left my office.
  Ich komme gerade aus der Firma.
  イヒ コメ ゲラーデ アオス デア フィルマ

- たった今，シュミット氏からあなたに電話がありました．
  Mr. Schmidt just called for you.
  Herr Schmidt hat gerade angerufen.
  ヘル シュミット ハット ゲラーデ アンゲルーフェン

- 今，あなたに電話しようと思っていました．
  I was just thinking of giving you a call.
  Ich wollte Sie gerade anrufen.
  イヒ ヴォルテ ズィー ゲラーデ アンルーフェン

- すみません．今，考えごとをしていました．
  I'm sorry. My mind was somewhere else.
  Entschuldigung. Ich habe gerade an etwas anderes gedacht.
  エントシュルディグング イヒ ハーベ ゲラーデ アン エトヴァス アンデレス ゲダハト

14 現在と過去の出来事

❏ ここはさっき通りましたよね.
   We came by here a little while ago, didn't we?
   Wir sind vorhin schon hier vorbeigegangen, oder?
   ヴィーア ズィント **フォーアヒン** ショーン ヒーア フォーアバイゲガンゲン オーダー

❏ 彼女はついさっきまでここにいました.
   She was here till a few minutes ago.
   Sie ist bis vor kurzem hier gewesen.
   ズィー イスト ビス フォーア **クルツェム** ヒーア ゲヴェーゼン

❏ ちょうどガソリンが切れたところです.
   I just run out of gas.
   Das Benzin ist gerade ausgegangen.
   ダス ベンツィーン イスト ゲラーデ **ア**オスゲガンゲン

過去・経験の表現
—— 蚤の市を見て回りました. ——

❏ 彼の家に行ったことがあります.
   I've been to his house.
   Ich bin schon einmal bei ihm gewesen.
   イヒ ビン ショーン **ア**インマール バイ イーム ゲヴェーゼン

❏ マイヤーさんとは以前お会いしたことがあります.
   Mr. Meyer and I have met once before.
   Ich habe Herrn Meyer früher schon einmal getroffen.
   イヒ ハーベ ヘルン **マ**イヤー フリューアー ショーン **ア**インマール ゲト**ロ**ッフェン

❏ 3年前にドイツに来たことがあります.
   I came to Germany three years ago.
   Ich war vor drei Jahren schon mal in Deutschland.
   イヒ ヴァール フォーア ドライ **ヤ**ーレン ショーン マール イン ド**イ**チュラント

14 現在と過去の出来事

これはまだ食べたことがありません．

I have never tried this.

Ich habe das noch nie gegessen.

イヒ ハーベ ダス ノッホ ニー ゲゲッセン

この本はもう読みましたか．

Have you read this book yet?

Haben Sie dieses Buch schon gelesen?

ハーベン ズィー ディーゼス ブーフ ショーン ゲレーゼン

去年，車を買いました．

I bought a car last year.

Ich habe im letzten Jahr ein Auto gekauft.

イヒ ハーベ イム レッツテン ヤール アイン アオト ゲカオフト

3年前に大学を卒業しました．

I graduated from college three years ago.

Ich habe vor drei Jahren die Uni abgeschlossen.

イヒ ハーベ フォーア ドライ ヤーレン ディー ウニ アップゲシュロッセン

卒業旅行で来ました．

I came on a graduation trip.

Das ist eine Reise zur Feier des Uniabschlusses.

ダス イスト アイネ ライゼ ツーア ファイアー デス ウニアップシュルセス

蚤の市を見て回りました．

I walked around the flea market.

Ich bin über den Flohmarkt gebummelt.

イヒ ビン ユーバー デン フローマルクト ゲブメルト

そのときちょうど電話が鳴りました．

Just then, the telephone rang.

Gerade dann hat das Telefon geklingelt.

ゲラーデ ダン ハット ダス テレフォーン ゲクリンゲルト

❏ この映画はずっと前に見ました．
> I saw this movie a long time ago.
> **Ich habe diesen Film früher schon mal gesehen.**
> イヒ　ハーベ　ディーゼン　フィルム　フリューアー　ショーン　マール　ゲゼーエン

❏ それは何度も聞きました．
> I heard it over and over again [many times].
> **Ich habe das schon oft gehört.**
> イヒ　ハーベ　ダス　ショーン　オフト　ゲヘールト

❏ 確か見たように思います．
> I think I must have seen it.
> **Ich glaube, ich habe das gesehen.**
> イヒ　グラオベ　イヒ　ハーベ　ダス　ゲゼーエン

❏ 知りませんでした．
> I didn't know that.
> **Ich wusste das nicht.**
> イヒ　ヴステ　ダス　ニヒト

❏ ここ数年彼には会ってません．
> I haven't seen him for a few years.
> **Ich habe ihn seit Jahren nicht mehr gesehen.**
> イヒ　ハーベ　イーン　ザイト　ヤーレン　ニヒト　メーア　ゲゼーエン

❏ 私が帰ったときには，妻はすでに寝ていました．
> I got home to find my wife was already asleep.
> **Als ich nach Hause kam, hat meine Frau schon geschlafen.**
> アルス　イヒ　ナーハ　ハオゼ　カーム　ハット　マイネ　フラオ　ショーン　ゲシュラーフェン

14　現在と過去の出来事

❏ 5年ほどここに住んでいます.

I have lived here for about five years.

Ich wohne hier seit etwa fünf Jahren.

イヒ ヴォーネ ヒーア ザイト エトヴァ フュンフ ヤーレン

❏ あれからもう10年以上たちます.

It's been more than ten years since then.

Seitdem sind schon zehn Jahre vergangen.

ザイトデーム ズィント ショーン ツェーン ヤーレ フェアガンゲン

第15章 未来の予定

予定・計画についてたずねる
—— 明日はどちらへ行きますか？ ——

☐ 今晩は何をしますか.
What are you doing this evening?
Was machen Sie heute Abend?
ヴァス マッヘン ズィー ホイテ アーベント

☐ 明日はどちらへ行きますか.
Where are you going tomorrow?
Wohin gehen Sie denn morgen?
ヴォーヒン ゲーエン ズィー デン モルゲン

☐ 今週末は何をしますか.
What are you doing this weekend?
Was machen Sie denn an diesem Wochenende?
ヴァス マッヘン ズィー デン アン ディーゼム ヴォッヘンエンデ

☐ 今度の休みの予定は？
What's your plan for this vacation?
Was machen Sie denn im Urlaub?
ヴァス マッヘン ズィー デン イム ウーアラオプ

☐ クリスマスはどこで過ごしますか.
Where are you spending Christmas?
Wo sind Sie denn zu Weihnachten?
ヴォー ズィント ズィー デン ツー ヴァイナハテン

15 未来の予定

❑ 年末の休みはどこで過ごしますか.

> Where will you be spending the holidays at the end of the year?
>
> **Wo verbringen Sie denn die Weihnachtsferien?**
> ヴォー　フェアブリンゲン　ズィー　デン　ディー　**ヴァ**イナハツフェーリエン

❑ 午後はお出かけですか.

> Are you going out this afternoon?
>
> **Gehen Sie heute Nachmittag irgendwohin?**
> **ゲ**ーエン　ズィー　ホイテ　**ナ**ーハミッターク　**イ**ルゲントヴォーヒン

❑ 明日はお暇ですか.

> Will you be free tomorrow?
>
> **Haben Sie morgen Zeit?**
> **ハ**ーベン　ズィー　**モ**ルゲン　ツァイト

❑ 発送はいつですか.

> When are you going to send it?
>
> **Wann wird das geliefert?**
> ヴァン　**ヴィ**ルト　ダス　ゲリーファート

❑ ボンにいつまでご滞在ですか.

> How long are you going to stay in Bonn?
>
> **Wie lange bleiben Sie denn in Bonn?**
> ヴィー　**ラ**ンゲ　ブ**ラ**イベン　ズィー　デン　イン　ボン

❑ 展覧会はいつからいつまでの予定ですか.

> What are the dates for the exhibition?
>
> **Von wann bis wann ist die Ausstellung?**
> フォン　**ヴァ**ン　ビス　**ヴァ**ン　イスト　ディー　**ア**オスシュテルング

15 未来の予定

予定・計画について述べる
—— 昼から出かけます．

❏ 午前中に洗濯をします．
   I'll be doing laundry in the morning.
   Vormittags wasche ich die Wäsche.
   フォーアミッタークス　ヴァッシェ　イヒ　ディー　ヴェッシェ

❏ 午前中はもしかしたら寝ているかもしれません．
   I'll probably be sleeping in the morning.
   Vormittags schlafe ich vielleicht noch.
   フォーアミッタークス　シュラーフェ　イヒ　フィライヒト　ノッホ

❏ 昼までに仕事を終わらせます．
   I'll finish the job by noon.
   Bis Mittag bin ich mit der Arbeit fertig.
   ビス　ミッターク　ビン　イヒ　ミット　デア　アルバイト　フェルティヒ

❏ 昼から出かけます．
   I'll go out this afternoon.
   Ich gehe heute Nachmittag weg.
   イヒ　ゲーエ　ホイテ　ナーハミッターク　ヴェック

❏ 午後は何もすることがありません．
   I'm not doing anything in the afternoon.
   Ich habe heute Nachmittag nichts vor.
   イヒ　ハーベ　ホイテ　ナーハミッターク　ニヒツ　フォーア

❏ 夕方までには帰ります．
   I'll be back by evening.
   Ich bin bis zum Abend zurück.
   イヒ　ビン　ビス　ツム　アーベント　ツリュック

15　未来の予定

- ❏ 今夜はディーツさんの家に呼ばれています.

    I've been invited to Mr. Dietz's house this evening.

    Herr Dietz hat mich für heute Abend eingeladen.

    ヘル ディーツ ハット ミヒ フューア ホイテ アーベント アインゲラーデン

- ❏ 明日は市内観光をしようかな.

    Maybe I'll do some sightseeing in the city tomorrow.

    Morgen mache ich vielleicht eine Stadtrundfahrt.

    モルゲン マッヘ イヒ フィライヒト アイネ シュタットルントファールト

- ❏ 土曜日も仕事があります.

    I go to my office on Saturdays too.

    Ich muss samstags auch arbeiten.

    イヒ ムス ザムスタークス アオホ アルバイテン

- ❏ 週末はゴルフです.

    I play golf on weekends.

    Am Wochenende spiele ich immer Golf.

    アム ヴォッヘンエンデ シュピーレ イヒ イマー ゴルフ

- ❏ 来週の火曜日に日本に帰ります.

    I'm going back to Japan next Tuesday.

    Ich fliege nächsten Dienstag nach Japan zurück.

    イヒ フリーゲ ネーヒステン ディーンスターク ナーハ ヤーパン ツリュック

- ❏ 来年またフリースラントに来ますよ.

    I'll come to Friesland again next year.

    Nächstes Jahr komme ich sicher wieder nach Friesland.

    ネーヒステス ヤール コメ イヒ ズィヒャー ヴィーダー ナーハ フリースラント

15 未来の予定

さまざまな予定
—— 家にいます. ——

❏ 今行きます.
I'll go now.
Ich gehe jetzt.
イヒ ゲーエ イェッツト

❏ すぐに戻ります.
I'll be back soon.
Ich bin gleich wieder da [zurück].
イヒ ビン グライヒ ヴィーダー ダー [ツリュック]

❏ これからメールをチェックします.
I'll check my mail now.
Ich checke jetzt die Mails.
イヒ チェッケ イェッツト ディー メイルス

❏ ロビーで待っています.
I'll be waiting at the lobby.
Ich warte im Foyer.
イヒ ヴァルテ イム フォワイエー

❏ 家にいます.
I'll be at home.
Ich bin zu Hause.
イヒ ビン ツー ハオゼ

❏ ゆっくり休みます.
I'll take it easy.
Ich ruhe mich aus.
イヒ ルーエ ミヒ アオス

15 未来の予定

❏ 出かけると思います．

I think I'll go out.

Ich denke, ich gehe weg.

イヒ デンケ イヒ ゲーエ ヴェック

❏ 美容院に行きます．

I'm going to the hairdresser's.

Ich gehe zum Friseur.

イヒ ゲーエ ツム フリゼーア

❏ サッカーを見に行きます．

I'm going to watch soccer.

Ich sehe mir ein Fußballspiel an.

イヒ ゼーエ ミーア アイン フースバルシュピール アン

❏ 海水浴に行きます．

I'm going to swim in the ocean.

Ich fahre ans Meer.

イヒ ファーレ アンス メーア

❏ 友達とレストランで食事をします．

A friend and I will eat at a restaurant.

Ich gehe mit einem Freund [einer Freundin] essen.

イヒ ゲーエ ミット アイネム フロイント［アイナー フロインディン］ エッセン

❏ 友人たちとパーティーをします．

Some friends and I are doing some partying.

Ich mache mit meinen Freunden eine Party.

イヒ マッヘ ミット マイネン フロインデン アイネ パーティ

15 未来の予定

- ❏ 家族でスペインに旅行に行きます．

  I'm taking a trip to Spain with my family.

  Ich reise mit meiner Familie nach Spanien.

  イヒ ライゼ ミット マイナー ファミーリエ ナーハ シュパーニエン

- ❏ ツアーでアイフェルを回ります．

  I am planning to go around Eifel.

  Ich mache eine Rundfahrt durch die Eifel.

  イヒ マッヘ アイネ ルントファールト ドゥルヒ ディー アイフェル

- ❏ 家族でドライブをすることにしました．

  I'll take a drive with my family.

  Ich fahre jetzt doch mit meiner Familie weg.

  イヒ ファーレ イェッツト ドッホ ミット マイナー ファミーリエ ヴェック

- ❏ ボンにいる従兄に会いに行くことにしました．

  I am going to see a cousin who lives in Bonn.

  Ich fahre zu meinem Cousin nach Bonn.

  イヒ ファーレ ツー マイネム クゼーン ナーハ ボン

- ❏ 映画を見るかもしれません．

  I might see a movie.

  Ich gehe vielleicht ins Kino.

  イヒ ゲーエ フィライヒト インス キーノ

- ❏ 友達と会う予定です．

  I plan to see some friends.

  Ich habe vor, mich mit Freunden zu treffen.

  イヒ ハーベ フォーア ミヒ ミット フロインデン ツー トレッフェン

- ❏ テニスの試合があります．

  I have a tennis match.

  Ich habe ein Tennisspiel.

  イヒ ハーベ アイン テニスシュピール

15 未来の予定

❏ 友人が家に来ます．

My friend is coming over.

Ein Freund [Eine Freundin] kommt zu mir.

アイン フロイント [アイネ フロインディン] コムト ツー ミーア

❏ イタリアに出張なんです．

I'm on a business trip to Italy.

Ich mache eine Geschäftsreise nach Italien.

イヒ マッヘ アイネ ゲシェフツライゼ ナーハ イターリエン

❏ まだ，予定はありません．

I don't have any plans yet.

Ich habe noch nichts vor.

イヒ ハーベ ノッホ ニヒツ フォーア

❏ これから決めます．

I'll decide later.

Ich werde die Entscheidung später treffen.

イヒ ヴェルデ ディー エントシャイドゥング シュペーター トレッフェン

❏ 体調次第です．

It depends on how I feel.

Das hängt von meiner Kondition ab./ Je nachdem, wie ich mich fühle.

ダス ヘングト フォン マイナー コンディツィオーン アップ／ イェーナーハデーム ヴィー イヒ ミヒ フューレ

❏ 天候次第です．

It depends on the weather.

Das hängt vom Wetter ab.

ダス ヘングト フォム ヴェッター アップ

15 未来の予定

❑ 天気がよければ川でバーベキューをします．

> We'll have a barbecue on the river if the weather's good.
>
> **Bei schönem Wetter grillen wir am Fluss.**
>
> バイ シェーネム ヴェッター グリレン ヴィーア アム フルス

❑ モニカと相談して，明日どこへ行くか決めます．

> Monika and I will talk it over, and decide where to go tomorrow.
>
> **Ich bespreche mit Monika, wohin wir morgen fahren.**
>
> イヒ ベシュプレッヒェ ミット モーニカ ヴォーヒン ヴィーア モルゲン ファーレン

由紀子 由・ハンス ハ

> シミュレーション **ベルリンの壁**
> - - - - - - - - - - - - - -
> **詩的なイメージが…．**

由 ベルリンというと私には詩的なイメージがあります．
I associate Berlin with a poetic image.
Berlin hat für mich etwas Poetisches.
ベルリーン ハット フューア ミヒ **エ**トヴァス ポ**エ**ーティシェス

ヴィム・ヴェンダースの『ベルリン・天使の詩』を見たからです．
Because I saw Wim Wenders' "Angel in Berlin."
Das liegt daran, dass ich den Wim-Wenders-Film „Der Himmel über Berlin" gesehen habe.
ダス **リ**ークト ダラン ダス イヒ デン ヴィム ヴェンダース フィルム デア **ヒ**メル ユーバー ベルリーン ゲ**ゼ**ーエン **ハ**ーベ

ハ そうですか．私も大好きな映画です．
Oh, really? That is my favorite movie.
Echt, der hat mir auch sehr gut gefallen.
エヒト デア ハット ミーア **ア**オホ **ゼ**ーア **グ**ート ゲ**ファ**レン

天使は西ベルリンの方から，あのブランデンブルク門を見ていました．
The angel was looking at the Brandenburg Gate from West Berlin.
Der Engel hat von Westberlin aus auf das Brandenburger Tor geschaut.
デア **エ**ンゲル ハット フォン ヴェストベルリーン **ア**オス **ア**オフ ダス ブランデンブルガー **ト**ーア ゲ**シャ**オト

由 その向こうが東ベルリンだったのですね．
East Berlin was over there.
Dahinter war Ostberlin, nicht wahr?
ダヒンター　ヴァール　オストベルリーン　ニヒト　ヴァール

ハ 壁の崩壊後，ベルリンの町は急速に変わりました．
Berlin has changed very rapidly since the falling of the wall.
Nach dem Mauerfall hat sich Berlin drastisch verändert.
ナーハ　デム　マオアーファル　ハット　ズィヒ　ベルリーン　ドラスティシュ　フェアエンダート

ブランデンブルク門を見たら，ポツダム広場に行ってみましょう．
Once we've seen the Brandenburg Gate, let's go to the Potsdam Square.
Zuerst sehen wir uns das Brandenburger Tor an, dann gehen wir zum Potsdamer Platz.
ツエーアスト　ゼーエン　ヴィーア　ウンス　ダス　ブランデンブルガー　トーア　アン　ダン　ゲーエン　ヴィーア　ツム　ポツダマー　プラッツ

以前は何もありませんでしたが，今はビル街です．
There used to be nothing there, now it is a business area.
Früher war da gar nichts, aber jetzt gibt es viele Hochhäuser.
フリューアー　ヴァール　ダー　ガール　ニヒツ　アーバー　イェッツト　ギープト　エス　フィーレ　ホーホホイザー

由 時のたつのはほんとうに速いものですね．
Time passes so fast.
Wie schnell doch die Zeit vergeht!
ヴィー　シュネル　ドッホ　ディー　ツァイト　フェアゲート

シミュレーション ローレライ

美女と騎士の悲しい物語

ガイド 男 ・ 由紀子 由

男 切り立った崖が見えてきました．
I see a bluff cliff.
Dort sehen Sie einen steilen Felsen.
ドルト　ゼーエン　ズィー　アイネン　シュタイレン　**フェ**ルゼン

あれがローレライの崖です．
This is the Lorelei.
Das ist die Lorelei.
ダス　イスト　ディー　ローレライ

ほら，音楽が流れている．ご存知ですか，この曲は？
Listen. Hear the music. Do you know this song?
Jetzt kann man leise Musik hören. Kennen Sie die Melodie?
イェッツト　カン　マン　**ラ**イゼ　ムズィーク　**ヘ**ーレン　**ケ**ネン
ズィー　ディー　メロ**ディ**ー

由 ええ，母がよく歌っていましたわ．
Yes, my mom used to sing this.
Ja, meine Mutter hat das Lied oft gesungen.
ヤー　**マ**イネ　**ム**ッター　ハット　ダス　リート　**オ**フト　ゲ**ズ**ンゲン

男 じゃあ，ローレライの伝説もご存知ですね．

Then, you know the legend of Lorelei, don't you?

Also dann kennen Sie sicherlich auch die Sage von der „Lorelei".

アルゾ ダン ケネン ズィー ズィヒャーリヒ アオホ ディー ザーゲ フォン デア ローレライ

由 ええ，美女と騎士の悲しい恋の物語ですよね．

Yes, it is a tragedy of a beautiful lady and a knight, isn't it?

Ja, es ist die tragische Liebesgeschichte von einer schönen Frau und einem Ritter.

ヤー エス イスト ディー トラーギシェ リーベスゲシヒテ フォン アイナー シェーネン フラオ ウント アイネム リッター

男 あの崖から身を投げたとされています．

It is said that the lady threw herself off that cliff.

Sie soll sich von diesem Felsen hinuntergestürzt haben.

ズィー ゾル ズィヒ フォン ディーゼム フェルゼン ヒヌンター ゲシュトゥルツト ハーベン

由 日本人好みの物語だわ．

It is a story that Japanese people would like.

Japaner lieben diese Art von Geschichten.

ヤパーナー リーベン ディーゼ アールト フォン ゲシヒテン

第16章 天候・気候

天候の表現
―― 小雨が降っています．

□ ベルリン［そちら］の今の天気はどうですか．
How is the weather in Berlin [at your place]?
Wie ist das Wetter in Berlin [bei Ihnen]?
ヴィー イスト ダス ヴェッター イン ベルリーン［バイ イーネン］

□ 晴れています．
It's sunny.
Es ist sonnig.
エス イスト ゾニヒ

□ 過ごしやすいです．
It's very comfortable outside.
Das Wetter ist sehr angenehm.
ダス ヴェッター イスト ゼーア アンゲネーム

□ 雨です．
It's raining.
Es regnet.
エス レーグネット

□ 雨がたくさん降っています．
It's raining heavily.
Es regnet stark.
エス レーグネット シュタルク

❏ 小雨が降っています.

It is drizzling.

Es nieselt.

エス ニーゼルト

❏ 雨が降ったり止んだりしています.

It is raining off and on.

Es regnet ab und zu.

エス レーグネット アップ ウント ツー

❏ 嵐です.

It's stormy.

Es ist stürmisch.

エス イスト シュテュルミシュ

❏ 雪です.

It's snowing.

Es schneit.

エス シュナイト

❏ 曇りです.

It's cloudy.

Es ist wolkig.

エス イスト ヴォルキヒ

❏ 風が強いです

The wind is blowing hard.

Es ist sehr windig.

エス イスト ゼーア ヴィンディヒ

❏ 風が冷たいです.

The wind is cold.

Der Wind ist kalt.

デア ヴィント イスト カルト

天候・気候

❑ 暑いです． / 暖かいです．
It's hot. / It's warm.
Es ist heiß./ Es ist warm.
エス イスト ハイス/エス イスト ヴァルム

❑ 蒸し暑いです．
It's so humid!
Es ist schwül.
エス イスト シュヴュール

❑ 寒いです． / 涼しいです．
It's cold. / It's cool.
Es ist kalt./ Es ist kühl.
エス イスト カルト/エス イスト キュール

❑ 朝晩は冷え込みます．
It's been getting cold in the early mornings and evenings.
Morgens und abends wird es kalt.
モルゲンス ウント アーベンツ ヴィルト エス カルト

❑ 気温が低いです．
The temperature is low.
Die Temperatur ist niedrig.
ディー テンペラトゥーア イスト ニードリヒ

❑ 湿度が高いです．
The humidity is high.
Die Luftfeuchtigkeit ist hoch.
ディー ルフトフォイヒティヒカイト イスト ホーホ

❏ 日中は暖かですが夕方になると冷え込みます．
It's warm during the day, but cold at night.
Tagsüber ist es warm, aber abends wird es kalt.
タークスユーバー イスト エス ヴァルム アーバー アーベンツ ヴィルト エス カルト

❏ もうすぐ春[冬]です．
It won't be long before spring [winter].
Bald kommt der Frühling [Winter].
バルト コムト デア フリューリング[ヴィンター]

❏ もう夏[秋]ですね．
Summer [Fall] is here.
Es ist schon Sommer [Herbst].
エス イスト ショーン ゾマー[ヘルプスト]

❏ 夏はかなり暑いです．
It gets pretty hot in the summer.
Im Sommer ist es ziemlich heiß.
イム ゾマー イスト エス ツィームリヒ ハイス

❏ 冬の寒さが厳しいです．
It gets very cold in the winter.
Es ist extrem kalt im Winter.
エス イスト エクストレーメ カルト イム ヴィンター

❏ 暑い[寒い]のは苦手です．
I don't like it when it gets too hot [cold].
Ich mag die Hitze [Kälte] nicht.
イヒ マーク ディー ヒッツェ[ケルテ] ニヒト

❏ 今朝強い地震がありました．
There was a strong earthquake this morning.
Heute Morgen war ein starkes Erdbeben.
ホイテ モルゲン ヴァール アイン シュタルケス エーアトベーベン

16 天候・気候

第17章 入国審査・税関

入国審査・税関における表現
―― これは課税対象となります. ――

❏ パスポートを見せてください.
Show me your passport, please.
Zeigen Sie mir bitte Ihren Pass.
ツァイゲン ズィー ミーア ビッテ イーレン パス

❏ 入国目的は何ですか.
For what purpose are you entering the country?
Was ist das Ziel Ihrer Einreise?
ヴァス イスト ダス ツィール イーラー アインライゼ

❏ 観光です.
For sightseeing.
Tourismus.
トゥリスムス

❏ 商用[留学]です.
For business [studying].
Geschäfte [Studium].
ゲシェフテ [シュトゥーディウム]

❏ 何日間の滞在ですか.
How long are you going to stay?
Wie lange ist Ihr Aufenthalt?
ヴィー ランゲ イスト イーア アオフエントハルト

❏ 5日間[2週間]です．
For five days [two weeks] .
Fünf Tage [Zwei Wochen].
フュンフ　ターゲ［ツヴァイ　ヴォッヘン］

❏ 帰りの航空券はお持ちですか．
Do you have a return ticket?
Haben Sie ein Ticket für den Rückflug?
ハーベン　ズィー　アイン　ティケット　フューア　デン　リュックフルーク

❏ はい，これです．
Here it is./ Here you are.
Ja, hier.
ヤー　ヒーア

❏ 何か申告するものはありますか．
Do you have anything to declare?
Haben Sie etwas zu deklarieren?
ハーベン　ズィー　エトヴァス　ツー　デクラリーレン

❏ いいえありません．
No, I don't have anything.
Nein, ich habe nichts zu deklarieren.
ナイン　イヒ　ハーベ　ニヒツ　ツー　デクラリーレン

❏ これは申告の必要がありますか．
Do I need to declare this?
Muss ich das deklarieren?
ムス　イヒ　ダス　デクラリーレン

❏ これは何ですか．
What is this?
Was ist das?
ヴァス　イスト　ダス

17 入国審査・税関

17 入国審査・税関

❑ 心臓の薬です.

It's medicine for my heart.

Medizin für das Herz.

メディツィーン フューア ダス ヘルツ

❑ 医師の診断書を持っています.

I have a doctor's medical certificate.

Ich habe ein ärztliches Attest.

イヒ ハーベ アイン エーアツトリヒェス アテスト

❑ これは国外に持ち出せません.

You can't take this out of the country.

Sie dürfen das nicht ausführen.

ズィー デュルフェン ダス ニヒト アオスフューレン

❑ ここで没収します.

We'll have to confiscate it right here.

Das wird hier beschlagnahmt.

ダス ヴィルト ヒーア ベシュラークナームト

❑ ワシントン条約に違反しています.

It violates the Washington Convention.

Das verstößt gegen das Washingtoner Artenschutzabkommen.

ダス フェアシュテースト ゲーゲン ダス ウォシントナー アルテンシュッツアップコメン

❑ 日本の税関では問題ありませんでした.

There were no problems at the Japanese customs.

Es gab kein Problem beim Zoll in Japan.

エス ガープ カイン プロブレーム バイム ツォル イン ヤーパン

❑ 酒・たばこ類をお持ちですか.

Do you have any alcohol or tobacco?

Haben Sie alkoholische Getränke oder Tabak dabei?

ハーベン ズィー アルコホーリシェ ゲトレンケ オーダー ターバク ダバイ

❑ 身の回り品だけです.

I have nothing but my personal belongings.

Ich habe nur meine persönlichen Sachen.

イヒ ハーベ ヌーア マイネ ペルゼーンリヒェン ザッヘン

❑ これは課税されますか.

Is this taxed?

Ist das steuerpflichtig?

イスト ダス シュトイアープフリヒティヒ

❑ これは課税対象となります.

This is taxed.

Das ist steuerpflichtig.

ダス イスト シュトイアープフリヒティヒ

❑ 課税額はいくらですか.

How much do I have to pay for the tax?

Wie hoch ist die Steuer?

ヴィー ホーホ イスト ディー シュトイヤー

17 入国審査・税関

単語 空港 *der* **Flughafen**/フルークハーフェン/

飛行機　*das* **Flugzeug**/フルークツォイク/(㊥airplane)
予約　*die* **Reservierung**/レゼルヴィールング/(㊥reservation)
フライト　*der* **Flug**/フルーク/(㊥flight)
エコノミークラス　*die* **Economy-Class**/イコノミークラース/(㊥economy class)
ビジネスクラス　*die* **Business-Class**/ビズニスクラース/(㊥business class)
座席　*der* **Sitzplatz**/ズィッツプラッツ/(㊥seat)
窓側　*der* **Fensterplatz**/フェンスタープラッツ/(㊥window seat)
通路側　*der* **Gangplatz**/ガングプラッツ/(㊥aisle seat)
搭乗ゲート　*der* **Flugsteig**/フルークシュタイク/(㊥boarding gate)
出発　*der* **Abflug**/アップフルーク/(㊥departure)
到着　*die* **Ankunft**/アンクンフト/(㊥arrival)
トランジット　*der* **Transit**/トランズィート/(㊥transit)
手荷物　*das* **Handgepäck**/ハントゲペック/(㊥luggage, baggage)
パスポート　*der* **Pass**/パス/(㊥passport)
ビザ　*das* **Visum**/ヴィーズム/(㊥visa)
入国　*die* **Einreise**/アインライゼ/(㊥entry)
出国　*die* **Ausreise**/アオスライゼ/(㊥departure)
目的地　*das* **Ziel**/ツィール/(㊥destination)
税関　*der* **Zoll**, *das* **Zollamt**/ツォル,ツォルアムト/(㊥customs)
申告（課税品の）　*die* **Zollerklärung**, *die* **Deklaration**/ツォルエアクレールング, デクララツィオーン/(㊥declaration)
両替　*der* **Geldwechsel**/ゲルトヴェクセル/(㊥exchange)

17 入国審査・税関

単語 交通機関 *das* **Verkehrsmittel**/フェアケーアスミッテル/

観光バス　*der* **Besichtigungsbus**/ベズィヒティグングスブス/(圏tour bus)

タクシー　*das* **Taxi**/タクスィ/(圏taxi)

鉄道　*die* **Eisenbahn**, *die* **Bahn**/アイゼンバーン, バーン/(圏railroad)

電車　*die* **Bahn**, *der* **Zug**/バーン, ツーク/(圏train)

地下鉄　*die* **U-Bahn**/ウーバーン/(圏subway)

船　*das* **Schiff**/シフ/(圏boat)

停留所　*die* **Haltestelle**, *die* **Station**/ハルテシュテレ, シュタツィオーン/(圏stop)

ターミナル　*der*(*das*) **Terminal**/テーアミネル/(圏terminal)

駅　*der* **Bahnhof**/バーンホーフ/(圏station)

切符　*die* **Fahrkarte**, *das* **Ticket**/ファールカルテ, ティケット/(圏ticket)

切符売り場　*der* **Fahrkartenschalter**/ファールカルテンシャルター/(圏ticket office)

運賃　*der* **Fahrpreis**, *die* **Fahrkosten**/ファールプライス, ファールコステン/(圏fares)

改札口　*die* **Sperre**/シュペレ/(圏ticket gate)

プラットホーム　*der* **Bahnsteig**/バーンシュタイク/(圏platform)

寝台車　*der* **Schlafwagen**/シュラーフヴァーゲン/(圏sleeping car)

普通列車　*der* **Bummelzug**/ブメルツーク/(圏local train)

急行列車　*der* **Schnellzug**, *der* **D-Zug**/シュネルツーク, デーツーク/(圏express train)

特急列車　*der* **Intercity**/インタースィティ/(圏super-express train)

17 入国審査・税関

第18章 交通機関・空港

列車・地下鉄・バスに乗る
―― この電車は急行ですか？ ――

□ 地下鉄の駅はどこですか．
Where is the subway station?
Wo ist der U-Bahnhof?
ヴォー イスト デア ウーバーンホーフ

□ 切符売り場はどこですか．
Where is the ticket office?
Wo ist der Fahrkartenschalter?
ヴォー イスト デア ファールカルテンシャルター

□ ケルンまで2枚ください．
Two tickets to Cologne, please.
Zwei Karten nach Köln, bitte.
ツヴァイ カルテン ナーハ ケルン ビッテ

□ 片道です．
One way, please.
Einfach, bitte.
アインファッハ ビッテ

□ 往復です．
Round-trip, please.
Hin und zurück, bitte.
ヒン ウント ツリュック ビッテ

❏ この列車はポツダムに行きますか.
> Does this train stop at Potsdam?
> **Fährt der Zug nach Potsdam?**
> フェーアト デア ツーク ナーハ ポツダム

❏ この列車は急行ですか.
> Is this train an express?
> **Ist das ein D-Zug?**
> イスト ダス アイン デーツーク

❏ 乗り換えが必要ですか.
> Do I need to transfer?
> **Muss ich umsteigen?**
> ムス イヒ ウムシュタイゲン

❏ どこで乗り換えるのですか.
> At which station do I transfer?
> **Wo soll ich umsteigen?**
> ヴォー ゾル イヒ ウムシュタイゲン

❏ どこで降りたらいいですか.
> Where should I get off?
> **Wo soll ich aussteigen?**
> ヴォー ゾル イヒ アオスシュタイゲン

❏ アムステルダム行きの列車に乗ってください.
> Take the train for Amsterdam.
> **Nehmen Sie bitte den Zug nach Amsterdam.**
> ネーメン ズィー ビッテ デン ツーク ナーハ アムスターダム

❏ 特急列車に乗ってください.
> Take the limited express.
> **Fahren Sie bitte mit dem Intercity.**
> ファーレン ズィー ビッテ ミット デム インタースィティー

18 交通機関・空港

❏ ブレーメンで降りてください．
> Get off at Bremen.
> **Steigen Sie in Bremen aus.**
> シュタイゲン ズィー イン ブレーメン アオス

❏ ドルトムントで乗り換えてください．
> Switch at Dortmund.
> **Steigen Sie in Dortmund um.**
> シュタイゲン ズィー イン ドルトムント ウム

❏ アウクスブルクは3つ目の駅です．
> Augsburg is the third stop.
> **Augsburg ist der dritte Halt.**
> アオクスブルク イスト デア ドリッテ ハルト

❏ ハンブルク行きの ICE は 12 番線からです．
> The Hamburg bound ICE leaves from platform 12.
> **Der ICE nach Hamburg fährt auf dem Gleis 12 ab.**
> デア イーツェーエー ナーハ ハンブルク フェーアト アオフ デム グライス ツヴェルフ アップ

❏ 博物館行きのバスはどこから出ますか．
> Where can I take the bus for the museum?
> **Wo fährt der Bus zum Museum ab?**
> ヴォー フェーアト デア ブス ツム ムゼーウム アップ

❏ このバスは美術館に行きますか．
> Will this bus take me to the museum?
> **Fährt dieser Bus bis zum Kunstmuseum?**
> フェーアト ディーザー ブス ビス ツム クンストムゼーウム

❏ こちらの席へどうぞ．
> Please have a seat.
> **Bitte nehmen Sie hier Platz.**
> ビッテ ネーメン ズィー ヒーア プラッツ

❑ 荷物をお持ちしましょう.

Shall I take your luggage?

Darf ich Ihr Gepäck tragen?

ダルフ　イヒ　イーア　ゲペック　トラーゲン

❑ 席をお間違えではないですか.

Aren't you in the wrong seat?

Sitzen Sie nicht auf dem falschen Platz?

ズィッツェン　ズィー　ニヒト　アオフ　デム　ファルシェン　プラッツ

❑ ここは私の席だと思います.

I think this is my seat.

Ich glaube, dass das hier mein Platz ist.

イヒ　グラオベ　ダス　ダス　ヒーア　マイン　プラッツ　イスト

❑ 切符を拝見します.

I'll check your ticket.

Könnten Sie mir bitte Ihr Ticket zeigen?

ケンテン　ズィー　ミーア　ビッテ　イーア　ティケット　ツァイゲン

❑ ハノーヴァーに着いたら教えてください.

Let me know when the train arrives at Hanover.

Könnten Sie mir bitte Bescheid sagen, wenn der Zug in Hannover ankommt?

ケンテン　ズィー　ミーア　ビッテ　ベシャイト　ザーゲン　ヴェン　デア　ツーク　イン　ハノーファー　アンコムト

❑ ここはどこですか.

Where are we? / Where is this?

Wo sind wir?

ヴォー　ズィント　ヴィーア

18 交通機関・空港

❏ マインツはもう過ぎてしまいましたか.

Did we already pass Mainz?

Sind wir schon an Mainz vorbeigefahren?

ズィント ヴィーア ショーン アン **マ**インツ フォーアバイゲ**ファ**ーレン

❏ シュトゥットガルトに着きましたよ.

We've arrived at Stuttgart.

Wir sind in Stuttgart angekommen.

ヴィーア ズィント イン シュト**ゥ**ットガルト **ア**ンゲコメン

❏ あなたの降りる駅ですよ.

This the station where you get off.

Sie müssen in diesem Bahnhof aussteigen.

ズィー ミュッセン イン **ディ**ーゼム **バ**ーンホーフ **ア**オスシュタイゲン

❏ 北口を出てください.

Go out the north exit.

Nehmen Sie den Nordausgang.

ネーメン ズィー デン **ノ**ルトアオスガング

❏ 駅でバス［タクシー］に乗ってください.

Take the bus [a taxi] at the station.

Nehmen Sie bitte einen Bus [ein Taxi] am Bahnhof.

ネーメン ズィー ビッテ **ア**イネン ブス［アイン **タ**クスィ］アム **バ**ーンホーフ

タクシーに乗る
—— Ａホテルまでお願いします. ——

❏ タクシー乗り場はどこですか.

Where can I get a taxi?

Wo kann ich ein Taxi finden?

ヴォー カン イヒ アイン **タ**クスィ **フィ**ンデン

❏ タクシーを呼んでください.

Please call me a taxi.

Rufen Sie bitte ein Taxi.

ルーフェン ズィー ビッテ アイン **タ**クスィ

❏ トランクに荷物を入れてください.

Could you put my luggage in the trunk?

Können Sie bitte das Gepäck in den Kofferraum legen?

ケネン ズィー ビッテ ダス ゲペック イン デン **コ**ファーラオム レーゲン

❏ ～ホテルまでお願いします.

To the Hotel ~, please.

Zum Hotel ~, bitte.

ツム ホテル ～ ビッテ

❏ この住所までお願いします.

Take me to this address, please.

Zu dieser Adresse, bitte.

ツー ディーザー アドレッセ ビッテ

❏ 急いで行ってください.

Please hurry.

Könnten Sie bitte möglichst schnell fahren?

ケンテン ズィー ビッテ メークリヒスト シュネル ファーレン

❏ 時間はどのくらいかかりますか.

How long will it take?

Wie lange dauert es denn?

ヴィー ランゲ ダオアート エス デン

18 交通機関・空港

❏ 薬屋に寄ってください.

Please stop at a pharmacy.

Bitte fahren Sie bei einer Apotheke vorbei.

ビッテ ファーレン ズィー バイ アイナー アポテーケ フォーアバイ

❏ いくらですか.

How much is the fare?

Was macht das?

ヴァス マハト ダス

❏ おつりは取っておいてください.

Keep the change.

Stimmt so.

シュティムト ゾー

■タクシー■

ドイツのタクシーは助手席に乗るケースが多いです. 通りではつかまえにくいので, 空港やホテル, 街中のタクシー乗り場から乗るか, あるいはコールセンターに電話して来てもらう方法があります.

飛行機に乗る
—— エコノミーで2席お願いします. ——

❏ 便の予約をお願いします.

I would like to make a reservation for a flight.

Ich möchte einen Flug reservieren [buchen] lassen.

イヒ メヒテ アイネン フルーク レゼルヴィーレン [ブーヘン] ラッセン

- ❏ 明日の10時ごろのウィーン行きの便はありますか.

  Are there any flights to Vienna leaving tomorrow around ten o'clock?

  Gibt es morgen gegen zehn Uhr eine Verbindung nach Wien?

  ギープト エス モルゲン ゲーゲン ツェーン ウーア アイネ フェアビンドゥング ナーハ ヴィーン

- ❏ 5月17日のチューリッヒ行きの便はありますか.

  Are there any flights to Zurich leaving May 17th?

  Gibt es am 17. Mai eine Verbindung nach Zürich?

  ギープト エス アム ズィープツェーンテン マイ アイネ フェアビンドゥング ナーハ ツューリヒ

- ❏ 満席です.

  It's full.

  Es ist leider ausgebucht.

  エス イスト ライダー アオスゲブーフト

- ❏ 空席待ちでお願いします.

  Could you add me to the wait list?

  Tragen Sie bitte meinen Namen in die Warteliste ein.

  トラーゲン ズィー ビッテ マイネン ナーメン イン ディー ヴァルテリステ アイン

- ❏ エコノミーで2席お願いします.

  I'd like to get two seats in economy class.

  Ich hätte gern zwei Plätze in der Economy-Class.

  イヒ ヘッテ ゲルン ツヴァイ プレッツェ イン デア イコノミークラース

- ❏ 窓［通路］側の席をお願いします.

  I'd like a window [an aisle] seat, please.

  Haben Sie noch einen Platz am Fenster [am Gang]?

  ハーベン ズィー ノッホ アイネン プラッツ アム フェンスター［アム ガング］

18 交通機関・空港

❑ 搭乗手続きをしたいのですが.

I'd like to check in, please.

Ich möchte gern einchecken.

イヒ メヒテ ゲルン アインチェッケン

❑ 搭乗ゲートは何番ですか.

What's the number of the boarding gate?

Welche Flugsteignummer, bitte?

ヴェルヒェ フルークシュタイクヌマー ビッテ

❑ まだ搭乗は間に合いますか.

Do I still have time to get on board?

Kann ich noch einsteigen?

カン イヒ ノッホ アインシュタイゲン

❑ 預ける荷物はありません.

I don't have any bags to check.

Ich habe nur Handgepäck.

イヒ ハーベ ヌーア ハントゲペック

❑ この荷物を預けます.

I'd like to check this luggage [baggage].

Ich möchte das hier aufgeben.

イヒ メヒテ ダス ヒーア アオフゲーベン

❑ 荷物が出てきません.

My luggage isn't here yet.

Mein Gepäck ist noch nicht da.

マイン ゲペック イスト ノッホ ニヒト ダー

❑ 調べてください.

Please look into it.

Bitte schauen Sie doch nach.

ビッテ シャオエン ズィー ドッホ ナーハ

❏ どうも〜空港に行ってしまったようです．
> It might have gone to ~ airport.
>
> **Es scheint zum Flughafen 〜 gebracht worden zu sein.**
> エス シャイント ツム フルークハーフェン 〜 ゲブラハト ヴォルデン ツー ザイン

❏ いつ戻りますか．
> When will it come back?
>
> **Wann kann ich es wieder haben?**
> ヴァン カン イヒ エス ヴィーダー ハーベン

❏ 明日までに〜ホテルに届けてください．
> Please send it to ~ Hotel by tomorrow.
>
> **Bitte liefern Sie es bis morgen ins Hotel 〜.**
> ビッテ リーファーン ズィー エス ビス モルゲン インス ホテル 〜

18 交通機関・空港

第19章 宿泊

ホテルを探す
── シャワー付きの部屋をお願いします. ──

❏ 駅の近くのホテルを紹介してください.
> Could you recommend a hotel near the station?
> **Können Sie mir ein Hotel in der Nähe vom Bahnhof empfehlen?**
> ケネン ズィー ミーア アイン ホテル イン デア ネーエ フォム バーンホーフ エンプ**フェー**レン

❏ 今夜は部屋はありますか.
> Do you have a room for the night?
> **Haben Sie ein Zimmer für heute Nacht frei?**
> ハーベン ズィー アイン ツィマー フューア ホイテ ナハト フライ

❏ 1泊いくらですか.
> How much for one night?
> **Wie viel kostet das für eine Nacht?**
> ヴィー フィール コステット ダス フューア アイネ ナハト

❏ 1泊です. / 2[3]泊です.
> One night./ Two [Three] nights.
> **Eine Nacht./ Zwei [Drei] Nächte.**
> アイネ ナハト/ツヴァイ [ドライ] ネヒテ

❏ 二人部屋をお願いします．

A twin room, please.

Ein Doppelzimmer, bitte.

アイン　ドッペルツィマー　ビッテ

❏ バス [シャワー] 付きの部屋をお願いします．

I'd like a room with a bath [shower].

Ich möchte bitte ein Zimmer mit Bad [Dusche].

イヒ　メヒテ　ビッテ　アイン　ツィマー　ミット　バート [ドゥッシェ]

❏ 部屋にトイレはありますか．

Does the room come with a bathroom?

Ist die Toilette im Zimmer?

イスト　ディー　トアレッテ　イム　ツィマー

❏ 2階の部屋は空いていませんか

Do you have any rooms on the second floor?

Haben Sie noch ein Zimmer im ersten Stock?

ハーベン　ズィー　ノッホ　アイン　ツィマー　イム　エーアステン　シュトック

❏ 眺めのいい部屋をお願いします．

I'd like a room with a nice view.

Ich möchte bitte ein Zimmer mit einem schönen Ausblick.

イヒ　メヒテ　ビッテ　アイン　ツィマー　ミット　アイネム　シェーネン　アオスブリック

❏ インターネットの使える部屋をお願いします．

I'd like a room where I can use the internet.

Ich möchte bitte ein Zimmer mit Internetanschluss.

イヒ　メヒテ　ビッテ　アイン　ツィマー　ミット　インターネットアンシュルス

❏ 部屋を見せてください．
> Please show me the room.
>
> **Darf ich das Zimmer vorher sehen?**
> ダルフ イヒ ダス ツィマー フォーアヘーア ゼーエン

❏ この部屋にします．
> I'll take this room.
>
> **Ich nehme dieses Zimmer.**
> イヒ ネーメ ディーゼス ツィマー

■宿（1）■

ホテルの予約なしで旅をするときは，まず駅の案内所 (Information) —《 i 》のマークが目印です—で気楽に相談しましょう．大きな催しなどがあるときでなければ，日本よりも割安で納得のいく部屋が見つけられるでしょう．ただ，シャワーしかない，などのことがあるので，きちんと確認しておきましょう．

チェックインのときの表現
— チェックインをお願いします． —

❏ 木村です．チェックインをお願いします．
> I'd like to check in. My name is Kimura.
>
> **Ich möchte einchecken. Mein Name ist Kimura.**
> イヒ メヒテ アインチェッケン マイン ナーメ イスト キムラ

❏ お名前のスペルをおっしゃってくださいますか．
> Could you tell me how to spell your name please?
>
> **Könnten Sie bitte Ihren Namen buchstabieren?**
> ケンテン ズィー ビッテ イーレン ナーメン ブーフシュタビーレン

❑ K, I, M, U, R, Aです

It's K, I, M, U, R, A.

K, I, M, U, R, A.

カー イー エム ウー エル アー

─── ■アルファベット■ ───

日本語の固有名詞はドイツ人に伝わりにくいので，自分の名前などはドイツ語の発音で綴りを言えるようにしておくと便利です．A (**アー**)，B (**ベー**)，C (**ツェー**)，D (**デー**)，E (**エー**)，F (**エフ**)，G (**ゲー**)，H (**ハー**)，I (**イー**)，J (**ヨット**)，K (**カー**)，L (**エル**)，M (**エム**)，N (**エヌ**)，O (**オー**)，P (**ペー**)，Q (**クー**)，R (**エル**)，S (**エス**)，T (**テー**)，U (**ウー**)，V (**ファオ**)，W (**ヴェー**)，X (**イクス**)，Y (**ユプスィロン**)，Z (**ツェット**)

19 宿泊

❑ 日本から予約しました．

I made a reservation from Japan.

Ich habe das Zimmer von Japan aus reserviert.

イヒ ハーベ ダス ツィマー フォン ヤーパン アオス レゼルヴィーアト

❑ 木村様ですね．承っております．

Ok, that's Mr. [Mrs.] Kimura. We have a room reserved under your name.

OK, Herr [Frau] Kimura. Wir haben ein Zimmer unter Ihrem Namen reserviert.

オケー ヘル [フラオ] キムラ ヴィーア ハーベン アイン ツィマー ウンター イーレム ナーメン レゼルヴィーアト

❑ ここにサインをお願いします．

Please sign here.

Bitte unterschreiben Sie hier.

ビッテ ウンターシュライベン ズィー ヒーア

☐ 505号室です.

Room 505.

Zimmer 505.

ツィマー　フュンフフンダートフュンフ

☐ キーをどうぞ.

Here's your key.

Hier ist Ihr Schlüssel.

ヒーア　イスト　イーア　シュリュッセル

☐ 私の部屋は何階ですか.

What floor is my room on?

In welchem Stock ist mein Zimmer?

イン　ヴェルヒェム　シュトック　イスト　マイン　ツィマー

☐ 4階です.

It's on the fourth floor.

Im dritten Stock.

イム　ドリッテン　シュトック

☐ 木村様のご予約はありませんが.

There's no reservation for a Mr. Kimura.

Unter dem Namen Kimura ist leider kein Zimmer reseviert.

ウンター　デム　ナーメン　キムラ　イスト　ライダー　カイン
ツィマー　レゼルヴィーアト

☐ 9月6日に, 確かに予約しました.

I'm sure I made a reservation on September 6th.

Ich bin sicher, dass ich ein Zimmer am 6. September reserviert habe.

イヒ　ビン　ズィヒャー　ダス　イヒ　アイン　ツィマー　アム　ゼクステン
ゼプテンバー　レゼルヴィーアト　ハーベ

❏ もう一度確認いたします．

I'll check again.

Ich sehe nochmals nach.

イヒ　ゼーエ　ノッホマールス　ナーハ

❏ 申し訳ございません．ご予約がありません．

I'm sorry but there's no reservation.

Es tut mir Leid, aber ich habe leider keine Reservierung von Ihnen.

エス　トゥート　ミーア　ライト　アーバー　イヒ　ハーベ　ライダー　カイネ　レゼルヴィールング　フォン　イーネン

❏ では，今夜部屋は空いていますか．

Well, are there any rooms available tonight?

Haben Sie denn noch ein Zimmer frei für heute Nacht?

ハーベン　ズィー　デン　ノッホ　アイン　ツィマー　フライ　フューア　ホイテ　ナハト

❏ はい，ございます．

Yes, there are.

Ja, wir haben noch eins.

ヤー　ヴィーア　ハーベン　ノッホ　アインス

❏ 申し訳ございません．満室です．

I'm sorry but we're full.

Es tut mir Leid, aber unsere Zimmer sind alle ausgebucht.

エス　トゥート　ミーア　ライト　アーバー　ウンゼレ　ツィマー　ズィント　アレ　アオスゲブーフト

❏ ほかのホテルを紹介してください．

Could you please recommend any other hotels?

Könnten Sie mir bitte ein anderes Hotel empfehlen?

ケンテン ズィー ミーア ビッテ アイン **ア**ンデレス ホ**テ**ル エンプ**フェ**ーレン

各種のサービス
—— ルームサービスをお願いします． ——

❏ 朝食は付いてますか．

Is breakfast included?

Ist das Frühstück inklusive?

イスト ダス フ**リュ**ーシュテュック インクル**ズィ**ーヴェ

❏ 朝食はどこでできますか．

Where can I have breakfast?

Wo ist denn das Frühstück?

ヴォー イスト デン ダス フ**リュ**ーシュテュック

❏ チェックアウトは何時ですか．

What time do I have to check out by?

Bis wann muss ich auschecken?

ビス **ヴァ**ン ムス イヒ **ア**オスチェッケン

❏ ベビーベッドは有料ですか．

Is there a charge for baby beds?

Sind Babybetten kostenpflichtig?

ズィント ベービベッテン **コ**ステンプフリヒティヒ

❏ エレベーターはありますか．

Is there an elevator?

Haben Sie einen Aufzug?

ハーベン ズィー アイネン **ア**オフツーク

❏ トイレはどこですか.
   Where is the bathroom?
   Wo ist bitte die Toilette?
   ヴォー イスト ビッテ ディー トアレッテ

❏ もしもし，505 号室です.
   Hello, this is room 505.
   Hier Zimmer 505.
   ヒーア ツィマー フュンフフンダート**フュンフ**

❏ ルームサービスをお願いします.
   Room service please.
   Den Zimmerservice, bitte.
   デン ツィマーゼーアヴィス ビッテ

❏ キーを部屋に置き忘れました.
   I left the key in my room.
   Ich habe den Schlüssel im Zimmer vergessen.
   イヒ ハーベ デン シュリュッセル イム ツィマー フェアゲッセン

■ 宿（2）■

宿泊施設にはホテルのほかに，レストランを兼ねた宿屋，あるいはレストランが宿泊もさせてくれるといった感じの Gasthaus /**ガスト**ハオス/, Gasthof /**ガスト**ホーフ/，朝食を出してくれる規模の大きくない Hotel garni /ホ**テ**ルガルニ/，ペンション・民宿のような Pension /パンズィ**オー**ン/ などがあります.

❏ クレジットカードは使えますか.
   Can I use a credit card?
   Kann ich mit Kreditkarte bezahlen?
   カン イヒ ミット クレ**ディー**トカルテ ベツァーレン

19
宿泊

もう1泊したいのですが.
I'd like to stay for another night.
Ich möchte bitte noch eine Nacht bleiben.
イヒ メヒテ ビッテ ノッホ アイネ ナハト ブライベン

エアコンの調節がききません.
The air conditioning controls aren't working.
Die Klimaanlage funktioniert nicht richtig.
ディー クリーマアンラーゲ フンクツィオニーアト ニヒト リヒティヒ

電球が切れています.
The light bulb is out.
Eine Glühbirne ist kaputt.
アイネ グリューピルネ イスト カプット

お湯が出ません.
There isn't any hot water.
Ich habe kein heißes Wasser.
イヒ ハーベ カイン ハイセス ヴァッサー

シャワーが出ません.
The shower doesn't work.
Die Dusche funktioniert nicht.
ディー ドゥッシェ フンクツィオニーアト ニヒト

トイレットペーパーがありません.
There's no toilet paper.
Es gibt kein Toilettenpapier.
エス ギープト カイン トアレッテンパピーア

この部屋はうるさいです.
This room is too noisy.
Dieses Zimmer ist zu laut.
ディーゼス ツィマー イスト ツー ラオト

❏ もっと静かな部屋はありますか.

Do you have any quieter rooms?

Haben Sie ein ruhigeres Zimmer?

ハーベン　ズィー　アイン　ルーイゲレス　ツィマー

[単語] ホテル　*das* **Hotel**/ホテル/

宿　*das* **Gasthaus**/ガストハオス/([英]inn)

民宿　*die* **Pension**/パンズィオーン/([英]traditional inn)

ユースホステル　*die* **Jugendherberge**/ユーゲントヘアベルゲ/([英]youth hostel)

ロビー　*das* **Foyer**/フォワイエー/([英]lobby)

フロント　*die* **Rezeption**, *der* **Empfang**/レツェプツィオーン, エンプファング/([英]front desk)

鍵　*der* **Schlüssel**/シュリュッセル/([英]key)

部屋　*das* **Zimmer**/ツィマー/([英]room)

シングルルーム　*das* **Einzelzimmer**/アインツェルツィマー/([英]single room)

ツインルーム　*das* **Zweibettzimmer**/ツヴァイベットツィマー/([英]twin room)

ダブルルーム　*das* **Doppelzimmer**/ドッペルツィマー/([英]double room)

セーフティーボックス　*der(das)* **Safe**/ゼーフ/([英]safe)

単語 観光 *der* Tourismus/トゥーリスムス/

ツアー　*die* Tour/トゥーア/(㊥tour)
観光バス　*der* Besichtigungsbus/ベズィヒティグングスブス/(㊥sightseeing bus)
切符売り場　*der* Fahrkartenschalter/ファールカルテンシャルター/(㊥ticket window)
博物館・美術館　*das* Museum/ムゼーウム/(㊥museum)
劇場　*das* Theater/テアーター/(㊥theater)
コンサートホール　*die* Konzerthalle/コンツェルトハレ/(㊥concert hall)
カジノ　*das* Kasino/カズィーノ/(㊥casino)
スタジアム　*das* Stadion/シュターディオン/(㊥stadium)
喫茶店　*das* Café/カフェー/(㊥coffee shop)
レストラン　*das* Restaurant/レストラーン/(㊥restaurant)
山　*der* Berg/ベルク/(㊥mountain)
湖　*der* See/ゼー/(㊥lake)
川　*der* Fluss/フルス/(㊥river)
海　*das* Meer, *die* See/メーア, ゼー/(㊥sea, ocean)

単語 スポーツ *der* Sport/シュポルト/

サッカー　*der* Fußball/フースバル/(㊥soccer)
ラグビー　*das* Rugby/ラクビ/(㊥Rugby)
テニス　*das* Tennis/テニス/(㊥tennis)
水泳　*das* Schwimmen/シュヴィメン/(㊥swimming)
サーフィン　*das* Surfing/サーフィング/(㊥surfing)
ヨット　*die* Jacht/ヤハト/(㊥yacht)
スキー　*der* Ski/シー/(㊥skiing)
スケート　*der* Eislauf/アイスラオフ/(㊥skating)

[単語] 表示 *das* Schild/シルト/

立入禁止 **Eintritt verboten!**/アイントリット フェアボーテン/([英]Keep Out)

危険 **Achtung!**/アハトゥング/([英]Danger)

禁煙 **Rauchverbot, Rauchen verboten!**/ラオホフェアボート, ラオヘン フェアボーテン/([英]No Smoking)

非常口 **Notausgang**/ノートアオスガング/([英]Emergency Exit)

入口 **Eingang**/アインガング/([英]Entrance)

出口 **Ausgang, Ausfahrt**/アオスガング, アオスファールト/([英]Exit)

男性用 **Herren**/ヘレン/([英]Gentlemen)

女性用 **Damen**/ダーメン/([英]Ladies)

使用中 **Besetzt**/ベゼッツト/([英]Occupied)

空き **Frei**/フライ/([英]Vacant)

第20章 道をたずねる

道をたずねるときの表現
―― 最寄の駅はどこですか？ ――

☐ バス停はどこですか．
Where's the bus stop?
Wo ist die Bushaltestelle?
ヴォー イスト ディー ブスハルテシュテレ

☐ 最寄の駅はどこですか．
Where is the nearest station?
Wo ist der nächste Bahnhof?
ヴォー イスト デア ネーヒステ バーンホーフ

☐ この辺に公衆トイレはありますか．
Is there a public restroom around here?
Gibt es eine öffentliche Toilette in der Nähe?
ギープト エス アイネ エッフェントリヒェ トアレッテ イン デア ネーエ

☐ 休める所はありますか．
Is there a place I can rest?
Kann ich mich hier irgendwo hinsetzen?
カン イヒ ミヒ ヒーア イルゲントヴォー ヒンゼッツェン

☐ ジュースの自動販売機はありますか．
Is there a drink vending machine?
Gibt es hier Getränkeautomaten?
ギープト エス ヒーア ゲトレンケアオトマーテン

■自動販売機■

ドイツでは自動販売機は非常に少ないですが，ターミナル駅や公共の建物などでは比較的多く見つかります．限られた種類の硬貨しか使えない場合が多いのでよく確認しましょう．酒類などの自動販売機はありません．また閉店法に従い深夜の買い物はできないことが多いので，旅行中は日中に必要なものは備えておきましょう．

☐ それはどこにあるのですか．

Where is it?

Wo ist das?

ヴォー イスト ダス

☐ 郵便局までどうやって行けばいいですか．

Could you tell me the way to the post office?

Wie finde ich denn die Post?

ヴィー フィンデ イヒ デン ディー ポスト

☐ どうすれば大通りに出られますか．

How do I get to the main street?

Wie komme ich zur Hauptstraße?

ヴィー コメ イヒ ツーア ハオプトシュトラーセ

☐ オペラハウスへはこの道でいいですか．

Is this the right street to the Opera Theater?

Ich möchte zur Oper gehen. Ist das hier die richtige Straße?

イヒ メヒテ ツーア オーパー ゲーエン イスト ダス ヒーア ディー リヒティゲ シュトラーセ

☐ デパートに行きたいのですが．

I'd like to go to the department store.

Ich suche ein Kaufhaus.

イヒ ズーヘ アイン カオフハオス

20 道をたずねる

❑ この道は市庁舎へ行けますか.

Does this street lead to City Hall?

Führt diese Straße zum Rathaus?

フュールト　ディーゼ　シュトラーセ　ツム　ラートハオス

❑ ここはどこでしょうか.

Where am I?

Wo bin ich hier?

ヴォー　ビン　イヒ　ヒーア

❑ 交差点をどちらに曲がるのですか.

Which way should I turn at the crossroads?

In welche Richtung soll ich an der Kreuzung gehen?

イン　ヴェルヒェ　リヒトゥング　ゾル　イヒ　アン　デア　クロイツング　ゲーエン

❑ 遠いですか.

Is it far from here?

Ist das weit von hier?

イスト　ダス　ヴァイト　フォン　ヒーア

❑ 歩いて行けますか.

Can I walk there?

Kann ich zu Fuß dorthin gehen?

カン　イヒ　ツー　フース　ドルトヒン　ゲーエン

❑ どのくらい時間がかかりますか.

How long will it take?

Wie lange dauert das denn?

ヴィー　ランゲ　ダオアート　ダス　デン

道案内する
―― 次の交差点を右に曲がってください. ――

❑ すぐそこですよ.
It's right over there.
Das ist gleich da drüben.
ダス イスト グライヒ ダー ドリューベン

❑ ここからだとかなりありますよ.
It's quite far from here.
Das ist recht weit von hier.
ダス イスト レヒト ヴァイト フォン ヒーア

❑ タクシーで行ったほうがいいですよ.
You should take a taxi.
Sie sollten ein Taxi nehmen.
ズィー ゾルテン アイン タクスィ ネーメン

❑ 200 メートルほどです.
It's about two hundred meters away.
Das ist etwa 200 Meter entfernt.
ダス イスト エトヴァ ツヴァイフンダート メーター エントフェルント

❑ 歩いて 10 分ほどです.
It will take about ten minutes to walk there.
Es dauert etwa 10 Minuten zu Fuß.
エス ダオアート エトヴァ ツェーン ミヌーテン ツー フース

❑ 車で1時間ほどです.
It takes about an hour by car.
Es dauert etwa eine Stunde mit dem Auto.
エス ダオアート エトヴァ アイネ シュトゥンデ ミット デム アオト

20 道をたずねる

❑ 駅の前にあります.

It's just in front of the station.

Das ist vor dem Bahnhof.

ダス イスト フォーア デム バーンホーフ

❑ 右手 [左手] にあります.

It's on the right [left] side (of the road).

Das ist auf der rechten [linken] Seite der Straße.

ダス イスト アオフ デア レヒテン [リンケン] ザイテ デア シュトラーセ

❑ 道の反対側です.

It is on the other [opposite] side of the road.

Das ist auf der anderen Seite der Straße.

ダス イスト アオフ デア アンデレン ザイテ デア シュトラーセ

❑ 角を曲がったところにあります.

You will find it around the corner.

Das ist gleich um die Ecke.

ダス イスト グライヒ ウム ディー エッケ

❑ もう1本あちらの道です.

It is on the next street.

Auf der nächsten Straße.

アオフ デア ネーヒステン シュトラーセ

❑ このビルの裏手になります.

It is behind this building.

Hinter diesem Gebäude.

ヒンター ディーゼム ゲボイデ

❑ あの白いビルです.

It's that white building.

Das weiße Gebäude da.

ダス ヴァイセ ゲボイデ ダー

❏ このビルの中にあります．
It's in this building.
In diesem Gebäude.
イン ディーゼム ゲボイデ

❏ 4階にあります．
It's on the fourth floor.
Im dritten Stock.
イム ドリッテン シュトック

❏ この道をまっすぐ行ってください．
Go straight along this road.
Gehen Sie diese Straße geradeaus.
ゲーエン ズィー ディーゼ シュトラーセ ゲラーデアオス

❏ 次の[2つ目の]交差点を右に曲がってください．
Turn to the right at the next [second] intersection.
Biegen Sie an der nächsten [zweiten] Kreuzung rechts ab.
ビーゲン ズィー アン デア ネーヒステン [ツヴァイテン] クロイツング レヒツ アップ

❏ 突き当りを左に曲がってください．
Turn left at the end of the road.
Biegen Sie am Ende der Straße links ab.
ビーゲン ズィー アム エンデ デア シュトラーセ リンクス アップ

❏ 右手にガラス張りのビルが見えてきます．
You will see a glass building to the right.
Sie sehen dann ein verglastes Hochhaus auf der rechten Seite.
ズィー ゼーエン ダン アイン フェアグラーステス ホーホハオス アオフ デア レヒテン ザイテ

20 道をたずねる

❏ 橋を渡りなさい．

Cross the bridge.

Gehen Sie über die Brücke.

ゲーエン ズィー ユーバー ディー ブリュッケ

❏ 橋の手前です．

It is just this side of the bridge.

Das ist vor der Brücke.

ダス イスト フォーア デア ブリュッケ

❏ 線路の向こう側です．

You will find it on the other side of the railway.

Das ist auf der anderen Seite der Schienen.

ダス イスト アオフ デア **アン**デレン **ザ**イテ デア **シ**ーネン

❏ すみません，私もわからないんです．

Sorry, I don't know either.

Entschuldigung, aber ich weiß es auch nicht.

エント**シュ**ルディグング **ア**ーバー イヒ **ヴァ**イス エス **ア**オホ **ニ**ヒト

❏ 他の人に聞いてください．

Please ask someone else.

Fragen Sie bitte jemanden anders.

フ**ラ**ーゲン ズィー **ビ**ッテ イェー**マ**ンデン **ア**ンダース

❏ あの警察官に聞いてください．

Please ask that police officer.

Fragen Sie bitte den Polizisten.

フ**ラ**ーゲン ズィー **ビ**ッテ デン ポリ**ツィ**ステン

❏ この地図で教えてください．

Please show me on the map.

Zeigen Sie mir das bitte auf dem Stadtplan.

ツァイゲン ズィー **ミ**ーア ダス **ビ**ッテ **ア**オフ デム **シュ**タットプラーン

20 道をたずねる

- ❏ ご案内しましょう.

  I'll show you the way.

  Ich bringe Sie hin.

  イヒ ブリンゲ ズィー ヒン

- ❏ ついて来てください.

  Please follow me.

  Folgen Sie mir bitte.

  フォルゲン ズィー ミーア ビッテ

- ❏ 道に迷ってしまいました.

  I've lost my way.

  Ich habe mich verlaufen.

  イヒ ハーベ ミヒ フェア**ラ**オフェン

- ❏ 今ホテルの部屋にいます.

  I'm now in my room at the hotel.

  Ich bin jetzt im Hotelzimmer.

  イヒ ビン イェッット イム ホテルツィマー

- ❏ 今ミュンヘン駅にいます.

  I'm at Munich Station right now.

  Ich bin jetzt im Münchener Hauptbahnhof.

  イヒ ビン イェッット イム ミュンヒェナー ハオプトバーンホーフ

ロマンティック街道

中世の面影

正雄・フランツ

正 絵のように美しい景色だなあ．
What a beautiful landscape!
Diese Landschaft ist einfach bildschön!
ディーゼ ラントシャフト イスト アインファッハ ビルトシェーン

ええと，この町の名前は何でしたっけ．
Well, what is the name of this town?
Wie heißt diese Stadt nochmals?
ヴィー ハイスト ディーゼ シュタット ノッホマールス

フ ディンケルスビュール．
Dinkelsbühl.
Dinkelsbühl.
ディンケルスビュール

正 ドイツには中世の面影を残す町がたくさんありますね．
In Germany, there are a lot of towns that can be traced back to the Middle Ages.
Es gibt wirklich viele Städte in Deutschland, die noch ganz mittelalterlich aussehen.
エス ギープト ヴィルクリヒ フィーレ シュテーテ イン ドイチュラント ディー ノッホ ガンツ ミッテルアルターリヒ アオスゼーエン

フ 日本はどうですか．
How about Japan?
Wie ist das in Japan?
ヴィー イスト ダス イン ヤーパン

古い寺院などたくさんあるのではないですか.

I guess there are a lot of old temples.

Es gibt doch viele alte Tempel, oder nicht?

エス ギープト ドッホ フィーレ アルテ テンペル オーダー ニヒト

正 お寺は古いけど, 市街地はそれほどではありません.

The temples are old, but the cities are not so old.

Die Tempel sind alt, aber das Stadtgebiet ist es meistens nicht.

ディー テンペル ズィント アルト アーバー ダス シュタットゲビート
イスト エス マイステンス ニヒト

こんなきれいな町並みが残っていてうらやましいですよ.

I envy you because these beautiful places still remain.

Dass so schöne Stadtfassaden erhalten sind, ist beneidenswert.

ダス ゾー シェーネ シュタットファサーデン エアハルテン
ズィント イスト ベナイデンスヴェーアト

修道院とワイン

ミサではワインを使います．

ガイド 男・由紀子

男 ご存知のように，ミサではワインを用います．
As you know, wine is used in Mass.
Wie sie wissen, wird beim Gottesdienst Wein verwendet.
ヴィー ズィー ヴィッセン ヴィルト バイム ゴッテスディーンスト ヴァイン フェアヴェンデット

それで修道院でワインの醸造が発達したのです．
Then, wine making was developed in abbeys.
Deshalb hat sich in Klöstern Weinbau entwickelt.
デスハルプ ハット ズィヒ イン クレースターン ヴァインバオ エントヴィッケルト

由 今もその修道院でワインをつくっているのですか．
Is wine being made at the abbey now as well?
Wird heute noch in Klöstern Wein hergestellt?
ヴィルト ホイテ ノッホ イン クレースターン ヴァイン ヘーアゲシュテルト

男 いえ，現在はつくっておりません．
Now, it isn't being made here anymore.
Nein, heute nicht mehr.
ナイン ホイテ ニヒト メーア

醸造所は世俗の会社となっています。
Wineries are private companies.
Weingüter sind heute privat.
ヴァインギューター ツィント ホイテ プリヴァート

[由] このワイナリーではワインは売っていますか．
Is wine sold in this winery?
Kann man in dieser Weinkellerei Wein kaufen?
カン マン イン ディーザー ヴァインケライ ヴァイン カオフェン

[男] はい，あちらで売っております．
Yes, it is being sold over there.
Ja, dort können Sie Wein kaufen.
ヤー ドルト ケネン ズィー ヴァイン カオフェン

[由] ワイナリーにいるだけで酔ってきたみたい．
I feel drunk, only because I'm in the winery.
Ich fühle mich schon dadurch angeheitert, dass ich in der Weinkellerei bin.
イヒ フューレ ミヒ ショーン ダドゥルヒ アンゲハイタート
ダス イヒ イン デア ヴァインケライ ビン

[男] 足元に気をつけて．
Watch your step.
Passen Sie auf, wo Sie hintreten.
パッセン ズィー アオフ ヴォー ズィー ヒントレーテン

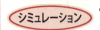 アイガー・ユングフラウ

いちばん高い駅だよ.

ペーター・慎吾

ペ ヨーロッパでいちばん高い駅だよ.
This is the tallest station in Europe.
Das ist der höchste Bahnhof von Europa.
ダス イスト デーア ヘーヒステ バーンホーフ フォン オイローパ

エレベーターでさらに展望台まで上がれるんだ.
We can go on further to the observatory by the elevator.
Mit dem Aufzug kann man noch bis zum Aussichtspunkt hochfahren.
ミット デム アオフツーク カン マン ノッホ ビス ツム
アオスズィヒツプンクト ホーホファーレン

慎 山にエレベーターがあるなんてびっくりだ.
I am surprised to know that there is an elevator on the mountain.
Ich hätte nicht gedacht, dass es in den Bergen einen Aufzug gibt.
イヒ ヘッテ ニヒト ゲダハト ダス エス イン デン
ベルゲン アイネン アオフツーク ギープト

ペ あれがユングフラウだよ.
That is the Jungfrau.
Das ist die Jungfrau.
ダス イスト ディー ユングフラオ

慎 あそこには登れないの？
Can we climb up there?
Kann man da nicht hochsteigen?
カン マン ダー ニヒト ホーホシュタイゲン

ペ 君が登山家ならできるよ．
You could, if you were a mountain climber.
Doch, wenn du ein Bergsteiger wärest.
ドッホ ヴェン ドゥー アイン ベルクシュタイガー ヴェーレスト

慎 この広大な雪原は何？
What is the name of this huge snowfield?
Was ist das für ein großes Schneefeld?
ヴァス イスト ダス フューア アイン グローセス シュネーフェルト

ペ アレッチ氷河と言うんだ．
This is called Aletch Glacier.
Das ist der Aletchfirn.
ダス イスト デア アレッチフィルン

慎 こんなところをスノボーで滑れたらなあ．
I wish I could snowboard here.
Hier mit dem Snowboard runterfahren.
　　Das wär' etwas!
ヒーア ミット デム スノウボード ルンターファーレン
　　ダス ヴェール エトヴァス

ペ なだれでいっぺんにお陀仏さ．
You'll lose your life because there are avalanches.
Eine Lawine würde dich sofort töten.
アイネ ラヴィーネ ヴュルデ ディヒ ゾフォルト テーテン

ペーター**ペ**・慎吾**慎**

第21章 観光・スポーツ観戦

観光地での表現
—— 入館料はいくらですか？ ——

□ 案内所はどこですか.

Where is the information office?

Wo ist denn die Information?
ヴォー イスト デン ディー インフォルマツィオーン

□ 観光バスの乗り場はどこですか.

Where can I take a sightseeing bus?

Wo ist die Haltestelle für die Touristenbusse?
ヴォー イスト ディー ハルテシュテレ フューア ディー トゥリステンブッセ

□ バスの路線図はありますか.

Can I get a bus-route map?

Haben Sie einen Bus-Plan?
ハーベン ズィー アイネン ブスプラーン

□ 人気の観光スポットを教えてください.

Could you tell me the popular tourist spots?

Können Sie mir bitte ein paar beliebte Sehenswürdigkeiten zeigen?
ケネン ズィー ミーア ビッテ アイン パール ベリープテ ゼーエンスヴュルディヒカイテン ツァイゲン

❏ ここでチケットが買えますか.

Can I get a ticket here?

Kann ich hier Tickets kaufen?

カン　イヒ　ヒーア　ティケッツ　カオフェン

❏ 休館日はいつですか.

When is the museum closed?

Wann ist das Museum geschlossen?

ヴァン　イスト　ダス　ムゼーウム　ゲシュロッセン

❏ 今日は開いていますか.

Is the museum open today?

Ist das Museum heute geöffnet?

イスト　ダス　ムゼーウム　ホイテ　ゲエフネット

❏ 入場料 [入館料] はいくらですか.

How much is admission?

Wie viel kostet der Eintritt?

ヴィー　フィール　コステット　デア　アイントリット

❏ 大人2枚，子供1枚ください.

Two adults and one child, please.

Zwei Erwachsene und ein Kind, bitte.

ツヴァイ　エアヴァクセネ　ウント　アイン　キント　ビッテ

❏ 写真を撮ってもいいですか.

Can I take a picture [photo]?

Darf ich hier fotografieren?

ダルフ　イヒ　ヒーア　フォトグラフィーレン

❏ 入口 [出口] はどこですか.

Where is the entrance [exit] ?

Wo ist der Eingang [Ausgang]?

ヴォー　イスト　デア　アインガング　[アオスガング]

21 観光・スポーツ観戦

❏ お土産店はどこですか.

Where is the souvenir shop?

Wo ist das Souvenirgeschäft?

ヴォー イスト ダス ズヴェニーアゲシェフト

❏ 電池はどこで買えますか.

Where can I get some batteries?

Wo kann ich Batterien kaufen?

ヴォー カン イヒ バテリーエン カオフェン

❏ すみません, シャッターを押していただけますか.

Excuse me, would you mind taking our picture?

Entschuldigung, könnten Sie bitte ein Foto machen?

エント**シュ**ルディグング **ケ**ンテン ズィー ビッテ アイン **フォ**ト マッヘン

❏ レストランにこの服装で入れますか.

Will they let me in the restaurant with these clothes on?

Kann ich denn mit diesen Kleidern ins Restaurant gehen?

カン イヒ デン ミット ディーゼン クライダーン インス レスト**ラー**ン **ゲー**エン

❏ (カジノで) チップを換金してください.

I'd like to cash in these chips, please.

Ich möchte bitte die Chips einlösen.

イヒ **メ**ヒテ ビッテ ディー **チ**ップス **ア**インレーゼン

❏ 観光ツアーのパンフレットはありますか.

Can I get a pamphlet for the sightseeing tour?

Haben Sie Broschüren für die Besichtigungstour?

ハーベン ズィー ブロ**シュ**ーレン フューア ディー ベズィヒティグングスト**ゥ**ーア

❏ 日帰りツアーはありますか．

Do you have a one-day tour?

Gibt es auch Tagesausflüge?

ギープト　エス　アオホ　**タ**ーゲスアオスフリューゲ

❏ 半日ツアーはありますか．

Do you have a half-day tour?

Gibt es auch Halbtagesausflüge?

ギープト　エス　アオホ　**ハ**ルプターゲスアオスフリューゲ

❏ ツアーに食事はついていますか．

Does the tour include meals?

Ist das Essen inklusive?

イスト　ダス　**エ**ッセン　インクル**ズィ**ーヴェ

❏ ツアーにブランデンブルク門は入っていますか．

Does the tour include a visit to the Brandenburg Gate?

Ist eine Besichtigung des Brandenburger Tors bei dieser Tour vorgesehen?

イスト　アイネ　ベ**ズィ**ヒティグング　デス　ブランデンブル**ガ**ートーアス　バイ　**ディ**ーザー　ト**ゥ**ーア　**フォ**ーアゲゼーエン

❏ 日本語のガイドはついていますか．

Does the tour include any Japanese language guides?

Gibt es auch eine Führung auf Japanisch?

ギープト　エス　アオホ　アイネ　**フュ**ールング　アオフ　ヤパーニシュ

❏ ツアーの料金はいくらですか．

How much is the tour?

Wie viel kostet die Tour?

ヴィー　**フィ**ール　**コ**ステット　ディー　ト**ゥ**ーア

21 観光・スポーツ観戦

❏ ホテルまで迎えに来てくれますか.

Could you pick me up at the hotel?

Können Sie mich im Hotel abholen?

ケネン ズィー ミヒ イム ホテル アップホーレン

❏ ホテルまで送迎バスがあります.

There are courtesy vans available to get to the hotel and back.

Sie können unsere Busse zum Hotel benutzen.

ズィー ケネン ウンゼレ ブッセ ツム ホテル ベヌッツェン

❏ ツアーはいつ出発しますか.

When will the tour start?

Wann beginnt die Tour?

ヴァン ベギント ディー トゥーア

❏ ツアーはいつホテルに戻りますか.

When will the tour get back to the hotel?

Wann kommt die Gruppe zum Hotel zurück?

ヴァン コムト ディー グルッペ ツム ホテル ツリュック

スポーツ観戦
―― 3対2でドイツがリードしています. ――

❏ どのチームを応援していますか.

Which team do you like the best?

Welche Mannschaft unterstützen Sie?

ヴェルヒェ マンシャフト ウンターシュテュッツェン ズィー

21 観光・スポーツ観戦

❏ 私はボルシア・ドルトムントのファンです．

I am a fan of the Borussia Dortmund.

Ich bin Fan von Borussia Dortmund.

イヒ　ビン　フェン　フォン　ボルシア　ドルトムント

❏ ドイツ対フランスの試合はどこでやるのですか．

Where will the match between Germany and France be held?

Wo findet das Spiel Deutschland gegen Frankreich statt?

ヴォー　フィンデット　ダス　シュピール　ドイチュラント　ゲーゲン　フランクライヒ　シュタット

❏ 試合は何日にありますか．

What day is the match held?

Wann findet das Spiel statt?

ヴァン　フィンデット　ダス　シュピール　シュタット

❏ 試合開始は何時ですか．

What time does the game start?

Wann beginnt das Spiel?

ヴァン　ベギント　ダス　シュピール

❏ 今，何対何ですか．

What is the score now?

Wie steht das Spiel?

ヴィー　シュテート　ダス　シュピール

❏ 3対2でドイツがリードしています．

Germany has a three to two lead.

Deutschland führt drei zu zwei.

ドイチュラント　フュールト　ドライ　ツー　ツヴァイ

21 観光・スポーツ観戦

観光・スポーツ観戦

❏ 1対1の同点です.
It's tied, one to one.
Eins zu eins.
アインス ツー アインス

❏ どのチームが勝ちましたか.
Which team won?
Welche Mannschaft hat gewonnen?
ヴェルヒェ マンシャフト ハット ゲヴォネン

❏ シャルケが勝ちました.
The Schalke won.
Schalke hat gewonnen.
シャルケ ハット ゲヴォネン

❏ 引き分けました.
The match ended in a tie.
Das Spiel ging unentschieden aus.
ダス シュピール ギング ウネントシーデン アオス

❏ フランクフルトが2点リードしています.
Frankfurt is leading by two points.
Frankfurt führt mit zwei Punkten.
フランクフルト フュールト ミット ツヴァイ プンクテン

❏ ハンブルガー SV が1点入れました.
HSV has scored one point.
Der HSV hat einen Punkt gemacht.
デア ハーエスファオ ハット アイネン プンクト ゲマハト

❏ ヤン・ウルリヒが世界新記録を出しました.
Jan Ulrich set a new world record.
Jan Ulrich hat einen neuen Weltrekord aufgestellt.
ヤン ウルリッヒ ハット アイネン ノイエン ヴェルトレコルト アオフゲシュテルト

❏ がんばれ！
Come on! / Hang in there!
Vorwärts!
フォーアヴェルツ

スポーツをする
—— ここでスノーボードはできますか？ ——

❏ サーフィンのできる浜はありますか．
Are there any good beaches for surfing?
Gibt es hier Strände, wo man surfen kann?
ギープト エス ヒーア シュトレンデ ヴォー マン サーフェン カン

❏ ハイキングにいいところはありますか．
Are there any good places to go hiking?
Wo kann man denn hier schön wandern?
ヴォー カン マン デン ヒーア シェーン ヴァンダーン

❏ ここでスノーボードはできますか．
Can you snowboard here?
Kann man hier snowboarden?
カン マン ヒーア スノウボーデン

❏ このあたりは何が釣れますか．
What kind of fish can you catch around here?
Was kann man hier denn angeln?
ヴァス カン マン ヒーア デン アンゲルン

❏ ここは禁漁区域です．
This is a no-fishing area.
Hier ist Angeln nicht erlaubt.
ヒーア イスト アンゲルン ニヒト エアラオプト

21 観光・スポーツ観戦

❏ ここは遊泳禁止です．

Swimming is prohibited here.

Hier ist Schwimmen verboten.

ヒーア イスト シュヴィメン フェアボーテン

❏ 何かスポーツをしますか．

Do you play sports?

Treiben Sie Sport?

トライベン ズィー シュポルト

❏ ゴルフをします．

I play golf.

Ich spiele Golf.

イヒ シュピーレ ゴルフ

❏ スポーツジムに通っています．

I go to a gym.

Ich gehe ins Fitnessstudio.

イヒ ゲーエ インス フィットネスシュトゥーディオ

❏ 市民マラソンに参加します．

I'm running in the city marathon.

Ich nehme am Bürger-Marathonlauf teil.

イヒ ネーメ アム ビュルガー マラトンラオフ タイル

❏ 学生時代，テニスをやっていました．

I played tennis when I was a student.

Ich habe als Student(in) Tennis gespielt.

イヒ ハーベ アルス シュトゥデント(-ティン) テニス ゲシュピールト

❏ 最近は何もしていません．

Lately, I haven't been doing any sports.

Zur Zeit treibe ich keinen Sport.

ツーア ツァイト トライベ イヒ カイネン シュポルト

21 観光・スポーツ観戦

❏ 見るのは好きです．
I (just) like to watch sports.
Ich schaue gern Sport.
イヒ シャオエ ゲルン シュポルト

❏ テニスが好きです．
I like tennis.
Ich mag Tennis.
イヒ マーク テニス

❏ スノーボードには自信があります．
I have confidence in my snowboarding ability.
Ich kann sicher gut snowboarden.
イヒ カン ズィヒャー グート スノウボーデン

❏ サッカー選手にあこがれていました．
I wanted to be a soccer player.
Ich wollte Fußballspieler werden.
イヒ ヴォルテ フースバルシュピーラー ヴェーアデン

■スポーツ■

ドイツで盛んなスポーツとしては，サッカーのほかにラグビー，ハンドボール，自転車競技などがあげられます．一方，野球やゴルフは日本に比べると愛好者が少ないようです．アジアのスポーツである程度知られているのは，柔道，テコンドー，合気道などです．ドイツ人は一般的に言って，大人になってもスポーツを楽しむ人が多いので，話題としても好まれます．好きなスポーツのある人は，それについて少しでも話せるようにしておくとよいでしょう．

21 観光・スポーツ観戦

シミュレーション スポーツバー

サッカーの試合を見ないか？

ペーター・慎吾

ペ サッカーの試合をスポーツバーで見ないか．
Do you want to watch a soccer game in the sports bar?
Wollen wir das Fußballspiel nicht in einer Sportlerkneipe anschauen?
ヴォレン ヴィーア ダス フースバルシュピール ニヒト イン アイナー シュポルトラークナイペ アンシャオエン

土曜にシュトゥットガルト対ブレーメンがある．
There is one game with Stuttgart versus Bremen on Saturday.
Am Samstag spielt Stuttgart gegen Bremen.
アム ザムスターク シュピールト シュトゥットガルト ゲーゲン ブレーメン

慎 どこかいい店を知っているの．
Do you know of any good bars?
Kennst du eine gute Kneipe?
ケンスト ドゥー アイネ グーテ クナイペ

ペ ああ．大きなスクリーンがあってね．
Yeah, they have a big screen.
Ja, es gibt dort einen großen Bildschirm.
ヤー エス ギープト ドルト アイネン グローセン ビルトシルム

客のガラも悪くない．
And the people in the bar aren't that bad.
Die Leute dort sind auch nicht schlecht.
ディー ロイテ ドルト ズィント アオホ ニヒト シュレヒト

[慎] 混まないかな．
Won't it be busy?
Wird es nicht sehr voll sein?
ヴィルト エス ニヒト ゼーア フォル ザイン

[ペ] 早めに行けばだいじょうぶさ．
If we go a little bit earlier, it will be okay.
Wir sollten möglichst früh hingehen. Dann geht das schon.
ヴィーア ゾルテン メークリヒスト フリュー ヒンゲーエン ダン
ゲート ダス ショーン

君はブンデスリーガのチームを知っている？
Do you know any teams of Bundesliga?
Kennst du die Mannschaften der Bundesliga?
ケンスト ドゥー ディー マンシャフテン デア ブンデスリーガ

[慎] ボルシア・ドルトムント．日本人の香川がいるからね．
I know Borussia Dortmund, because Kagawa, a Japanese player, plays for them.
Borussia Dortmund kenne ich, da der Japaner Kagawa dort spielt.
ボルシア ドルトムント ケネ イヒ ダー デア ヤパーナー
カガワ ドルト シュピールト

ペーター[ペ]・慎吾[慎]

ブンデスリーガ観戦

チケットはまだありますか？

正雄 正・店員 店

正 12日のハンブルガー対ベルリン戦のチケットはまだありますか．

Is the Hamburger SV vs Berlin game on 12th still available to watch?

Haben Sie noch Karten für das Spiel Hamburg gegen Berlin am 12.?

ハーベン ズィー ノッホ カルテン フューア ダス シュピール ハンブルク ゲーゲン ベルリーン アム ツヴェルフテン

2枚ください．
Two please.
Zwei Karten bitte.
ツヴァイ カルテン ビッテ

店 60ユーロになります．
60 Euro, please.
60 Euro, bitte.
ゼヒツィヒ オイロ ビッテ

正 ええと，何時開始でしたっけ．
Well, when does the game start?
Also, wann beginnt das Spiel denn?
アルゾ ヴァン ベギント ダス シュピール デン

店 19 時です．早めに行ったほうがいいですよ．
It starts at seven o'clock. You should go in a little bit earlier.
Um 19 Uhr. Es wäre besser, möglichst früh hinzugehen.
ウム ノインツェーン ウーア エス ヴェーレ ベッサー メークリヒスト フリューヒンツーゲーエン

正 スタジアムまでどこからバスが出ていますか．
Where can I get a bus to the stadium?
Von wo fährt ein Bus zum Stadion?
フォン ヴォー フェーアト アイン ブス ツム シュターディオン

店 中央駅です．この地図をごらんなさい．
(At) Central Station. Look at the map.
Vom Hauptbahnhof. Sehen Sie bitte auf den Stadtplan hier.
フォム ハオプトバーンホーフ ゼーエン ズィー ビッテ アオフ デン シュタットプラーン ヒーア

試合後も中央駅までバスが出ていますよ．
There's a bus for the Central Station available after the game.
Nach dem Spiel fährt auch wieder ein Bus bis zum Hauptbahnhof.
ナーハ デム シュピール フェーアト アオホ ヴィーダー アイン ブス ビス ツム ハオプトバーンホーフ

正 ありがとう．
Thank you.
Vielen Dank.
フィーレン ダンク

美術館で

この人の絵が大好き！

恵理・ペーター・慎吾

恵 ゲルハルト・リヒターの本物を見るのは初めてよ．
It's my first time seeing a real Gerhard Richter.
Ein echtes Gerhard-Richter-Bild sehe ich zum ersten Mal.
アイン エヒテス ゲーアハルト リヒター ビルト ゼーエ イヒ
ツム エーアステン マール

ペ 日本でも有名なの？
Is he famous in Japan?
Ist er auch in Japan berühmt?
イスト エア アオホ イン ヤーパン ベリュームト

恵 現代芸術をやっている人の間では有名よ．
He is famous among modern art people.
Unter modernen Künstlern ist er sehr bekannt.
ウンター モデルネン キュンストラーン イスト エア ゼーア ベカント

慎 へえ，芸術ってフランスが有名なんだと思っていた．
I thought France was famous for art.
Also, ich hätte die französische Kunst für berühmter gehalten.
アルゾ イヒ ヘッテ ディー フランツェーズィシェ クンスト フューア
ベリュームター ゲハルテン

恵理・恵・ペーター・ペ・慎吾・慎・ハネ・ハ

恵 それは昔のこと．今はドイツとアメリカがおもしろいのよ．

It was. But now people are interested in the German and American art.

Das war früher so. Jetzt interessiert man sich mehr für die deutsche und amerikanische Kunst.

ダス ヴァール フリューアー ゾー イェッット インテレスィーアト マン ズィヒ メーア フューア ディー ドイチェ ウント アメリカーニシェ クンスト

慎 ああ，これは見たことがあるな．誰？

Oh, I've ever seen this before. Who painted it?

Aha, das habe ich schon gesehen. Von wem ist das?

アハ ダス ハーベ イヒ ショーン ゲゼーエン フォン ヴェーム イスト ダス

ハ マックス・エルンストよ．私この人の絵が大好き．

Max Ernst. I love his works.

Von Max Ernst. Ich mag seine Bilder sehr.

フォン マックス エルンスト イヒ マーク ザイネ ビルダー ゼーア

世紀末のウィーン

ワルツの都

エマ・由紀子

エ ウィーンに行くのですか？
Are you going to Vienna?
Fahren Sie nach Wien?
ファーレン ズィー ナーハ ヴィーン

由 ええ．とても行きたかった町なんです．
Yes, it is where I've been wanting to go.
Ja, ich wollte unbedingt einmal dorthin fahren.
ヤー イヒ ヴォルテ ウンベディンクト アインマール ドルトヒン ファーレン

エ ウィーンはワルツの都ですものね．
Vienna is the city of the Waltz.
Wien ist die Stadt des Walzers.
ヴィーン イスト ディー シュタット デス ヴァルツァース

由 ふふふ．私が興味あるのはフロイトなのよ．
Ha, I'm interested in Freud.
Hm, aber ich interessiere mich eher für Freud.
フム アーバー イヒ インテレスィーレ ミヒ エーアー フューア フロイト

エ おやまあ．フロイトはウィーンにいたんですか？
Really? Was Freud in Vienna?
Ach wirklich? Freud hat in Wien gelebt?
アッハ ヴィルクリヒ フロイト ハット イン ヴィーン ゲレープト

由 そう. 19世紀末のウィーンは性の話でもちきりだったんですよ.
Yes. In the 19th century, sex was the talk of Vienna.
Ja, und im Wien des 19. Jahrhunderts wurde oft über Sex gesprochen.
ヤー ウント イム ヴィーン デス ノインツェーンテン ヤールフンダーツ ヴルデ オフト ユーバー ゼクス ゲシュプロッヘン

それからクリムトの絵にも関心があります.
Also I am interested in Klimt's paintings.
Ich habe auch Interesse an den Bildern von Klimt.
イヒ ハーベ アオホ インテレッセ アン デン ビルダーン フォン クリムト

エ たしかに彼の絵はフロイト的ね.
His work is Freudian for sure.
An seinen Bildern ist sicherlich etwas Freudsches.
アン ザイネン ビルダーン イスト ズィヒャーリヒ エトヴァス フロイトシェス

ウィーンで新しい魅力が発見できたらいいですね.
I hope you can find out some new attractions in Vienna.
Hoffentlich können Sie in Wien einen neuen Aspekt seiner Bilder entdecken.
ホッフェントリヒ ケネン ズィー イン ヴィーン アイネン ノイエン アスペクト ザイナー ビルダー エントデッケン

エマ **エ** ・由紀子 **由**

[シミュレーション] ベルリン・フィル

クラシックはお好きですか？

ハンス[ハ]・由紀子[由]

[ハ] たしかウィーン国立歌劇場の小沢征爾が日本人じゃなかったかな.

Seiji Ozawa, who belongs to the Vienna State Opera, is Japanese, am I right?

Seiji Ozawa, der Musikdirektor der Wiener Staatsoper ist Japaner, nicht wahr?

セイジ オザワ デア ムズィークディレクトーア デア ヴィーナー シュターツオーパー イスト ヤパーナー ニヒト ヴァール

[由] そうです. 彼はアメリカに長くいました.

Yes. He lived in the United States for a long time.

Ja, er hat lange in den USA gelebt.

ヤー エア ハット ランゲ イン デン ウーエスアー ゲレープト

[ハ] ところで, クラシックはお好きですか.

By the way, do you like classical music?

Hören Sie übrigens gern klassische Musik?

ヘーレン ズィー ユーブリゲンス ゲルン クラッスィッシェ ムズィーク

[由] それはもう.

Yes, sure.

Ja, sehr gern.

ヤー ゼーア ゲルン

私がドイツに憧れた理由の一つですから．

It's one of the reasons why I wanted to come to Germany.

Es ist einer der Gründe dafür, warum mich Deutschland so faszinierte.

エス イスト アイナー デア グリュンデ ダフューア ヴァルム ミヒ ドイチュラント ゾー ファスツィニーアテ

ハ ベルリン・フィルでマーラーをやるそうです．

The Berlin Philharmonic will play Mahler.

Die Berliner Philharmoniker spielen Mahler.

ディー ベルリーナー フィルハルモニカー シュピーレン マーラー

私ども夫婦といっしょに聴きに行きませんか．

Would you like to come with us and listen to them?

Wir gehen ins Konzert. Kommen Sie auch mit?

ヴィーア ゲーエン インス コンツェルト コメン ズィー アオホ ミット

由 まあ，すてきですね．指揮者は誰ですか．

That sounds great. Who is the conductor?

Schön. Wer dirigiert?

シェーン ヴェア ディリギーアト

ハ サイモン・ラトルです．英国人ですよ．

Simon Rattle. He is an Englishman.

Sir Simon Rattle. Ein Engländer.

サー サイモン ラトル アイン エングレンダー

第22章 食事

食事に誘う
— 食事に行きませんか？ —

❏ お腹がすきました． / のどが渇きました．
I'm hungry./ I'm thirsty.
Ich habe Hunger./ Ich habe Durst.
イヒ ハーベ フンガー／イヒ ハーベ ドゥルスト

❏ 喫茶店で休みましょう．
Let's rest at a coffee shop.
Wollen wir mal im Café Pause machen?
ヴォレン ヴィーア マール イム カフェー パオゼ マッヘン

❏ お昼は何を食べましょうか．
What shall we eat for lunch?
Was wollen wir zu Mittag essen?
ヴァス ヴォレン ヴィーア ツー ミッターク エッセン

❏ 食事に行きませんか．
Shall we go and eat together?
Gehen wir zusammen essen?
ゲーエン ヴィーア ツザメン エッセン

❏ 中華料理はどうですか．
How about Chinese food?
Wie wäre es mit chinesischem Essen?
ヴィー ヴェーレ エス ミット ヒネーズィシェム エッセン

❏ 何か食べたいものはありますか.

Is there anything you'd like to eat?

Wollen Sie was Bestimmtes essen?

ヴォレン ズィー ヴァス ベシュティムテス エッセン

❏ 嫌いなものはありますか.

Is there anything you don't like to eat?

Gibt es etwas, was Sie nicht essen?

ギープト エス エトヴァス ヴァス ズィー ニヒト エッセン

❏ なんでもだいじょうぶです.

Anything's OK.

Ich esse alles.

イヒ エッセ アレス

❏ あまり辛いものは苦手です.

I can't eat anything too spicy.

Zu scharfes Essen mag ich nicht.

ツー シャルフェス エッセン マーク イヒ ニヒト

❏ いいレストランを教えてくれませんか.

Could you recommend a good restaurant?

Können Sie mir bitte ein gutes Restaurant empfehlen?

ケネン ズィー ミーア ビッテ アイン グーテス レストラーン エンプフェーレン

❏ この店はおいしくて値段も手ごろです.

The food in this restaurant is good and the prices aren't bad.

Das Essen in diesem Restaurant ist gut und preisgünstig.

ダス エッセン イン ディーゼム レストラーン イスト グート ウント プライスギュンスティヒ

❏ ごちそうしますよ．

I'll treat you.

Ich lade Sie ein.

イヒ ラーデ ズィー アイン

レストランに入るときの表現
―― どのくらい待ちますか？ ――

❏ 6時から3名で予約をお願いします．

I'd like to make a reservation for three persons at six o'clock.

Ich möchte einen Tisch für drei Personen um sechs Uhr reservieren lassen.

イヒ メヒテ アイネン ティッシュ フューア ドライ ペルゾーネン ウム ゼクス ウーア レゼルヴィーレン ラッセン

❏ どのくらい待ちますか．

How long will we have to wait?

Wie lange müssen wir warten?

ヴィー ランゲ ミュッセン ヴィーア ヴァルテン

❏ ここにお名前を書いてください．

Please put your name down here.

Bitte schreiben Sie hier Ihren Namen hin.

ビッテ シュライベン ズィー ヒーア イーレン ナーメン ヒン

❏ (ボーイが客に) テラス席でよろしいですか．

Will the terrace seat be all right for you?

Ist Ihnen der Platz auf der Terrasse recht?

イスト イーネン デア プラッツ アオフ デア テラッセ レヒト

❏ 7時に予約をしました.

I have a reservation for seven o'clock.

Ich habe für sieben Uhr reservieren lassen.

イヒ　ハーベ　フューア　ズィーベン　ウーア　レゼルヴィーレン　ラッセン

❏ 2人です.

Do you have a table for two?

Für zwei Personen.

フューア　ツヴァイ　ペルゾーネン

❏ 喫煙席がよろしいですか.

Would you prefer a smoking table?

Möchten Sie einen Tisch für Raucher?

メヒテン　ズィー　アイネン　ティッシュ　フューア　ラオハー

❏ たばこをお吸いになりますか.

Would you like to smoke?

Rauchen Sie?

ラオヘン　ズィー

❏ 禁煙席をお願いします.

Nonsmoking please.

Für Nichtraucher, bitte.

フューア　ニヒトラオハー　ビッテ

❏ どこでたばこが吸えますか.

Where can I smoke?

Wo darf ich rauchen?

ヴォー　ダルフ　イヒ　ラオヘン

❏ こちらへどうぞ.

Right this way please.

Bitte, hierher.

ビッテ　ヒーアヘーア

❏ この席はあいていますか.
> Is this seat taken?
>
> **Ist dieser Platz frei?**
>
> イスト ディーザー プラッツ フライ

注文する
―― 本日のスープは何ですか？ ――

❏ メニューを見せてください.
> Could I have a menu, please?
>
> **Kann ich die Speisekarte haben?**
>
> カン イヒ ディー シュパイゼカルテ ハーベン

❏ ご注文をどうぞ.
> May I take your order?
>
> **Was möchten Sie bestellen?**
>
> ヴァス メヒテン ズィー ベシュテレン

❏ お勧めはなんですか.
> What do you recommend?
>
> **Was empfehlen Sie?**
>
> ヴァス エンプフェーレン ズィー

❏ この店の自慢料理は何ですか.
> What's your specialty?
>
> **Was ist die Spezialität des Hauses?**
>
> ヴァス イスト ディー シュペツィアリテート デス ハオゼス

❏ 本日のスープは何ですか.
> What's the soup of the day?
>
> **Was ist die Tagessuppe heute?**
>
> ヴァス イスト ディー ターゲスズッペ ホイテ

> ### ■本日のランチ■
>
> 昼食の時間には多くのレストランが Tagesessen, Menü（本日のランチ）を用意しています．迷ったときには試してみるといいでしょう．また，Unsere Angebote von heute（おすすめメニュー）もいいかもしれません．

□ ハム・ソーセージの盛り合わせをください．
　I'd like a ham and sausage plate, please.
　Ich hätte gern eine Schinken-Wurst-Platte.
　イヒ　ヘッテ　ゲルン　アイネ　シンケンヴルストプラッテ

□ 魚にします．
　I'd like the fish.
　Ich nehme den Fisch.
　イヒ　ネーメ　デン　フィッシュ

□ ステーキの焼き具合はどのようにしましょうか．
　How would you like your steak?
　Wie möchten Sie Ihr Steak?
　ヴィー　メヒテン　ズィー　イーア　ステーク

□ ミディアム [レア，ウエルダン] にしてください．
　Medium [Rare, Well-done], please.
　Medium [Englisch, Durchgebraten], bitte.
　ミーディエム　[エングリシュ，ドゥルヒゲブラーテン]　ビッテ

□ ミックスサラダもください．
　I'd like a mixed salad too, please.
　Ich hätte gern auch einen gemischten Salat.
　イヒ　ヘッテ　ゲルン　アオホ　アイネン　ゲミッシュテン　ザラート

食事の途中で
—— 小皿を持ってきてください. ——

- 小皿を持ってきてください.
  Please bring a small plate.
  Bringen Sie mir bitte noch einen kleinen Teller.
  ブリンゲン ズィー ミーア ビッテ ノッホ アイネン クライネン テラー

- お水をいただけますか.
  I'd like a glass of water.
  Kann ich bitte ein Glas Wasser haben?
  カン イヒ ビッテ アイン グラース ヴァッサー ハーベン

- ナイフをいただけますか.
  Give me a knife.
  Kann ich bitte ein Messer haben?
  カン イヒ ビッテ アイン メッサー ハーベン

レストランでの苦情
—— 頼んだものがまだ来ません. ——

- これは注文していません.
  I didn't order this.
  Ich glaube, das habe ich nicht bestellt.
  イヒ グラオベ ダス ハーベ イヒ ニヒト ベシュテルト

- 私が頼んだのは子羊のフィレです.
  I ordered the lamb fillet.
  Ich habe Kalbsfilet bestellt.
  イヒ ハーベ カルプスフィレー ベシュテルト

❏ 頼んだものがまだ来ません．

Our order hasn't come yet.

Ich habe meine Bestellung noch nicht bekommen.

イヒ　ハーベ　マイネ　ベシュテルング　ノッホ　ニヒト　ベコメン

❏ 確認してまいります．

I'll go check.

Ich möchte nochmals nachfragen.

イヒ　メヒテ　ノッホマールス　ナーハフラーゲン

❏ 申し訳ございません．

I'm very sorry.

Es tut mir Leid.

エス　トゥート　ミーア　ライト

❏ もうしばらくお待ちください．

Please wait a moment.

Bitte warten Sie einen Augenblick.

ビッテ　ヴァルテン　ズィー　アイネン　アオゲンブリック

お酒を飲む
―― ワインをグラスでください． ――

❏ 飲み物は何がいいですか．

What would you like to drink?

Was möchten Sie trinken?

ヴァス　メヒテン　ズィー　トリンケン

❏ ワインリストはありますか．

Do you have a wine list?

Haben Sie eine Weinkarte?

ハーベン　ズィー　アイネ　ヴァインカルテ

ワインをグラスでください.

A glass of wine, please.

Ich hätte gern ein Glas Wein.

イヒ ヘッテ ゲルン アイン グラース ヴァイン

アルコールはだめなんです.

I don't drink.

Ich trinke keinen Alkohol.

イヒ トリンケ カイネン アルコホール

一口ならいただきます.

I'll have a sip.

Ich trinke heute mal ein Glas.

イヒ トリンケ ホイテ マール アイン グラース

乾杯!

Cheers!

Prost! / Zum Wohl!

プロースト/ツム ヴォール

■乾杯■

Prost! はビールのとき,Zum Wohl! はワインやシャンパンのときと決まっています.ドイツ人の多くは「ちゃんぽん」をしません.ホームパーティーでは,アルコールの苦手な人のために,水やジュースも用意してあります.

デザートを注文する
―― 私はアイスクリームにします． ――

❏ デザートには何がありますか．
What do you have for dessert?
Was haben Sie als Nachtisch?
ヴァス　ハーベン　ズィー　アルス　ナーハティッシュ

❏ 私はアイスクリームにします．
I'd like some ice cream.
Ich hätte gern ein Eis.
イヒ　ヘッテ　ゲルン　アイン　アイス

❏ お腹が一杯でデザートは入りません．
I'm so full I don't need dessert.
Ich bin zu satt für einen Nachtisch.
イヒ　ビン　ツー　ザット　フューア　アイネン　ナーハティッシュ

❏ コーヒーはブラックがいいです．
I'd like my coffee black.
Ich trinke den Kaffee schwarz.
イヒ　トリンケ　デン　カフェ　シュヴァルツ

支払いのときの表現
―― お勘定をお願いします． ――

❏ 割り勘にしましょう．
Let's split the bill.
Wir teilen die Rechnung.
ヴィーア　タイレン　ディー　レヒヌング

❏ お勘定をお願いします．
>   Check, please.
>   **Zahlen, bitte.**
>   ツァーレン ビッテ

❏ クレジットカードでお願いします．
>   By credit card, please.
>   **Mit Kreditkarte, bitte.**
>   ミット クレディートカルテ ビッテ

❏ カードはご使用になれません．
>   You can't use a card.
>   **Keine Kreditkarte.**
>   カイネ クレディートカルテ

❏ 現金でお願いします．
>   Cash please.
>   **Ich möchte bar zahlen.**
>   イヒ メヒテ バール ツァーレン

❏ 計算が間違っています．
>   This was added up wrong.
>   **Die Rechnung stimmt so nicht.**
>   ディー レヒヌング シュティムト ゾー ニヒト

❏ 請求額が高すぎます．
>   This bill is too much.
>   **Die Summe ist zu hoch.**
>   ディー ズメ イスト ツー ホーホ

❏ おつりが足りません．
>   This is not the correct change.
>   **Das Wechselgeld stimmt so nicht.**
>   ダス ヴェクセルゲルト シュティムト ゾー ニヒト

- [ ] 100 ユーロ札を渡しました．

  I gave you a 100 euro bill.

  Ich habe Ihnen doch einen 100-Euro Schein gegeben.

  イヒ ハーベ イーネン ドッホ アイネン フンダート オイロ シャイン ゲゲーベン

ファーストフードを注文するときの表現
—— ここで食べます．——

- [ ] テイクアウトでハンバーガー2個をお願いします．

  Two hamburgers to go, please.

  Bitte zwei Hamburger zum Mitnehmen.

  ビッテ ツヴァイ ハンブルガー ツム ミットネーメン

- [ ] マスタード抜きにしてください．

  Hold the mustard, please.

  Ohne Senf, bitte.

  オーネ ゼンフ ビッテ

- [ ] ホットドッグとオレンジジュースをください．

  A hot dog and an orange juice, please.

  Ein Hotdog und einen Orangensaft, bitte.

  アイン ホットドック ウント アイネン オラーンジェンザフト ビッテ

- [ ] スモール[ミディアム，ラージ]をお願いします．

  A small [medium, large], please.

  Klein [Mittel, Groß], bitte.

  クライン [ミッテル, グロース] ビッテ

- [ ] 氷は入れないでください．

  No ice, please.

  Ohne Eiswürfel, bitte.

  オーネ アイスヴュルフェル ビッテ

22 食事

- ❏ ここで食べます.

    I'll eat it here.

    Ich esse hier.

    イヒ エッセ ヒーア

- ❏ 持ち帰ります.

    I'd like this to go.

    Zum Mitnehmen, bitte.

    ツム ミットネーメン ビッテ

食事の途中の会話
── どうやって食べるんですか？ ──

- ❏ 冷めないうちに召し上がれ.

    Eat it before it gets cold.

    Essen Sie doch, bevor es kalt wird.

    エッセン ズィー ドッホ ベフォーア エス **カルト ヴィルト**

- ❏ たくさん召し上がってください.

    Please have as much as you'd like.

    Greifen Sie doch zu!

    グライフェン ズィー ドッホ ツー

- ❏ お口に合えばいいのですが.

    I don't know whether you'll like it, but...

    Ich hoffe, dass es Ihnen schmeckt.

    イヒ **ホッフェ** ダス エス イーネン シュメックト

- ❏ すごいごちそうですね.

    Wow, what a treat!

    Oh, was für ein Festessen.

    オー **ヴァス** フューア アイン **フェストエッセン**

22 食事

- ❏ わあ．いい香り．
  Wow. Nice smell.
  Oh, das riecht gut.
  オー ダス リーヒト グート

- ❏ おいしいです！
  Delicious!
  Lecker!
  レッカー

- ❏ これ，大好物なんです．
  This is my favorite.
  Das ist mein Lieblingsgericht.
  ダス イスト マイン リープリングスゲリヒト

- ❏ サラダを自分でお取りください．
  Help yourself to the salad.
  Nehmen Sie sich doch von dem Salat.
  ネーメン ズィー ズィヒ ドッホ フォン デム ザラート

- ❏ スープの味はいかがですか．
  What do you think of the soup?
  Wie schmeckt Ihnen die Suppe?
  ヴィー シュメックト イーネン ディー ズッペ

- ❏ これは何ですか．
  What is this?
  Was ist das?
  ヴァス イスト ダス

- ❏ どうやって食べるんですか．
  How do you eat this?
  Wie isst man das denn?
  ヴィー イスト マン ダス デン

22 食事

❏ 手で持ってもいいんですか.
   Can I hold it in my hand?
   Kann ich das mit der Hand essen?
   カン イヒ ダス ミット デア ハント エッセン

❏ こうやって食べるんです.
   You eat it like this.
   Schauen Sie mal! Sie essen das so.
   シャオエン ズィー マール ズィー エッセン ダス ゾー

❏ これも食べられますか.
   Can you eat this too?
   Kann man das auch essen?
   カン マン ダス アオホ エッセン

❏ それは飾りです.
   That's a decoration.
   Das ist nur Dekoration.
   ダス イスト ヌーア デコラツィオーン

❏ それは食べられません.
   We don't eat that.
   Das hier können Sie nicht essen.
   ダス ヒーア ケネン ズィー ニヒト エッセン

❏ フォアグラを食べるのは初めてです.
   This is my first time eating foie gras.
   Ich esse zum ersten Mal Gänseleber.
   イヒ エッセ ツム エーアステン マール ゲンゼレーバー

❏ ごめんなさい,これはちょっと食べられません.
   I'm sorry, but I can't eat this.
   Es tut mir Leid, aber das esse ich nicht.
   エス トゥート ミーア ライト アーバー ダス エッセ イヒ ニヒト

22 食事

- ❑ アレルギーが出るんです．

    I'll have an allergic reaction.

    Ich habe eine Allergie.

    イヒ　ハーベ　アイネ　アレルギー

- ❑ おかわりをどうぞ．

    How about another helping [refill]?

    Wie wäre es mit einer zweiten Portion?

    ヴィー　ヴェーレ　エス　ミット　アイナー　ツヴァイテン　ポルツィオーン

- ❑ もう十分いただきました．

    I've already had enough.

    Ich habe genug gegessen, danke.

    イヒ　ハーベ　ゲヌーク　ゲゲッセン　ダンケ

- ❑ お腹が一杯です．

    I'm full.

    Ich bin vollkommen satt.

    イヒ　ビン　フォルコメン　ザット

- ❑ たいへんおいしかったです，ごちそうさま．

    The meal was delicious, thank you.

    Es hat mir sehr gut geschmeckt, vielen Dank.

    エス　ハット　ミーア　ゼーア　グート　ゲシュメックト　フィーレン　ダンク

- ❑ 気に入ってもらえてうれしいです．

    I'm glad you liked it.

    Ich freue mich sehr, dass es Ihnen so gut geschmeckt hat.

    イヒ　フロイエ　ミヒ　ゼーア　ダス　エス　イーネン　ゾー　グート　ゲシュメックト　ハット

レストラン

豚のローストにしようかな？

ペ 予約をしてあります．ブラントです．
I made a reservation. My name is Brandt.
Ich habe einen Tisch reserviert. Unter dem Namen Brandt.
イヒ ハーベ アイネン **ティッシュ** レゼル**ヴィ**ーアト ウンター デム **ナー**メン ブラント

店 こちらへどうぞ．
Please come this way.
Bitte, hier entlang.
ビッテ ヒーア エント**ラ**ング

ペ 窓側にすわりたまえ．
You take the window seat.
Setz dich doch ans Fenster.
ゼッツ ディヒ ドッホ アンス **フェ**ンスター

恵 ありがとう．
Thank you.
Danke.
ダンケ

メニューをください．
Can I see the menu?
Die Speisekarte bitte!
ディー シュ**パ**イゼカルテ ビッテ

ペーター ペ ・ 店員 店 ・ 恵理 恵

🅟 ここの店は肉料理がおいしいんだ.
The meat is good here.
In diesem Restaurant schmecken alle Fleischgerichte sehr gut.
イン ディーゼム レストラーン シュメッケン アレ フライシュゲリヒテ ゼーア グート

僕は豚のローストにしようかな.
I am thinking about ordering roast pork.
Dann nehme ich den Schweinebraten.
ダン ネーメ イヒ デン シュヴァイネブラーテン

🅔 私はフランクフルトソーセージ.
Can I have the Frankfurter sausage?
Ich nehme Frankfurter Würstchen.
イヒ ネーメ フランクフルター ヴュルストヒェン

🅟 サラダと本日のスープを2人前.
Can we have salad and today's soup for two?
Salat und Tagessuppe für zwei Personen.
ザラート ウント ターゲスズッペ フーア ツヴァイ ペルゾーネン

それから赤ワインを1本.
Then, one bottle of red wine.
Dazu eine Flasche Rotwein.
ダーツー アイネ フラッシェ ロートヴァイン

🅟 かしこまりました. パンをどうぞ.
I'll take your order now. Would you like some bread?
Gern. Hier ist auch Brot.
ゲルン ヒーア イスト アオホ ブロート

ペーター🅟・店員🅟・恵理🅔

シミュレーション オクトーバーフェスト

ビールを飲むんです．

正雄・フランツ・店員

正 今日はなにかお祭りの日ですか？
Is it some kind of festival today?
Findet heute ein Fest statt?
フィンデット ホイテ アイン フェスト シュタット

フ オクトーバーフェストですよ．
It's Oktoberfest.
Gerade ist das Oktoberfest.
ゲラーデ イスト ダス オクトーバーフェスト

毎年9月から10月に，みんなでビールを飲むんです．
In September and October, everyone drinks beer.
Jedes Jahr wird hier im September und Oktober Bier getrunken.
イェーデス ヤール ヴィルト ヒーア イム ゼプテンバー ウント オクトーバー ビーア ゲトルンケン

2杯ください．
Two beers, please.
Zwei Bier, bitte.
ツヴァイ ビーア ビッテ

店 かしこまりました．
Okay.
Gern.
ゲルン

正 かわいい衣装ですね． これは民族衣装？
The costume is pretty. Is it a traditional one?
Ein sehr hübsches Kostüm. Ist das eine Tracht?
アイン ゼーア ヒュプシェス コステューム イスト ダス アイネ トラハト

フ バイエルンの娘の服装です．
It is a Bavarian girls costume.
Bayerische Kleidung für Mädchen.
バイエリシェ クライドゥング フューア メートヒェン

正 わあ，大きなジョッキだなあ．
Wow, that is a huge schooner.
Mein Gott, das ist aber ein großer Krug!
マイン ゴット ダス イスト アーバー アイン グローサー クルーク

フ これで驚いちゃいけません．
You shouldn't be surprised at this.
Das ist noch gar nichts.
ダス イスト ノッホ ガール ニヒツ

これの倍もあるジョッキで飲むこともあるんだから．
People drink schooners that hold twice as much as this.
Man trinkt manchmal aus einem doppelt so großen Krug.
マン トリンクト マンヒマール アオス アイネム ドッペルト ゾー グローセン クルーク

フ では，健康を祝して，乾杯！
To our health. Cheers!
Also dann, auf die Gesundheit. Prost!
アルゾ ダン アオフ ディー ゲズントハイト プロースト

正雄 正 ・フランツ フ ・店員 店

シミュレーション 友人の家での食事

乾杯をしよう！

エ 食事にしましょう．
Let's start eating now.
Essen wir!
エッセン ヴィーア

正 すごいごちそうですね．
What a feast!
Das sieht ja wirklich köstlich aus.
ダス ズィート ヤー ヴィルクリヒ ケストリヒ アオス

エ フランツが手伝ってくれました．
Franz helped me (out).
Franz hat mir geholfen.
フランツ ハット ミーア ゲホルフェン

フ 乾杯をしよう．
Let's make a toast.
Lass uns anstoßen!
ラス ウンス アンシュトーセン

再会を祝して，カンパーイ．
To celebrate our reunion. Cheers!
Auf unser Wiedersehen. Zum Wohl!
アオフ ウンザー ヴィーダーゼーエン ツム ヴォール

正 ああ，おいしいワインだ．
Oh, this wine is good.
Der Wein ist sehr gut.
デア ヴァイン イスト ゼーア グート

エ 日本にもワインはありますか？
Do you have wine in Japan as well?
Gibt es in Japan auch Wein?
ギープト エス イン ヤーパン アオホ ヴァイン

正 ありますよ.
Yes(, we have).
Ja.
ヤー

フ 寿司のときは何を飲みますか.
What (kind of alcohol) do you drink with sushi?
Was trinkt man zu Sushi?
ヴァス トリンクト マン ツー ズーシ

正 日本酒です. でも, ビールも飲みます.
Sake. But, we drink beer too.
Japanischen Reiswein. Man trinkt aber auch Bier.
ヤパーニシェン ライスヴァイン マン トリンクト アーバー アオホ ビーア

エマ, あなたがお飲みになっているのは何ですか.
Emma, what are you drinking now?
Emma, was trinken Sie?
エマ ヴァス トリンケン ズィー

エ これはレモネード. 私はお酒が飲めないんです.
This is lemonade. I don't drink any alcohol.
Das ist Limonade. Ich trinke keinen Alkohol.
ダス イスト リモナーデ イヒ トリンケ カイネン アルコホール

単語 味　der Geschmack /ゲシュマック/

おいしい　lecker /レッカー/ (㊎nice, delicious)
まずい　schlecht /シュレヒト/ (㊎not good)
甘い　süß /ズュース/ (㊎sweet)
辛い　scharf /シャルフ/ (㊎hot)
苦い　bitter /ビッター/ (㊎bitter)
酸っぱい　sauer /ザオアー/ (㊎sour)
塩辛い　salzig /ザルツィヒ/ (㊎salty)
濃い　stark /シュタルク/ (㊎thick, strong)
薄い　schwach /シュヴァッハ/ (㊎weak)
軽い　leicht /ライヒト/ (㊎light)
重い　schwer /シュヴェーア/ (㊎heavy)

単語 肉　das Fleisch /フライシュ/

牛肉　das Rindfleisch /リントフライシュ/ (㊎beef)
子牛　das Kalb /カルプ/ (㊎veal)
豚肉　das Schweinefleisch /シュヴァイネフライシュ/ (㊎pork)
鶏肉　das Hühnerfleisch /ヒューナーフライシュ/ (㊎chicken)
羊の肉　das Hammelfleisch /ハメルフライシュ/ (㊎mutton)
子羊の肉　das Lamm /ラム/ (㊎lamb)
カモ　die Ente /エンテ/ (㊎duck)
七面鳥　der Puter /プーター/ (㊎turkey)
ひき肉　das Hackfleisch /ハックフライシュ/ (㊎ground meat)
ヒレ肉　das Filet /フィレー/ (㊎fillet)
リブ　das Rippenstück /リッペンシュテュック/ (㊎rib)
鶏のもも肉　der Schenkel /シェンケル/ (㊎thigh)
ハム　der Schinken /シンケン/ (㊎ham)
ソーセージ　die Wurst /ヴルスト/ (㊎sausage)
ベーコン　der Speck /シュペック/ (㊎bacon)
サラミ　die Salami /ザラーミ/ (㊎salami)

単語 野菜 *das* **Gemüse**/ゲミューゼ/

キュウリ　*die* **Gurke**/グルケ/(㊦cucumber)
ナス　*die* **Aubergine**/オベルジーネ/(㊦eggplant, aubergine)
ニンジン　*die* **Karotte**/カロッテ/(㊦carrot)
ジャガ芋　*die* **Kartoffel**/カルトッフェル/(㊦potato)
カボチャ　*der* **Kürbis**/キュルビス/(㊦pumpkin)
ホウレンソウ　*der* **Spinat**/シュピナート/(㊦spinach)
タマネギ　*die* **Zwiebel**/ツヴィーベル/(㊦onion)
サヤインゲン　*die* **Stangenbohne**/シュタンゲンボーネ/(㊦green bean)
エンドウ豆　*die* **Erbse**/エルプセ/(㊦pea)
ニンニク　*der* **Knoblauch**/クノープラオホ/(㊦garlic)
トマト　*die* **Tomate**/トマーテ/(㊦tomato)
ピーマン　*der* **Paprika**/パプリカ/(㊦green pepper)
キャベツ　*der* **Kohl**/コール/(㊦cabbage)
芽キャベツ　*der* **Rosenkohl**/ローゼンコール/(㊦Brussels sprouts)
レタス　*der* **Kopfsalat**/コプフザラート/(㊦lettuce)
アスパラガス　*der* **Spargel**/シュパルゲル/(㊦asparagus)
カリフラワー　*der* **Blumenkohl**/ブルーメンコール/(㊦cauliflower)
ブロッコリー　*die* **Brokkoli**/ブロッコリ/(㊦broccoli)
セロリ　*der* **Sellerie**/ゼレリ/(㊦celery)
パセリ　*die* **Petersilie**/ペーターズィーリエ/(㊦parsley)
トウモロコシ　*der* **Mais**/マイス/(㊦corn)
キノコ　*der* **Pilz**/ピルツ/(㊦mushroom)
バジル　*das* **Basilikum**/バズィーリクム/(㊦basil)
クレソン　*die* **Kresse**/クレッセ/(㊦watercress)
オリーブ　*die* **Olive**/オリーヴェ/(㊦olive)

22 食事

単語 魚 *der* **Fisch**/フィッシ/

イワシ　*die* **Sardine**/ザルディーネ/(㊁sardine)
アンチョビ　*die* **Sardelle**/ザルデレ/(㊁anchovy)
サケ　*der* **Lachs**/ラクス/(㊁salmon)
マグロ　*der* **Thunfisch**/トゥーンフィッシュ/(㊁tuna)
マス　*die* **Forelle**/フォレレ/(㊁trout)
タラ　*der* **Kabeljau**/カーベルヤオ/(㊁codfish)
サバ　*die* **Makrele**/マクレーレ/(㊁mackerel)
舌ビラメ　*die* **Seezunge**/ゼーツンゲ/(㊁sole)
ニシン　*der* **Hering**/ヘーリング/(㊁herring)
タコ　*der* **Achtfüßer**/アハトフューサー/(㊁octopus)
イカ　*der* **Tintenfisch**/ティンテンフィッシュ/(㊁cuttlefish)
エビ　*die* **Garnele**/ガルネレ/(㊁shrimp, prawn)
ロブスター　*der* **Hummer**/フマー/(㊁lobster)
カニ　*die* **Krabbe**/クラッベ/(㊁crab)
ザリガニ　*der* **Krebs**/クレープス/(㊁crayfish)
ハマグリ　*die* **Venusmuschel**/ヴェーヌスムッシェル/(㊁clam)
ムール貝　*die* **Miesmuschel**/ミースムッシェル/(㊁mussel)
カキ　*die* **Auster**/アオスター/(㊁oyster)
ホタテ貝　*die* **Kammuschel**/カムムッシェル/(㊁scallop)

単語 調味料 *das* **Gewürz**/ゲヴュルツ/

塩　*das* **Salz**/ザルツ/(㊁salt)
こしょう　*der* **Pfeffer**/プフェッファー/(㊁pepper)
酢　*der* **Essig**/エッスィヒ/(㊁vinegar)
砂糖　*der* **Zucker**/ツッカー/(㊁sugar)
からし　*der* **Senf**/ゼンフ/(㊁mustard)
油　*das* **Öl**/エール/(㊁oil)
マヨネーズ　*die* **Majonäse**/マヨネーゼ/(㊁mayonnaise)
ケチャップ　*der(das)* **Ketschup**/ケチャップ/(㊁ketchup)
ソース　*die* **Soße**/ゾーセ/(㊁sauce)
ブイヨン　*die* **Bouillon**/ブリヨーン/(㊁bouillon)

単語 食品 die **Lebensmittel**/レーベンスミッテル/

パン　*das* **Brot**, *das* **Brötchen**/ブロート, ブレートヒェン/(㉕bread)
卵　*das* **Ei**/アイ/(㉕egg)
バター　*die* **Butter**/ブッター/(㉕butter)
ミルク　*die* **Milch**/ミルヒ/(㉕milk)
ヨーグルト　*der* **Joghurt**/ヨーグルト/(㉕yoghurt)
チーズ　*der* **Käse**/ケーゼ/(㉕cheese)
サラダ　*der* **Salat**/ザラート/(㉕salad)
スープ　*die* **Suppe**/ズッペ/(㉕soup)
デザート　*der* **Nachtisch**, *das* **Dessert**/ナーハティッシュ, デセーア/(㉕dessert)
アイスクリーム　*das* **Eis**/アイス/(㉕ice cream)

単語 果物 *das* **Obst**/オープスト/

イチゴ　*die* **Erdbeere**/エーアトベーレ/(㉕strawberry)
オレンジ　*die* **Orange**/オラーンジェ/(㉕orange)
サクランボ　*die* **Kirsche**/キルシェ/(㉕cherry)
ナシ　*die* **Birne**/ビルネ/(㉕pear)
パイナップル　*die* **Ananas**/アナナス/(㉕pineapple)
バナナ　*die* **Banane**/バナーネ/(㉕banana)
ブドウ　*die* **Traube**/トラオベ/(㉕grapes)
プラム　*die* **Pflaume**/プフラオメ/(㉕plum)
メロン　*die* **Melone**/メローネ/(㉕melon)
桃　*der* **Pfirsich**/プフィルズィヒ/(㉕peach)
ライム　*die* **Limette**/リメッテ/(㉕lime)
リンゴ　*der* **Apfel**/アプフェル/(㉕apple)
レモン　*die* **Zitrone**/ツィトローネ/(㉕lemon)

単語 飲み物　*das* **Getränk**/ゲトレンク/

水　*das* **Wasser**/ヴァッサー/(®water)
ミネラルウォーター　*das* **Mineralwasser**/ミネラールヴァッサー/(®mineral water)
赤ワイン　*der* **Rotwein**/ロートヴァイン/(®red wine)
白ワイン　*der* **Weißwein**/ヴァイスヴァイン/(®white wine)
ロゼワイン　*der* **Rosé**/ロゼー/(®rosé)
ビール　*das* **Bier**/ビーア/(®beer)
生ビール　*das* **Fassbier**/ファスビーア/(®draft beer)
ウイスキー　*der* **Whisky**/ウィスキー/(®whiskey)
ブランデー　*der* **Branntwein**/ブラントヴァイン/(®brandy)
カクテル　*der* **Cocktail**/コクテイル/(®cocktail)
ジュース　*der* **Saft**/ザフト/(®juice)
ミルク　*die* **Milch**/ミルヒ/(®milk)
コーヒー　*der* **Kaffee**/カフェ/(®coffee)
紅茶　*der* **Tee**/テー/(®tea)

単語 食器　*das* **Geschirr**/ゲシル/

カップ　*die* **Tasse**/タッセ/(®cup)
グラス　*das* **Glas**/グラース/(®glass)
ジョッキ　*der* **Bierkrug**/ビーアクルーク/(®jug, mug)
皿　*der* **Teller**/テラー/(®plate, dish)
平皿　*die* **Platte**/プラッテ/(®plate)
深皿　*die* **Schale**/シャーレ/(®dish)
ボール　*die* **Schüssel**/シュッセル/(®bowl)
スプーン　*der* **Löffel**/レッフェル/(®spoon)
フォーク　*die* **Gabel**/ガーベル/(®fork)
ナイフ　*das* **Messer**/メッサー/(®knife)
ナプキン　*die* **Serviette**/ゼルヴィエッテ/(®napkin)

第23章 買い物

売り場を探す
—— 安い靴を探しています．

□ いらっしゃいませ．
May I help you?
Kann ich Ihnen helfen?
カン イヒ イーネン ヘルフェン

> 買い物のときは，店の人に Guten Tag.（**グーテン ターク**）とあいさつをします．また，品物などにさわるときも軽く許可を求めます．買い物がすんで店を出るときは，Auf Wiedersehen.（**アオフ ヴィーダーゼーエン**）と声をかけるのがいいでしょう．

□ ちょっと見ているだけです．
I'm just looking, thank you.
Ich schaue nur, danke.
イヒ シャオエ ヌーア ダンケ

□ ネクタイはありますか．
Do you have some ties?
Haben Sie Krawatten?
ハーベン ズィー クラヴァッテン

❏ 文房具はどこで売っていますか.

Where do you sell stationery?

Wo finde ich Schreibwaren?

ヴォー フィンデ イヒ シュライブヴァーレン

❏ ジーンズを探しています.

I am looking for jeans.

Ich suche Jeans.

イヒ ズーヘ ジーンズ

❏ 安い靴を探しています.

I'm looking for some cheap shoes.

Ich suche preisgünstige Schuhe.

イヒ ズーヘ プライスギュンスティゲ シューエ

❏ 婦人服売り場はどこですか.

Where can I find women's clothes?

Wo ist die Damenabteilung?

ヴォー イスト ディー ダーメンアップタイルング

❏ 紳士服売場は何階ですか.

What floor is men's clothes on?

In welchem Stock ist die Herrenabteilung?

イン ヴェルヒェム シュトック イスト ディー ヘレンアップタイルング

❏ こちらにございます.

It's over here.

Hier, bitte.

ヒーア ビッテ

❏ 子供服売場の奥にございます.

It's in the back of the Children's section.

Hinter der Kinderabteilung.

ヒンター デア キンダーアップタイルング

- ❏ 3階にあります．

    That's on the 3rd floor.

    Im zweiten Stock.

    イム ツヴァイテン シュトック

- ❏ 地下2階にあります．

    That's on the 2nd floor below.

    Im zweiten Untergeschoss.

    イム ツヴァイテン ウンターゲショス

- ❏ エレベーターで5階に行ってください．

    Please take the elevator to the 5th floor.

    Bitte fahren Sie mit dem Aufzug bis zum vierten Stock.

    ビッテ ファーレン ズィー ミット デム アオフツーク ビス ツム フィーアテン シュトック

- ❏ あちらの階段で上がって [下りて] ください．

    Please go up [down] using the stairway over there.

    Nehmen Sie die Treppe dort nach oben [unten].

    ネーメン ズィー ディー トレッペ ドルト ナーハ オーベン [ウンテン]

- ❏ 申し訳ございません，こちらでは扱っておりません．

    I'm sorry, we don't have those here.

    Tut mir Leid, aber das haben wir hier nicht.

    トゥート ミーア ライト アーバー ダス ハーベン ヴィーア ヒーア ニヒト

品物を見せてもらう・品物について聞く
—— 色違いのものはありますか？ ——

- ❏ 手に取ってもいいですか．

    May I touch this?

    Darf ich das anfassen?

    ダルフ イヒ ダス アンファッセン

23 買い物

❏ あれを見せてくださいますか.

Could you show me that one, please?

Darf ich das bitte sehen?

ダルフ イヒ ダス ビッテ ゼーエン

❏ このイヤリングを見せてください.

Please show me these earrings.

Kann ich bitte diese Ohrringe sehen?

カン イヒ ビッテ ディーゼ オーアリンゲ ゼーエン

❏ 右端のものを見せてください.

Show me the one at the right end.

Darf ich das da ganz rechts sehen?

ダルフ イヒ ダス ダー ガンツ レヒツ ゼーエン

❏ 左から3つ目のものを見せてください.

Please show me the third one from the left.

Können Sie mir bitte das dritte von links zeigen?

ケネン ズィー ミーア ビッテ ダス ドリッテ フォン リンクス ツァイゲン

❏ その赤いのを見せてください

Could you show me the red one, please?

Können Sie mir bitte das rote zeigen?

ケネン ズィー ミーア ビッテ ダス ローテ ツァイゲン

❏ ほかのを見せてくださいますか.

Could you show me another one, please?

Können Sie mir bitte etwas anderes zeigen?

ケネン ズィー ミーア ビッテ エトヴァス アンデレス ツァイゲン

❏ 素材はなんですか.

What kind of fabric is this?

Was für ein Stoff ist das?

ヴァス フューア アイン シュトフ イスト ダス

❑ サイズはいくつですか.

What size do you take [want] ?

Welche Größe haben Sie?

ヴェルヒェ グレーセ ハーベン ズィー

❑ サイズは 38 です.

I would like size 38.

Ich habe Größe 38.

イヒ ハーベ グレーセ アハトウントドライスィヒ

■服のサイズ■

婦人服の場合,ドイツの 36 は日本の 9 号,40 は 11 号にあたります.ドイツでもS,M,Lという言い方をすることがありますが,日本ほど一般的ではありません.靴は 34 が 22 センチにあたり,数字が 1 つ増えるごとに 5 ミリずつ増える感じです.ですから,38 は 24 センチ,40 は 25 センチ,42 は 26 センチ,となります.

❑ サイズがわかりません.

I don't know my size.

Ich weiß meine Größe nicht.

イヒ ヴァイス マイネ グレーセ ニヒト

❑ 大きすぎ [小さすぎ] ます.

This is too large [small] .

Das ist zu groß [klein].

ダス イスト ツー グロース [クライン]

❑ 長すぎ [短かすぎ] ます.

This is too long [short] .

Das ist zu lang [kurz].

ダス イスト ツー ラング [クルツ]

23 買い物

- ちょうどいいです.

  This is my size.

  Das ist genau meine Größe.

  ダス イスト ゲナオ マイネ グレーセ

- 違うデザインはありますか.

  Do you have another style?

  Haben Sie ein anderes Design?

  ハーベン ズィー アイン アンデレス ディザイン

- これより上の [下の] サイズはありますか.

  Do you have this in a larger [smaller] size?

  Haben Sie noch etwas Größeres [Kleineres]?

  ハーベン ズィー ノッホ エトヴァス グレーセレス [クライネレス]

- 色違いのものはありますか.

  Do you have another color?

  Haben Sie eine andere Farbe?

  ハーベン ズィー アイネ アンデレ ファルベ

- これで黒のものはありますか.

  Do you have a black one like this?

  Haben Sie das in Schwarz?

  ハーベン ズィー ダス イン シュヴァルツ

試着する
―― 試着してもいいですか？ ――

- 試着してもいいですか.

  Can I try this on?

  Darf ich das anprobieren?

  ダルフ イヒ ダス アンプロビーレン

❏ 鏡はありますか.
　Is there a mirror?
　Haben Sie einen Spiegel?
　ハーベン　ズィー　アイネン　シュピーゲル

❏ ぴったりです.
　It fits me perfectly!
　Das passt mir genau.
　ダス　パスト　ミーア　ゲナオ

❏ ちょっときつい [ゆるい] です.
　It's a bit tight [loose].
　Es ist ein bisschen eng [locker].
　エス　イスト　アイン　ビスヒェン　エング　[ロッカー]

❏ 似合うかしら.
　I wonder if this will look good.
　Steht mir das gut?
　シュテート　ミーア　ダス　グート

❏ 私には似合わないみたい.
　I don't think this looks good on me.
　Ich glaube, das steht mir nicht.
　イヒ　グラオベ　ダス　シュテート　ミーア　ニヒト

❏ お似合いですよ.
　It suits you./ It looks good on you.
　Das steht Ihnen sehr gut./ Sie sehen sehr gut aus.
　ダス　シュテート　イーネン　ゼーア　グート／ ズィー　ゼーエン　ゼーア　グート　アオス

❏ こちらのほうがお似合いです.
　This one looks better on you.
　Das steht Ihnen besser.
　ダス　シュテート　イーネン　ベッサー

23 買い物

品物を買う
—— 全部でいくらですか？ ——

☐ これをください．
I'll take this, please.
Das nehme ich.
ダス ネーメ イヒ

☐ これを3つください．
I'll take three of these.
Ich nehme drei davon.
イヒ ネーメ ドライ ダフォン

☐ いくらですか．／全部でいくらですか．
How much? / How much is it all together?
Was kostet das? / Wie viel kostet das insgesamt?
ヴァス コステット ダス／ヴィー フィール コステット ダス インスゲザムト

☐ いくらから免税になりますか．
How much should I purchase to get tax exempted?
Ab welchem Betrag kann ich das steuerfrei bekommen?
アップ ヴェルヒェム ベトラーク カン イヒ ダス シュトイアーフライ ベコメン

■免税■

免税を希望する場合は，買い物のときパスポートを提示して旅行者であることを示したうえで，輸出用書式に必要事項を記入してもらい，自分の住所・氏名を記入，税関でスタンプをもらい空港払い戻しカウンターなどで還付を受けます．ドイツでは，100ユーロ以上の買い物を同時にした場合が該当します．

❏ 気に入りましたが値段がちょっと高すぎます.
   I like it, but the price is a bit too high.
   Das gefällt mir, aber es ist mir zu teuer.
   ダス ゲフェルト ミーア アーバー エス イスト ミーア ツー トイアー

❏ まけてもらえますか.
   Can you give me a discount?
   Können Sie mir Rabatt geben?
   ケネン ズィー ミーア ラバット ゲーベン

❏ トラベラーズチェックは使えますか.
   Can I use a traveler's check?
   Kann ich mit Reisescheck bezahlen?
   カン イヒ ミット ライゼシェック ベツァーレン

❏ 現金 [カード] でお支払いします.
   I'll pay in cash [by card].
   Ich bezahle in bar [mit Karte].
   イヒ ベツァーレ イン バール [ミット カルテ]

❏ 別々に包んでいただけますか.
   Will you wrap them separately?
   Könnten Sie das bitte separat einpacken?
   ケンテン ズィー ダス ビッテ ゼパラート アインパッケン

❏ 日本に送ってもらえますか.
   Will you send this to Japan?
   Können Sie mir das nach Japan schicken?
   ケネン ズィー ミーア ダス ナーハ ヤーパン シッケン

❏ どのくらい日数がかかりますか.
   How many days will it take?
   Wie viele Tage dauert das?
   ヴィー フィーレ ターゲ ダオアート ダス

23 買い物

❏ 計算が間違っています．

This was added up wrong.

Die Rechnung stimmt so nicht.
ディー レヒヌング シュティムト ゾー ニヒト

❏ おつりが足りません．

This is not the correct change.

Das Wechselgeld stimmt so nicht.
ダス ヴェクセルゲルト シュティムト ゾー ニヒト

❏ 100 ユーロ札を渡しました．

I gave you a 100 Euro bill.

Ich habe Ihnen einen 100-Euro Schein gegeben.
イヒ ハーベ イーネン アイネン フンダート オイロ シャイン ゲゲーベン

■ユーロ■

ユーロは紙幣が 5, 10, 20, 50, 100, 200, 500 ユーロの 7 種類，硬貨が 1, 2 ユーロ，及び 1, 2, 5, 10, 20, 50 セントの 8 種類あります．小銭を探すのが面倒でつい大きな紙幣で払おうとしてしまいがちです．大きい紙幣は嫌がられることがあり，つり銭トラブルの原因ともなります．硬貨はたまると厄介ですが，チップなどどうしても必要なときもあるので，多少はいつも財布に入れておきたいものです．ただ近ごろはホテルのベッドメーキングでもチップを受け取らない傾向も広まりつつあります．

❏ 話が違います．

That's not what you said.

Das stimmt ja gar nicht, was Sie vorher gesagt haben.
ダス シュティムト ヤー ガール ニヒト ヴァス ズィー フォーアヘーア ゲザークト ハーベン

❏ これを別のと取り替えてほしいのですが．

I would like to have it exchanged for another one.

Ich möchte das gegen etwas anderes umtauschen.
イヒ メヒテ ダス ゲーゲン エトヴァス アンデレス ウムタオシェン

❏ これがレシートです.

Here is the receipt.

Hier ist die Quittung.

ヒーア イスト ディー ク**ヴィ**ットゥング

単語 店 *das* **Geschäft**, *der* **Laden**/ゲシェフト, ラーデン/

ブティック *die* **Boutique**/ブティーク/(⦿boutique)
靴屋 *das* **Schuhgeschäft**/シューゲシェフト/(⦿shoe store)
宝飾店 *das* **Juweliergeschäft**/ユヴェリーアゲシェフト/(⦿jewelry store)
骨董品屋 *der* **Antiquitätenladen**/アンティクヴィテーテンラーデン/(⦿antique store)
文房具店 *das* **Schreibwarengeschäft**/シュライプヴァーレンゲシェフト/(⦿stationery store)
本屋 *die* **Buchhandlung**/ブーフハンドルング/(⦿bookstore)
ＣＤショップ *das* **CD-Geschäft**/ツェーデーゲシェフト/(⦿music store)
薬屋 *die* **Apotheke**, *die* **Drogerie**/アポテーケ, ドロゲリー/(⦿pharmacy, drugstore)
ショッピングセンター *das* **Einkaufszentrum**/アインカオフスツェントルム/(⦿shopping center)
デパート *das* **Kaufhaus**/カオフハオス/(⦿department store)
スーパー *der* **Supermarkt**/ズーパマルクト/(⦿supermarket)
美容院 *der* **Friseursalon**/フリゼーアザローン/(⦿beauty parlor)
床屋 *der* **Friseur**/フリゼーア/(⦿barbershop)
クリーニング店 *die* **Reinigung**/ライニグング/(⦿laundry)
レンタカー屋 *der* **Autoverleih**/アオトフェアライ/(⦿car rental agency)
ガソリンスタンド *die* **Tankstelle**/タンクシュテレ/(⦿gas station)
旅行代理店 *das* **Reisebüro**/ライゼビューロー/(⦿travel agency)

23 買い物

単語 衣服 *die* **Kleidung**/クライドゥング/

スーツ　*der* **Anzug**/アンツーク/(英suit)
ズボン　*die* **Hose**/ホーゼ/(英trousers)
スカート　*der* **Rock**/ロック/(英skirt)
ワンピース　*das* **Kleid**/クライト/(英dress, one-piece)
シャツ　*das* **Hemd**/ヘムト/(英shirt)
セーター　*der* **Pullover**/プローヴァー/(英sweater, pullover)
ベスト　*die* **Weste**/ヴェステ/(英vest)
ブラウス　*die* **Bluse**/ブルーゼ/(英blouse)
ジャケット　*die* **Jacke**/ヤッケ/(英jacket)
コート　*der* **Mantel**/マンテル/(英coat)
パジャマ　*der* **Schlafanzug,** *der* **Pyjama**/シュラーフアンツーク, ピュジャーマ/(英pajama)
下着　*die* **Unterwäsche**/ウンターヴェッシェ/(英underwear)
靴下　*die* **Socken**/ゾッケン/(英socks)
ストッキング　*der* **Strumpf**/シュトルンプフ/(英stockings)
ベルト　*der* **Gürtel**/ギュルテル/(英belt)
ネクタイ　*die* **Krawatte**/クラヴァッテ/(英necktie, tie)
マフラー　*das* **Halstuch,** *der* **Schal**/ハルストゥーフ, シャール/(英muffler)
スカーフ　*das* **Halstuch**/ハルストゥーフ/(英scarf)
ハンカチ　*das* **Taschentuch**/タッシェントゥーフ/(英handkerchief)
靴　*die* **Schuhe**/シューエ/(英shoes)
ブーツ　*die* **Stiefel**/シュティーフェル/(英boots)
袖　*der* **Ärmel**/エルメル/(英sleeve)
襟　*der* **Kragen**/クラーゲン/(英collar)
ポケット　*die* **Tasche**/タッシェ/(英pocket)
ボタン　*der* **Knopf**/クノプフ/(英button)
ファスナー　*der* **Reißverschluss**/ライスフェアシュルス/(英zipper)

23 買い物

単語 小物　Gepäck und Gebrauchsgegenstand
/ゲペック ウント ゲブラオホスゲーゲンシュタント/

かばん　*die* **Tasche**/タッシェ/(㊚bag)

ハンドバッグ　*die* **Handtasche**/ハントタッシェ/(㊚handbag)

ショルダーバッグ　*die* **Umhängetasche**/ウムヘンゲタッシェ/(㊚shoulder bag)

書類カバン　*die* **Aktentasche**/アクテンタッシェ/(㊚briefcase)

スーツケース　*der* **Koffer**/コッファー/(㊚suitcase)

リュックサック　*der* **Rucksack**/ルックザック/(㊚backpack)

財布（札入れ）　*die* **Brieftasche**/ブリーフタッシェ/(㊚wallet)

小銭入れ　*der* **Geldbeutel**/ゲルトボイテル/(㊚purse)

眼鏡　*die* **Brille**/ブリレ/(㊚glasses)

腕時計　*die* **Armbanduhr**/アルムバントウーア/(㊚wristwatch)

傘　*der* **Regenschirm**/レーゲンシルム/(㊚umbrella)

ネックレス　*die* **Halskette**/ハルスケッテ/(㊚necklace)

ペンダント　*der* **Anhänger**/アンヘンガー/(㊚pendant)

イヤリング　*der* **Ohrring**/オーリング/(㊚earring)

ブローチ　*die* **Brosche**/ブロッシェ/(㊚brooch)

ブレスレット　*das* **Armband**/アルムバント/(㊚bracelet)

指輪　*der* **Ring**/リング/(㊚ring)

宝石　*der* **Edelstein**, *das*(*der*) **Juwel**/エーデルシュタイン, ユヴェール/(㊚jewel)

23　買い物

色　*die* **Farbe**/ファルベ/

黒　*das* **Schwarz**/シュヴァルツ/(㋐black)
グレー　*das* **Grau**/グラオ/(㋐gray)
白　*das* **Weiß**/ヴァイス/(㋐white)
赤　*das* **Rot**/ロート/(㋐red)
ピンク　*das* **Rosa**/ローザ/(㋐pink)
オレンジ　*das* **Orange**/オランジェ/(㋐orange)
茶色　*das* **Braun**/ブラオン/(㋐brown)
ベージュ　*das* **Beige**/ベージュ/(㋐beige)
カーキ色　*das* **Khaki(Kaki)**/カーキ/(㋐khaki)
黄　*das* **Gelb**/ゲルプ/(㋐yellow)
緑　*das* **Grün**/グリューン/(㋐green)
青　*das* **Blau**/ブラオ/(㋐blue)
紫　*das* **Lila,** *das* **Violett**/リーラ, ヴィオレット/(㋐purple, violet)

素材　*das* **Material**/マテリアール/

生地　*der* **Stoff**/シュトフ/(㋐material)
木綿　*die* **Baumwolle**/バオムヴォレ/(㋐cotton)
ウール　*die* **Wolle**/ヴォレ/(㋐wool)
麻　*der* **Hanf**/ハンフ/(㋐hemp, linen)
絹　*die* **Seide**/ザイデ/(㋐silk)
毛皮　*der* **Pelz**/ペルツ/(㋐fur)
革　*das* **Leder**/レーダー/(㋐leather)
ナイロン　*das* **Nylon**/ナイロン/(㋐nylon)
ポリエステル　*der* **Polyester**/ポリュエスター/(㋐polyester)
スエード　*das* **Velours**/ヴェルーア/(㋐suede)
エナメル　*das* **Email**/エマイ/(㋐enamel)

単語 文房具 die Schreibwaren /シュライブヴァーレン/

鉛筆　der Bleistift /ブライシュティフト/ (㊤pencil)
ボールペン　der Kugelschreiber, der Kuli /クーゲルシュライバー、クーリ/ (㊤ballpoint)
万年筆　der Füller /フュラー/ (㊤fountain pen)
紙　das Papier /パピーア/ (㊤paper)
切手　die Briefmarke /ブリーフマルケ/ (㊤stamp)
はがき　die Postkarte /ポストカルテ/ (㊤postcard)
封筒　der Umschlag /ウムシュラーク/ (㊤envelope)
小包　das Paket, das Päckchen /パケート、ペックヒェン/ (㊤package)
書留　das Einschreiben /アインシュライベン/ (㊤registered mail)
速達　die Eilpost /アイルポスト/ (㊤express mail)
航空便　die Luftpost /ルフトポスト/ (㊤airmail)

単語 化粧品 der Kosmetikartikel /コスメーティクアルティーケル/

口紅　der Lippenstift /リッペンシュティフト/ (㊤lipstick)
化粧水　die Lotion /ロツィオーン/ (㊤skin lotion)
石鹸　die Seife /ザイフェ/ (㊤soap)
シャンプー　das Shampoo /シェンプー/ (㊤shampoo)
ヘアブラシ　die Haarbürste /ハールビュルステ/ (㊤hair brush)
シェービングクリーム　die Rasiercreme /ラズィーアクレーム/ (㊤shaving cream)
かみそり　das Rasiermesser, der Rasierapparat /ラズィーアメッサー、ラズィーアアパラート/ (㊤razor)
歯ブラシ　die Zahnbürste /ツァーンビュルステ/ (㊤toothbrush)
練り歯磨き　die Zahnpasta /ツァーンパスタ/ (㊤toothpaste)
ティッシュペーパー　das Papiertaschentuch /パピーアタッシェントゥーフ/ (㊤tissue)

23 買い物

シミュレーション 買い物（1）

これすてきね．

恵理・店員

恵 バッグはどちらですか．
Where are the bags?
Wo kann ich Taschen finden?
ヴォー カン イヒ タッシェン フィンデン

店 こちらです．
They are here.
Hier bitte.
ヒーア ビッテ

恵 これ，すてきね．
That is good.
Die ist aber schön.
ディー イスト アーバー シェーン

でも，少し大きすぎるわ．
But, it is a little bit too big.
Aber, sie ist etwas zu groß.
アーバー ズィー イスト エトヴァス ツー グロース

店 これはどうですか．
How about this?
Wie ist diese?
ヴィー イスト ディーゼ

恵 ちょうどいいわ．
This fits well.
Die hat genau die richtige Größe.
ディー ハット ゲナオ ディー リヒティゲ グレーセ

色違いはありますか.

Do you have the same one in a different color?

Haben Sie die auch in einer anderen Farbe?

ハーベン ズィー ディー アオホ イン アイナー **アンデレン** **ファルベ**

店 ベージュがあります.

We have a beige one.

Wir haben sie auch in Beige.

ヴィーア ハーベン ズィー アオホ イン ベージュ

恵 黒いのはありますか.

Do you have a black one?

Haben Sie sie auch in Schwarz?

ハーベン ズィー ズィー アオホ イン シュ**ヴァ**ルツ

店 ありません.

No.

Nein.

ナイン

恵 残念ねえ.

That is too bad.

Schade.

シャーデ

 買い物（2）

あなたに似合いそう．

ハンス ハ ・ 恵理 恵 ・ 店員 店

ハ この店は若い人に人気があるんだよ．
This store is popular among the young people.
Hier kaufen viele junge Leute ein.
ヒーア　カオフェン　フィーレ　ユンゲ　ロイテ　アイン

あのジャケット，あなたに似合いそう．
You will look good with that jacket on.
Die Jacke steht dir sicherlich gut.
ディー　ヤッケ　シュテート　ディーア　ズィヒャーリヒ　グート

恵 ちょっと派手じゃない？
I think it stands out too much.
Ist die nicht zu auffällig?
イスト　ディー　ニヒト　ツー　アオフフェリヒ

ハ では，これは？
How about this one?
Und die hier?
ウント　ディー　ヒーア

恵 このほうが似合っていない？
This looks better, doesn't it?
Die steht mir besser, nicht wahr?
ディー　シュテート　ミーア　ベッサー　ニヒト　ヴァール

すみません，試着室はどこですか．
Excuse me. Where is the fitting room?
Entschuldigung, wo ist die Umkleidekabine?
エント**シュ**ルディグング **ヴォー** イスト ディー **ウム**クライデカビーネ

店 こちらへどうぞ．
Please come this way.
Hier entlang, bitte.
ヒーア エントラング ビッテ

恵 38 サイズを持ってきていただけますか．
Would you bring me a size 38?
Könnten Sie mir bitte Größe 38 bringen?
ケンテン ズィー ミーア ビッテ グレーセ アハトウントドライスィヒ ブリンゲン

ありがとう．
Thank you.
Danke schön.
ダンケ シェーン

これをやめて，これにします．
I won't take this one. I'll take this one.
Ich nehme nicht die, sondern die.
イヒ ネーメ ニヒト ディー ゾンデルン ディー

店 こちらのお品はただいまセールになっております．
This product is now on a sale.
Das hier sind unsere Sonderangebote.
ダス ヒーア ズィント ウンゼレ ゾンダーアンゲボーテ

ハンス **ハ** ・ 恵理恵 **恵** ・ 店員 **店**

買い物（3）

ぴったりです．

店員　店・由紀子　由

店 いらっしゃいませ．
Can I help you?
Guten Tag.
グーテン　ターク

何かお探しですか．
Are you looking for something in particular?
Kann ich Ihnen helfen?
カン　イヒ　イーネン　ヘルフェン

由 歩きやすい靴がほしいんです．
I'm looking for some shoes that are easy for walking in.
Ich suche Schuhe, in denen man gut laufen kann.
イヒ　ズーヘ　シューエ　イン　デーネン　マン　グート　ラオフェン　カン

店 これはいかがですか．
How about these shoes?
Wie gefallen Ihnen die?
ヴィー　ゲファレン　イーネン　ディー

由 はいてみてもいいですか．
Can I try them on?
Darf ich sie mal anprobieren?
ダルフ　イヒ　ズィー　マール　アンプロビーレン

店 はい,どうぞ.
Of course.
Ja, gern.
ヤー ゲルン

由 ちょっと小さいみたい.
I think they are a little bit too small.
Ich denke, die sind ein bisschen klein.
イヒ デンケ ディー ズィント アイン ビスヒェン クライン

もう少し幅の広い靴がいいでしょう.
I guess I need wider shoes.
Ich brauche noch etwas weitere Schuhe.
イヒ ブラオヘ ノッホ エトヴァス ヴァイテレ シューエ

もう1つ上のサイズはありませんか?
Do you have a size bigger than these shoes?
Haben Sie die auch eine Nummer größer?
ハーベン ズィー ディー アオホ アイネ ヌマー グレーサー

店 この形でしたらゆったりしています.
It feels relaxed.
Die hier sind weiter.
ディー ヒーア ズィント ヴァイター

由 ぴったりです.
It fits just right.
Sie passen gut.
ズィー パッセン グート

おみやげ

こわい顔がすてき！

由紀子 由・エマ エ

由 なにかいいみやげものはないかしら.
Are there any good souvenirs?
Können Sie mir ein besonderes Andenken empfehlen?
ケネン ズィー ミーア アイン ベゾンデレス アンデンケン エンプフェーレン

エ この店にはかわいいものがたくさんありますよ.
You will find a lot of cute stuff in this store.
In diesem Laden gibt es viele schöne Sachen.
イン ディーゼム ラーデン ギープト エス フィーレ シェーネ ザッヘン

由 まあ，きれいな色の人形.
Wow, this doll has amazing color.
Wow, was für eine schöne Farbe die Puppe hat!
ヴァオ ヴァス フューア アイネ シェーネ ファルベ ディー プッペ ハット

こわい顔がとてもすてき.
I love this scary face.
Die kantigen Gesichtszüge gefallen mir.
ディー カンティゲン ゲズィヒツツューゲ ゲファレン ミーア

エ それはくるみ割り人形.
This is a nutcracker.
Das ist ein Nussknacker.
ダス イスト アイン ヌスクナッカー

由 ドイツはデザインがとても洗練されているわ．
German design is very sophisticated [refined].
Ich finde deutsches Design sehr raffiniert.
イヒ フィンデ ドイチェス ディザイン ゼーア ラフィニーアト

そうだ．甥におもちゃを買っていくわ．
Yes. I will buy a toy for my nephew.
Also, ich kaufe meinem Neffen Spielsachen.
アルゾ イヒ カオフェ マイネム ネッフェン シュピールザッヘン

ドイツは教育的なおもちゃがすぐれているから．
Germany makes good toys for education.
Deutsches Spielzeug ist erzieherisch wertvoll.
ドイチェス シュピールツォイク イスト エアツィーエリシュ ヴェーアトフォル

エ おもちゃならいい店を知っています．
I know a good toy store.
Ich kenne ein gutes Spielzeuggeschäft.
イヒ ケネ アイン グーテス シュピールツォイクゲシェフト

行ってみましょうか．
Shall we go (there)?
Wollen wir hingehen?
ヴォレン ヴィーア ヒンゲーエン

由紀子 **由** ・ エマ **エ**

第24章 電話・郵便・銀行

電話をかけるときの表現
―― もしもし，ワーグナーさんはいらっしゃいますか? ――

☐ 電話番号は，0112-23-3445 です．

My telephone number is 0112-23-3445.

Meine Telefonnummer lautet 0112-23-3445.

マイネ テレフォーンヌマー ラオテット ヌル アインス アインス ツヴァイ
ツヴァイ ドライ ドライ フィーア フィーア フュンフ

☐ 携帯にお電話ください．

Please call my cell phone.

Bitte rufen Sie mich auf meinem Handy an.

ビッテ ルーフェン ズィー ミヒ アオフ マイネム ヘンディ アン

☐ もしもし，ワーグナーさんはいらっしゃいますか．

Hello. Is Mr. Wagner there?

Hallo. Ist Herr Wagner da?

ハロー イスト ヘル ヴァーグナー ダー

☐ 私は田中と申します．

My name is Tanaka.

Mein Name ist Tanaka.

マイン ナーメ イスト タナカ

☐ バイヤー夫人をお願いしたいのですが．

May I speak to Mrs. Beyer?

Kann ich Frau Beyer sprechen?

カン イヒ フラオ バイヤー シュプレッヒェン

❏ そのままお待ちください．

Please hold (the line).

Bitte bleiben Sie am Apparat.

ビッテ ブライベン ズィー アム アパラート

❏ ただ今ほかの電話に出ております．

She is on another line right now.

Sie telefoniert gerade.

ズィー テレフォニーアト ゲラーデ

❏ 電話があったことをお伝えください．

Please tell her I called.

Bitte sagen Sie ihr, dass ich angerufen habe.

ビッテ ザーゲン ズィー イーア ダス イヒ アンゲルーフェン ハーベ

❏ あとでこちらからかけなおします．

I'll call you back later.

Ich rufe Sie zurück.

イヒ ルーフェ ズィー ツリュック

❏ 何番におかけですか．

What number are you calling?

Welche Nummer haben Sie gewählt?

ヴェルヒェ ヌマー ハーベン ズィー ゲヴェールト

❏ 番号が違います．

I think you have the wrong number.

Sie haben eine falsche Nummer gewählt.

ズィー ハーベン アイネ ファルシェ ヌマー ゲヴェールト

❏ 番号を間違えました．

I dialed the wrong number.

Ich habe mich verwählt.

イヒ ハーベ ミヒ フェアヴェールト

❏ 発信音のあとにメッセージをどうぞ.

Please leave a message after the tone.

Bitte hinterlassen Sie eine Nachricht nach dem Signalton.

ビッテ ヒンターラッセン ズィー アイネ ナーハリヒト ナーハ デム ジグナールトーン

❏ 帰ったら携帯にお電話ください.

Please call my cell phone when you get back.

Bitte rufen Sie mich auf meinem Handy an, nachdem Sie zurückgekommen sind.

ビッテ ルーフェン ズィー ミヒ アオフ マイネム ヘンディ アン ナーハデーム ズィー ツリュックゲコメン ズィント

❏ 携帯電話は持っていません.

I don't have a cellular phone.

Ich habe kein Handy.

イヒ ハーベ カイン ヘンディ

❏ 結果はメールで知らせます.

I'll e-mail you the result.

Ich werde Ihnen das Ergebnis mailen.

イヒ ヴェーアデ イーネン ダス エアゲープニス メイレン

郵便局での表現
── 小包を日本に送りたいのですが. ──

❏ 郵便局はどこでしょうか.

Where's the post office?

Wo ist bitte die Post?

ヴォー イスト ビッテ ディー ポスト

❏ 切手はどこで買えますか．

Where can I get some stamps?

Wo kann man Briefmarken kaufen, bitte?

ヴォー　カン　マン　ブリーフマルケン　カオフェン　ビッテ

❏ 5ユーロ切手を10枚ください．

I would like ten 5 Euro stamps.

Ich hätte gern 10 5-Euro-Marken.

イヒ　ヘッテ　ゲルン　ツェーン　フュンフオイロマルケン

❏ 速達にしてください．

I would like to send this letter by express mail.

Ich möchte diesen Brief mit Eilpost schicken.

イヒ　メヒテ　ディーゼン　ブリーフ　ミット　アイルポスト　シッケン

❏ 書留にしてください．

I would like to send this letter by registered mail.

Ich möchte diesen Brief mit Einschreiben schicken.

イヒ　メヒテ　ディーゼン　ブリーフ　ミット　アインシュライベン　シッケン

❏ この小包を日本に送りたいのですが．

I would like to send this package to Japan.

Ich möchte dieses Paket nach Japan schicken.

イヒ　メヒテ　ディーゼス　パケート　ナーハ　ヤーパン　シッケン

❏ 航空便にしてください．

I would like to send this by airmail.

Bitte schicken Sie das mit Luftpost.

ビッテ　シッケン　ズィー　ダス　ミット　ルフトポスト

❏ 船便だとどのくらいかかりますか．

How long will it take by sea mail?

Wie lange dauert das per Schiff?

ヴィー　ランゲ　ダオアート　ダス　ペル　シフ

24 電話・郵便・銀行

❑ 記念切手はありますか.

Do you have any commemorative stamps?

Haben Sie Sondermarken?

ハーベン ズィー ゾンダーマルケン

銀行での表現
―― ユーロに替えてください. ――

❑ 銀行でお金を下ろします.

I am taking money out of the bank.

Ich besorge mir Geld bei der Bank.

イヒ ベゾルゲ ミーア ゲルト バイ デア バンク

❑ 銀行にお金を預けます.

I am putting money in the bank.

Ich zahle Geld auf der Bank ein.

イヒ ツァーレ ゲルト アオフ デア バンク アイン

❑ 銀行で振り込みをします.

I am sending money via a bank transfer.

Ich überweise Geld bei der Bank.

イヒ ユーバーヴァイゼ ゲルト バイ デア バンク

❑ この小切手を現金にしてください.

Will you please cash this check?

Lösen Sie bitte diesen Scheck ein.

レーゼン ズィー ビッテ ディーゼン シェック アイン

❑ 両替してください.

I'd like to exchange some money.

Wechseln Sie das, bitte.

ヴェクセルン ズィー ダス ビッテ

❑ ユーロ [円] に替えてください．

I'd like this exchanged into Euro [yen].

Ich möchte das in Euro [Yen] gewechselt haben.

イヒ　メヒテ　ダス　イン　オイロ　[イェン]　ゲヴェクセルト　ハーベン

❑ トラベラーズチェックを現金化してください．

Please cash this traveler's check.

Lösen Sie bitte den Reisescheck ein.

レーゼン　ズィー　ビッテ　デン　ライゼシェック　アイン

❑ ATMはどこにありますか．

Where is the ATM?

Wo ist hier ein Geldautomat?

ヴォー　イスト　ヒーア　アイン　ゲルトアオトマート

❑ 日本からの送金は受けられますか．

Can I receive remittance from Japan?

Können Sie eine Überweisung aus Japan bearbeiten?

ケネン　ズィー　アイネ　ユーバーヴァイズング　アオス　ヤーパン　ベアルバイテン

❑ 口座を開きたいのですが．

I'd like to open an account.

Ich möchte gern ein Konto eröffnen.

イヒ　メヒテ　ゲルン　アイン　コント　エアエフネン

24　電話・郵便・銀行

第25章 パソコン・電気製品

パソコン・インターネットの表現
―― あとでEメールを差し上げます. ――

❏ インターネットができる店はありますか.
Is there an internet cafe?
Gibt es hier ein Internet-Café?
ギープト エス ヒーア アイン インターネットカフェー

❏ Eメールアドレスを教えていただけますか.
What's your e-mail address?
Können Sie mir bitte Ihre E-Mail-Adresse geben?
ケネン ズィー ミーア ビッテ イーレ イーメイルアドレセ ゲーベン

❏ Eメールアドレスはこれです.
This is my e-mail address.
Das ist meine E-Mail-Adresse.
ダス イスト マイネ イーメイルアドレセ

❏ Eメールアドレスは, ab@cd.ne.jp です.
My e-mail address is ab@cd.ne.jp.
Meine E-Mail-Adresse lautet ab@cd.ne.jp.
マイネ イーメイルアドレセ ラウテット アーベーエトツェーデー プンクト
エヌエー プンクト ヨットペー

❏ あとでEメールを差し上げます.
I'll send you an e-mail later.
Ich schicke Ihnen demnächst eine E-Mail.
イヒ シッケ イーネン デームネーヒスト アイネ イーメイル

❏ Eメールで連絡を取り合いましょう.

Why don't we stay in touch by e-mail?

Wollen wir E-Mails austauschen?

ヴォレン　ヴィーア　イーメイルス　アオスタオシェン

❏ Eメールをしたのですが, ご覧になられましたか.

Have you seen the mail I sent you?

Haben Sie meine E-Mail gelesen?

ハーベン　ズィー　マイネ　イーメイル　ゲレーゼン

❏ 自分のホームページをつくりました.

I made my own homepage.

Ich habe meine Homepage ins Internet gestellt.

イヒ　ハーベ　マイネ　ホームページ　インス　インターネット　ゲシュテルト

電気製品の使い方
―― コンセントはどこですか? ――

❏ リモコン [スイッチ] はどこですか.

Where is the remote control [switch]?

Wo ist die Fernbedienung [der Schalter]?

ヴォー　イスト　ディー　フェルンベディーヌング　[デア　シャルター]

❏ コンセントはどこですか.

Where is the outlet?

Wo ist die Steckdose?

ヴォー　イスト　ディー　シュテックドーゼ

❏ 電池が切れました.

The battery died.

Die Batterie ist aus.

ディー　バテリー　イスト　アオス

25 パソコン・電気製品

❏ スイッチを入れます [切ります].
I'll turn on [off] the switch.
Ich schalte ein [aus].
イヒ シャルテ アイン [アオス]

❏ 電気 [明かり] をつけて [消して].
Turn on [off] the light.
Schalten Sie das Licht an [aus].
シャルテン ズィー ダス リヒト アン [アオス]

❏ テレビをつけます [消します].
I'll turn on [off] the television.
Ich schalte den Fernseher an [aus].
イヒ シャルテ デン フェルンゼーアー アン [アオス]

❏ 音量を上げ [下げ] ます.
I'll turn up [down] the volume.
Ich drehe die Lautstärke auf [herunter].
イヒ ドレーエ ディー ラオトシュテルケ アオフ [ヘルンター]

❏ チャンネルを変えましょう.
Let's change the channel.
Wollen wir mal umschalten?
ヴォレン ヴィーア マール ウムシャルテン

❏ 3チャンネルにします.
I'll turn on Channel 3.
Ich möchte das dritte Programm.
イヒ メヒテ ダス ドリッテ プログラム

❏ 電池 [フィルム] を交換します.
I'll change the battery [film].
Ich wechsele die Batterie [den Film] aus.
イヒ ヴェクセレ ディー バテリー [デン フィルム] アオス

25 パソコン・電気製品

❑ 充電します.

I'll charge it up.

Ich lade die Batterie auf.
イヒ ラーデ ディー バテリー アオフ

単語 度量衡 Maße und Gewichte /マーセ ウント ゲヴィヒテ/

ミリ　der(das) **Millimeter**/ミリメーター/(㊤millimeter)
センチ　der(das) **Zentimeter**/ツェンティメーター/(㊤centimeter)
メートル　der(das) **Meter**/メーター/(㊤meter)
キロメートル　der **Kilometer**/キロメーター/(㊤kilometer)
平方メートル　der(das) **Quadratmeter**/クヴァドラートメーター/(㊤square meter)
グラム　das **Gramm**/グラム/(㊤gram)
キログラム　das **Kilogramm**/キログラム/(㊤kilogram)
リットル　der(das) **Liter**/リーター/(㊤liter)

25 パソコン・電気製品

第26章 トラブル・緊急事態

困ったときの表現
—— 警察はどこですか？ ——

☐ ちょっと困っています．
I've got a problem.
Ich habe ein Problem.
イヒ ハーベ アイン プロブレーム

☐ 警察はどこですか．
Where is the police station?
Wo ist die Polizei?
ヴォー イスト ディー ポリツァイ

☐ 道に迷いました．
I think I got lost.
Ich habe mich verlaufen.
イヒ ハーベ ミヒ フェアラオフェン

紛失・盗難のときの表現
—— パスポートをなくしました． ——

☐ パスポートをなくしました．
I've lost my passport.
Ich habe meinen Pass verloren.
イヒ ハーベ マイネン パス フェアローレン

❏ 電車の中にかばんを忘れました．

I left my bag in the train.

Ich habe meine Tasche im Zug vergessen.
イヒ ハーベ マイネ タッシェ イム ツーク フェアゲッセン

❏ ここに上着を忘れたようです．

I might have left my jacket here.

Ich glaube, ich habe meine Jacke hier liegen lassen.
イヒ グラオベ イヒ ハーベ マイネ ヤッケ ヒーア リーゲン ラッセン

❏ ここにはありませんでした．

It's not here.

Hier gab es so etwas nicht.
ヒーア ガープ エス ゾー エトヴァス ニヒト

❏ 見つかったらホテルに電話をください．

Please call the hotel if you find it.

Bitte rufen Sie das Hotel an, wenn Sie das finden.
ビッテ ルーフェン ズィー ダス ホテル アン ヴェン ズィー ダス フィンデン

❏ 何を盗まれましたか．

What was stolen?

Was wurde gestohlen?
ヴァス ヴルデ ゲシュトーレン

❏ 財布をすられました．

My wallet has been stolen. / My wallet was stolen.

Mein Portemonnaie wurde gestohlen.
マイン ポルトモネー ヴルデ ゲシュトーレン

❏ 目撃者はいますか．

Were there any witnesses?

Gibt es Augenzeugen?
ギープト エス アオゲンツォイゲン

26 トラブル・緊急事態

❏ あの人が見ていました．

That person saw it happen.

Dieser Mann [Diese Frau] hat es gesehen.

ディーザー マン [ディーゼ フラオ] ハット エス ゲゼーエン

❏ 若い男でした．

It was a young man.

Es war ein junger Mann.

エス ヴァール アイン ユンガー マン

❏ あちらに走って行きました．

He ran that way.

Er ist dahin gelaufen.

エア イスト ダヒン ゲラオフェン

❏ かばんを盗まれました．

Someone has stolen my bag.

Mir wurde die Tasche gestohlen.

ミーア ヴルデ ディー タッシェ ゲシュトーレン

❏ かばんの特徴を教えてください．

What does your bag look like?

Wie sieht Ihre Tasche aus?

ヴィー ズィート イーレ タッシェ アオス

❏ このくらいの大きさの黒い肩掛けかばんです．

It's a black shoulder bag about this size.

Es ist eine schwarze Umhängetasche etwa so groß.

エス イスト アイネ シュヴァルツェ ウムヘンゲタッシェ エトヴァ ゾー グロース

❏ これを通りで拾いました．

I found this on the street.

Ich habe das auf der Straße gefunden.

イヒ ハーベ ダス アオフ デア シュトラーセ ゲフンデン

子供が迷子になったときの表現
—— 息子がいなくなりました.

☐ 息子がいなくなりました.
I can't find my son.
Mein Sohn ist verschwunden.
マイン　ゾーン　イスト　フェアシュヴンデン

☐ 彼を探してください.
Please look for him.
Bitte suchen Sie ihn.
ビッテ　ズーヘン　ズィー　イーン

☐ 息子は5歳です.
My son is five years old.
Mein Sohn ist fünf Jahre alt.
マイン　ゾーン　イスト　フュンフ　ヤーレ　アルト

☐ 名前は太郎です.
His name is Taro.
Er heißt Taro.
エア　ハイスト　タロウ

☐ 白いTシャツとジーンズを着ています.
He's wearing a white T-shirt and jeans.
Er trägt ein weißes T-Shirt und Jeans.
エア　トレークト　アイン　ヴァイセス　ティーシャート　ウント　ジーンズ

☐ Tシャツには飛行機の絵がついています.
There's a picture of an airplane on his T-shirt.
Auf das T-Shirt ist ein Flugzeug gedruckt.
アオフ　ダス　ティーシャート　イスト　アイン　フルークツオイク　ゲドルックト

26 トラブル・緊急事態

❏ これが彼[彼女]の写真です．
This is his [her] picture.
Das ist ein Foto von ihm [ihr].
ダス イスト アイン **フォ**ト フォン イーム [イーア]

助けを求める
—— 助けて！——

❏ 助けて！
Help!
Hilfe!
ヒルフェ

❏ 火事だ！
Fire!
Feuer!
フォイアー

❏ どろぼう！
Thief!
Diebstahl!
ディープシュタール

❏ おまわりさん！
Police!
Polizei!
ポリ**ツァ**イ

❏ お医者さんを呼んで！
Call a doctor!
Rufen Sie einen Arzt!
ルーフェン ズィー **ア**イネン **ア**ールツト

❏ 救急車を！
Get an ambulance!
Rufen Sie einen Krankenwagen!
ルーフェン ズィー アイネン クランケンヴァーゲン

❏ 交通事故です！
There's been an accident!
Verkehrsunfall!
フェアケーアスウンファル

❏ こっちに来てください．
Please come here.
Bitte kommen Sie hierher.
ビッテ コメン ズィー ヒーアヘーア

❏ けが人がいます．
We have an injured person. /（複数）We have some injured people.
Es gibt einen Verletzten [eine Verletzte]. /（複数）**Es gibt einige Verletzte.**
エス ギープト アイネン フェアレッツテン［アイネ フェアレッツテ］／ エス ギープト アイニゲ フェアレッツテ

❏ 病人がいます．
We have a sick person. /（複数）We have some sick people.
Es gibt einen Kranken [eine Kranke]. /（複数）**Es gibt einige Kranke.**
エス ギープト アイネン クランケン［アイネ クランケ］／エス ギープト アイニゲ クランケ

❏ 彼は動けません．
He can't move.
Er kann sich nicht bewegen.
エア カン ズィヒ ニヒト ベヴェーゲン

26 トラブル・緊急事態

事件に巻き込まれて
―― 大使館の人に話をしたいのです. ――

- 私は被害者です.
  I'm the victim.
  Ich bin das Opfer.
  イヒ ビン ダス オプファー

- 私は無実です.
  I'm innocent.
  Ich bin unschuldig.
  イヒ ビン ウンシュルディヒ

- 何も知りません.
  I don't know anything.
  Ich weiß nichts davon.
  イヒ ヴァイス ニヒツ ダフォン

- 日本大使館の人に話をしたいのです.
  I'd like to talk to someone at the Japanese Embassy.
  Ich möchte mit jemandem in der japanischen Botschaft sprechen.
  イヒ メヒテ ミット イェーマンデム イン デア ヤパーニシェン ボートシャフト シュプレッヒェン

- 日本語の通訳をお願いします.
  I'd like a Japanese interpreter.
  Ich hätte gerne einen japanischen Dolmetscher.
  イヒ ヘッテ ゲルネ アイネン ヤパーニシェン ドルメッチャー

26 トラブル・緊急事態

❑ 日本語のできる弁護士をお願いします.

I'd like to talk to a lawyer who can speak Japanese.

Ich möchte mit einem Anwalt [einer Anwältin] sprechen, der [die] Japanisch kann.

イヒ メヒテ ミット アイネム **アンヴァルト** [アイナー **アンヴェルティン**] シュプレッヒェン デア [ディー] ヤパーニシュ **カン**

■盗難に注意!!■

日本人のスリ被害で多いのは,ハンドバッグの口を開けたままにしておいたというものです.ヨーロッパのなかでは比較的安全な国とはいえ,ドイツへ行くときには必ずファスナーなどでしっかり閉めることのできるバッグを携行し,財布の出し入れをするたびに面倒でも必ずファスナーを閉めましょう.

26 トラブル・緊急事態

第27章 病院・薬局

病院での表現
―― 日本語の話せる医師はいますか? ――

□ この近くに薬局はありますか.
> Is there a drugstore near here?
> Gibt es in der Nähe eine Apotheke?

ギープト エス イン デア ネーエ アイネ アポテーケ

□ 日本語の話せる医師はいますか.
> Is there a doctor here who speaks Japanese?
> Gibt es hier einen Arzt [eine Ärztin], der [die] Japanisch sprechen kann?

ギープト エス ヒーア アイネン アールツト [アイネ エールツティン] デア [ディー] ヤパーニシュ シュプレッヒェン カン

□ 服を脱いでください.
> Please take your clothes off.
> Bitte ziehen Sie sich aus.

ビッテ ツィーエン ズィー ズィヒ アオス

□ 左[右]腕をまくってください.
> Please roll up your left [right] sleeve.
> Bitte rollen Sie den linken [rechten] Ärmel auf.

ビッテ ロレン ズィー デン リンケン [レヒテン] エルメル アオフ

❏ ここに横になってください.

Please lie down here.

Bitte legen Sie sich hierhin.

ビッテ レーゲン ズィー ズィヒ ヒーアヒン

❏ 気分はいかがですか.

How are you feeling?

Wie fühlen Sie sich?

ヴィー フューレン ズィー ズィヒ

❏ どこが具合悪いのですか.

What kind of symptoms do you have?

Was fehlt Ihnen denn?

ヴァス フェールト イーネン デン

❏ いつからですか.

Since when?

Seit wann?

ザイト ヴァン

❏ 今朝からです.

Since this morning.

Seit heute Morgen.

ザイト ホイテ モルゲン

❏ それはいつですか.

When was that?

Wann hat das begonnen?

ヴァン ハット ダス ベゴネン

❏ 以前にも同じ症状がありましたか.

Have you had symptoms like this before?

Hatten Sie früher schon ähnliche Symptome?

ハッテン ズィー フリューアー ショーン エーンリヒェ ズュンプトーメ

27 病院・薬局

❏ 何を食べましたか.

What did you eat?

Was haben Sie gegessen?

ヴァス ハーベン ズィー ゲゲッセン

❏ 何を飲みましたか.

What did you drink?

Was haben Sie getrunken?

ヴァス ハーベン ズィー ゲトルンケン

❏ ここは痛いですか.

Does it hurt here?

Tut es hier weh?

トゥート エス ヒーア ヴェー

❏ 喉は痛みますか.

Do you have a sore throat?

Haben Sie Halsschmerzen?

ハーベン ズィー ハルスシュメルツェン

❏ 熱はありますか.

Do you have a fever?

Haben Sie Fieber?

ハーベン ズィー フィーバー

❏ 口を開けてください.

Please open your mouth.

Bitte machen Sie den Mund auf.

ビッテ マッヘン ズィー デン ムント アオフ

❏ 深呼吸してください.

Please take a deep breath.

Bitte atmen Sie tief ein.

ビッテ アートメン ズィー ティーフ アイン

27 病院・薬局

- ❏ 血液 [尿] 検査をします.
  We'll do a blood [urine] test.
  Wir nehmen eine Blutprobe [Urinprobe].
  ヴィーア ネーメン アイネ ブルートプローベ [ウリーンプローベ]

- ❏ レントゲンを撮ります.
  We'll take an x-ray.
  Wir machen eine Röntgenaufnahme.
  ヴィーア マッヘン アイネ レントゲンアオフナーメ

症状を説明する
―― 食欲がありません. ――

- ❏ 気分が悪いのですが.
  I don't feel very well.
  Ich fühle mich sehr schlecht.
  イヒ フューレ ミヒ ゼーア シュレヒト

- ❏ 風邪をひきました.
  I've caught a cold.
  Ich bin erkältet.
  イヒ ビン エアケルテット

- ❏ 咳がひどいんです.
  I'm coughing a lot.
  Ich habe heftigen Husten.
  イヒ ハーベ ヘフティゲン フーステン

- ❏ 食欲がありません.
  I have no appetite.
  Ich habe keinen Appetit.
  イヒ ハーベ カイネン アペティート

27 病院・薬局

- [ ] むかむかします.

    I feel like vomiting.

    Mir ist übel.

    ミーア イスト ユーベル

- [ ] めまいがします.

    I feel dizzy.

    Mir ist schwindelig.

    ミーア イスト シュヴィンデリヒ

- [ ] 悪寒がします.

    I've got a chill.

    Mir ist kalt.

    ミーア イスト カルト

- [ ] 鼻水が出ます.

    My nose is running.

    Mir läuft die Nase.

    ミーア ロイフト ディー ナーゼ

- [ ] 下痢をしています.

    I have diarrhea.

    Ich habe Durchfall.

    イヒ ハーベ ドゥルヒファル

- [ ] 便秘です.

    I am constipated.

    Ich habe Verstopfung.

    イヒ ハーベ フェアシュトプフング

- [ ] 喉がはれています.

    I have a sore throat.

    Mein Hals ist geschwollen.

    マイン ハルス イスト ゲシュヴォレン

- ❏ 息が苦しいです.

    I'm having difficulty breathing.

    Ich kann sehr schlecht atmen.

    イヒ カン ゼーア シュレヒト アートメン

- ❏ だるいです.

    I don't have any energy.

    Ich fühle mich matt.

    イヒ フューレ ミヒ マット

- ❏ 肩がひどくこっています.

    My shoulders are very stiff.

    Meine Schultern sind sehr verspannt.

    マイネ シュルターン ズィント ゼーア フェアシュパント

- ❏ 夜眠れません.

    I can't sleep well at night.

    Ich kann nachts nicht gut schlafen.

    イヒ カン ナハツ ニヒト グート シュラーフェン

- ❏ 車 [船, 飛行機] に酔いました.

    I am getting carsick [seasick, airsick].

    Ich bin reisekrank [seekrank, flugkrank].

    イヒ ビン ライゼクランク [ゼークランク, フルーククランク]

- ❏ 熱があります.

    I have a fever.

    Ich habe Fieber.

    イヒ ハーベ フィーバー

- ☐ 38度5分あります.

  My temperature is thirty-eight point five.

  Meine Körpertemperatur ist achtunddreißig Komma fünf.

  マイネ ケルパーテンペラトゥーア イスト アハトウントドライスィヒ コンマ フュンフ

- ☐ 熱っぽいです.

  I feel feverish [hot].

  Ich fühle mich fiebrig.

  イヒ フューレ ミヒ フィーブリヒ

- ☐ 平熱 [高熱] です.

  My temperature is normal [high].

  Meine Körpertemperatur ist ganz normal [erhöht].

  マイネ ケルパーテンペラトゥーア イスト ガンツ ノルマール [エアヘート]

- ☐ 昨夜から熱が下がりません.

  My temperature hasn't gone down since last night.

  Meine Körpertemperatur geht seit gestern Abend nicht zurück.

  マイネ ケルパーテンペラトゥーア ゲート ザイト ゲスターン アーベント ニヒト ツリュック

- ☐ 頭が痛みます. / 胃が痛みます.

  I have a headache. / I have a stomachache.

  Ich habe Kopfschmerzen. / Ich habe Magenschmerzen.

  イヒ ハーベ コプフシュメルツェン/イヒ ハーベ マーゲンシュメルツェン

- ☐ ここが痛みます.

  It hurts here.

  Hier tut es weh.

  ヒーア トゥート エス ヴェー

- ❏ ここが断続的に痛みます.
  - I have a pain here off and on.
  - **Hier tut es ab und zu weh.**
  - ヒーア トゥート エス アップ ウント ツー ヴェー

- ❏ ここがとても痛いんです.
  - It hurts a lot here.
  - **Hier tut es mir stark weh.**
  - ヒーア トゥート エス ミーア シュタルク ヴェー

- ❏ ここがはれています.
  - I have a swelling here.
  - **Hier ist es geschwollen.**
  - ヒーア イスト エス ゲシュヴォレン

- ❏ ここがかゆいです.
  - It itches here.
  - **Es juckt hier.**
  - エス ユックト ヒーア

- ❏ 足がつっています.
  - I have got a cramp in my leg.
  - **Ich habe einen Krampf im Bein.**
  - イヒ ハーベ アイネン クランプフ イム バイン

持病・体質・病歴について話す
―― 卵アレルギーです. ――

- ❏ 何か持病はありますか.
  - Do you have any chronic diseases?
  - **Haben Sie eine chronische Krankheit?**
  - ハーベン ズィー アイネ クローニシェ クランクハイト

27 病院・薬局

❏ 糖尿病です.

I have diabetes.

Ich habe Diabetes./ Ich bin zuckerkrank.

イヒ ハーベ ディアベーテス/イヒ ビン ツッカークランク

❏ 高血圧 [低血圧] です.

I have high [low] blood pressure.

Ich habe hohen [niedrigen] Blutdruck.

イヒ ハーベ ホーエン [ニードリゲン] ブルートドルック

❏ 胃腸が弱いんです.

I have poor digestion.

Ich habe einen schwachen Magen und Darm.

イヒ ハーベ アイネン シュヴァッヘン マーゲン ウント ダルム

❏ 胃潰瘍があります.

I have a stomach ulcer.

Ich habe ein Magengeschwür.

イヒ ハーベ アイン マーゲンゲシュヴューア

❏ 私は卵アレルギーです.

I'm allergic to eggs.

Ich bin allergisch gegen Eier.

イヒ ビン アレルギシュ ゲーゲン アイアー

❏ 私は妊娠3か月です.

I'm three months pregnant.

Ich bin im dritten Monat schwanger.

イヒ ビン イム ドリッテン モーナト シュヴァンガー

眼科・歯科での表現
── 目に何か入りました. ──

❏ 目に何か入りました.

I have something in my eye.

Ich habe etwas in meinem Auge.

イヒ ハーベ エトヴァス イン マイネム アオゲ

❏ まぶたの内側に何かできています.

I have something under my eyelid.

Ich habe etwas unter meinem Augenlid.

イヒ ハーベ エトヴァス ウンター マイネム アオゲンリート

❏ 近視 [遠視,老眼] です.

I am shortsighted [farsighted, presbyopic].

Ich bin kurzsichtig [weitsichtig, altersichtig].

イヒ ビン クルツズィヒティヒ [**ヴァ**イトズィヒティヒ, **ア**ルタースズィヒティヒ]

❏ 虫歯が痛みます.

My cavity hurts.

Ich habe Zahnschmerzen.

イヒ ハーベ **ツァ**ーンシュメルツェン

❏ 入れ歯がこわれました.

One of my dentures broke.

Meine Zahnprothese ist kaputt.

マイネ **ツァ**ーンプロテーゼ イスト カプット

27 病院・薬局

けがなどの説明
―― 足首をねんざしました. ――

☐ けがをしました.

I injured myself.

Ich habe mich verletzt.

イヒ ハーベ ミヒ フェアレッツト

☐ ドアに指をはさまれました.

My finger got caught in the door.

Ich habe mir den Finger in der Tür eingeklemmt.

イヒ ハーベ ミーア デン フィンガー イン デア テューア アインゲクレムト

☐ 指を切ってしまいました.

I cut my finger.

Ich habe mir in den Finger geschnitten.

イヒ ハーベ ミーア イン デン フィンガー ゲシュニッテン

☐ 足首をねんざしました.

I sprained my ankle.

Ich bin (mit dem Fuß) umgeknickt.

イヒ ビン (ミット デム フース) ウムゲクニックト

☐ 突き指です.

I sprained my finger.

Ich habe mir den Finger verstaucht.

イヒ ハーベ ミーア デン フィンガー フェアシュタオホト

- ❏ ころんで腰をひどく打ちました．
  > I fell down and got a serious bruise on my back.
  > **Ich bin hingefallen und habe mir dabei die Hüfte schwer verletzt.**
  > イヒ ビン ヒンゲファレン ウント ハーベ ミーア ダバイ ディー ヒュフテ シュヴェーア フェアレッツト

- ❏ やけどをしました．
  > I've burned myself.
  > **Ich habe mich verbrannt.**
  > イヒ ハーベ ミヒ フェアブラント

- ❏ 虫に刺されました．
  > I got bitten by some bug.
  > **Ich habe einen Insektenstich bekommen.**
  > イヒ ハーベ アイネン インゼクテンシュティヒ ベコメン

診断の表現
―― インフルエンザにかかっています．――

- ❏ たいしたことはありません．
  > It's nothing.
  > **Das ist nicht schlimm.**
  > ダス イスト ニヒト シュリム

- ❏ インフルエンザにかかっています．
  > You have influenza.
  > **Sie haben Grippe.**
  > ズィー ハーベン グリッペ

27 病院・薬局

❏ ウイルス性の感染症です.
It's a contagious viral disease.
Sie haben sich mit einem Virus infiziert.
ズィー ハーベン ズィヒ ミット アイネム ヴィールス インフィツィーアト

❏ 気管支炎です.
It's bronchitis.
Sie haben Bronchitis.
ズィー ハーベン ブロンヒーティス

❏ 炎症を起こしています.
There's inflammation.
Sie haben eine Entzündung.
ズィー ハーベン アイネ エントツュンドゥング

❏ 食べ物のアレルギーです.
It's a food allergy.
Sie haben eine Lebensmittelallergie.
ズィー ハーベン アイネ レーベンスミッテルアレルギー

❏ 筋を傷めています.
Your muscle is injured.
Der Muskel ist verletzt.
デア ムスケル イスト フェアレッット

❏ 指の骨が折れています.
You have a fractured bone in the finger.
Sie haben sich den Finger gebrochen.
ズィー ハーベン ズィヒ デン フィンガー ゲブロッヘン

❏ 縫合手術が必要です.
You need stitches.
Die Wunde muss genäht werden.
ディー ヴンデ ムス ゲネート ヴェーアデン

❏ 手術が必要です．
　You need surgery.
　Sie müssen operiert werden.
　ズィー　ミュッセン　オペリーアト　ヴェーアデン

❏ 検査が必要です．
　You need to be examined.
　Sie müssen genauer untersucht werden.
　ズィー　ミュッセン　ゲナオアー　ウンターズーフト　ヴェーアデン

❏ 入院しなければなりません．
　You must be hospitalized.
　Sie müssen ins Krankenhaus eingeliefert werden.
　ズィー　ミュッセン　インス　クランケンハオス　アイングリーファート　ヴェーアデン

❏ 重症 [軽症] です．
　You are seriously [slightly] ill.
　Sie sind schwer [leicht] krank.
　ズィー　ズィント　シュヴェーア　[ライヒト]　クランク

病気についての質問
―― 治るのにどのくらいかかりますか？ ――

27　病院・薬局

❏ 治るのにどのくらいかかりますか．
　How long will it take me to recover?
　Wie lange dauert es, bis ich wieder gesund werde?
　ヴィー　ランゲ　ダオアート　エス　ビス　イヒ　ヴィーダー　ゲズント　ヴェーアデ

❏ 旅行は続けられますか．
　Can I travel?
　Kann ich weiter reisen?
　カン　イヒ　ヴァイター　ライゼン

❏ すぐに日本に帰れますか.

Can I go back to Japan soon?

Kann ich sofort nach Japan zurückfliegen?

カン イヒ ゾフォルト ナーハ ヤーパン ツリュックフリーゲン

❏ 明日 [数日後に] また来てください.

Please come again tomorrow [in a few days].

Bitte kommen Sie morgen [in ein paar Tagen] wieder.

ビッテ コメン ズィー モルゲン [イン アイン パール ターゲン] ヴィーダー

薬に関する表現
―― 1日に3回飲んでください. ――

❏ 1日に何回飲むのですか.

How many times a day should I take this?

Wie oft pro Tag muss ich dieses Medikament einnehmen?

ヴィー オフト プロ ターク ムス イヒ ディーゼス メディカメント アインネーメン

❏ 1日に3回飲んでください.

Please take it three times a day.

Bitte nehmen Sie es dreimal pro Tag ein.

ビッテ ネーメン ズィー エス ドライマール プロ ターク アイン

❏ 食前 [後] に飲んでください.

Please take this before [after] eating.

Bitte nehmen Sie es vor [nach] dem Essen ein.

ビッテ ネーメン ズィー エス フォーア [ナーハ] デム エッセン アイン

❑ 1回2錠です．
Take two pills at a time.
Nehmen Sie bitte jeweils zwei Tabletten.
ネーメン ズィー ビッテ イェーヴァイルス ツヴァイ タブレッテン

❑ 風邪薬をください．
I'd like some cold medicine, please.
Ich möchte etwas gegen Erkältung.
イヒ メヒテ エトヴァス ゲーゲン エアケルトゥング

❑ 頭痛薬はありますか．
Do you have medicine for a headache?
Haben Sie etwas gegen Kopfschmerzen?
ハーベン ズィー エトヴァス ゲーゲン コプフシュメルツェン

❑ 眠くならないのにしてください．
I'd like something that won't make me drowsy.
Ich möchte bitte ein Medikament, das nicht müde macht.
イヒ メヒテ ビッテ アイン メディカメント ダス ニヒト ミューデ マハト

❑ この薬を常用しています．
I use this medicine regularly.
Ich nehme dieses Medikament regelmäßig.
イヒ ネーメ ディーゼス メディカメント レーゲルメースィヒ

❑ どんな薬を飲みましたか．
What kind of medicine did you take?
Was für ein Medikament haben Sie eingenommen?
ヴァス フューア アイン メディカメント ハーベン ズィー アインゲノメン

27 病院・薬局

❏ 市販の痛み止めです.

> Over-the-counter painkillers.

Ich habe ein Schmerzmittel eingenommen, das in der Apotheke erhältlich ist.
イヒ ハーベ アイン シュメルツミッテル **ア**インゲノメン ダス イン デア アポ**テ**ーケ エアヘルトリヒ イスト

❏ 持って来ました.

> I brought it with me.

Ich habe es mitgebracht.
イヒ ハーベ エス ミットゲブラハト

❏ アスピリンにアレルギーがあります.

> I'm allergic to aspirin.

Ich bin allergisch gegen Aspirin.
イヒ ビン アレルギシュ ゲーゲン アスピリーン

❏ 破傷風のワクチンは受けましたか.

> Did you get a tetanus shot?

Haben Sie eine Impfung gegen Tetanus?
ハーベン ズィー アイネ **イ**ンプフング ゲーゲン **テ**ータヌス

27 病院・薬局

健康・気分についてたずねる・答える
—— 寝不足です. ——

❏ 顔色が悪いですよ.

> You look pale.

Sie sehen blass aus.
ズィー ゼーエン ブラス **ア**オス

❏ ちょっと疲れ気味です．
> I'm a little tired.
>
> Ich bin ein bisschen müde.
>
> イヒ　ビン　アイン　ビスヒェン　ミューデ

❏ 今日は体調がよくありません．
> I'm not feeling well today.
>
> Ich fühle mich heute gar nicht wohl.
>
> イヒ　フューレ　ミヒ　ホイテ　ガール　ニヒト　ヴォール

❏ 二日酔いです．
> I'm hungover.
>
> Ich habe einen Kater.
>
> イヒ　ハーベ　アイネン　カーター

❏ 時差ぼけです．
> I feel sick because of jet-lag.
>
> Ich habe einen Jetlag.
>
> イヒ　ハーベ　アイネン　ジェットラグ

❏ 寝不足です．
> I didn't get enough sleep.
>
> Ich habe nicht genug geschlafen.
>
> イヒ　ハーベ　ニヒト　ゲヌーク　ゲシュラーフェン

❏ 少し気分がよくなりました．
> I feel a little better.
>
> Ich fühle mich schon etwas besser.
>
> イヒ　フューレ　ミヒ　ショーン　エトヴァス　ベッサー

❏ すっかり疲れが取れました．
> I'm totally refreshed.
>
> Ich habe mich gut erholt.
>
> イヒ　ハーベ　ミヒ　グート　エアホールト

27 病院・薬局

❏ すっかりよくなりました.

I am quite well now.

Mir geht's wieder gut.

ミーア ゲーツ ヴィーダー グート

❏ 風邪は治りました.

I've gotten over my cold.

Die Erkältung ist abgeklungen.

ディー エア**ケ**ルトゥング イスト **ア**ップゲクルンゲン

単語 薬　*das* **Medikament**, *die* **Arznei**/メディカメント, アールツナイ/

ばんそうこう　*das* **Heftpflaster**/ヘフトプフラスター/(⊛adhesive bandage)

胃薬　*das* **Magenmittel**/マーゲンミッテル/(⊛stomach medicine)

目薬　*der* **Augentropfen**/アオゲントロプフェン/(⊛eyedrops)

うがい薬　*das* **Gurgelwasser**/グルゲルヴァッサー/(⊛gargle)

鎮痛剤　*das* **Linderungsmittel**, *das* **Schmerzmittel**/リンデルングスミッテル, シュメルツミッテル/(⊛painkiller)

風邪薬　*das* **Medikament gegen Erkältung**/メディカメント ゲーゲン エアケルトゥング/(⊛cold medicine)

解熱剤　*das* **Fiebermittel**/フィーバーミッテル/(⊛antipyretic)

27 病院・薬局

[単語] からだ *der* **Körper**/ケルパー/

頭 *der* **Kopf**/コプフ/([英]head)
髪 *das* **Haar**/ハール/([英]hair)
顔 *das* **Gesicht**/ゲズィヒト/([英]face, look)
目 *das* **Auge**/アオゲ/([英]eye)
耳 *das* **Ohr**/オーア/([英]ear)
鼻 *die* **Nase**/ナーゼ/([英]nose)
口 *der* **Mund**/ムント/([英]mouth)
くちびる *die* **Lippe**/リッペ/([英]lips)
歯 *der* **Zahn**/ツァーン/([英]tooth)
舌 *die* **Zunge**/ツンゲ/([英]tongue)
のど *der* **Hals**, *die* **Kehle**/ハルス, ケーレ/([英]throat)
首 *der* **Hals**/ハルス/([英]neck)
肩 *die* **Schulter**/シュルター/([英]shoulder)
腕 *der* **Arm**/アルム/([英]arm)
手 *die* **Hand**/ハント/([英]hand)
指 *der* **Finger**/フィンガー/([英]finger)
胸 *die* **Brust**/ブルスト/([英]breast, chest)
腹 *der* **Bauch**/バオホ/([英]belly)
背 *der* **Rücken**/リュッケン/([英]back)
腰 *die* **Hüfte**/ヒュフテ/([英]waist)
脚 *das* **Bein**/バイン/([英]leg)
足 *der* **Fuß**/フース/([英]foot)
皮膚 *die* **Haut**/ハオト/([英]skin)
爪 *der* **Nagel**/ナーゲル/([英]fingernail)
骨 *der* **Knochen**/クノッヘン/([英]bone)
筋肉 *der* **Muskel**/ムスケル/([英]muscle)
血管 *die* **Ader**/アーダー/([英]blood vessel)
へんとうせん *die* **Mandeln**/マンデルン/([英]tonsils)
気管支 *die* **Bronchien**/ブロンヒエン/([英]bronchus)
肺 *die* **Lunge**/ルンゲ/([英]lungs)
心臓 *das* **Herz**/ヘルツ/([英]heart)
胃 *der* **Magen**/マーゲン/([英]stomach)

> **単語** 病気 *die* **Krankheit**/クランクハイト/

風邪 *die* **Erkältung**/エアケルトゥング/(㊥cold, flu)
インフルエンザ *die* **Grippe**/グリッペ/(㊥influenza)
食中毒 *die* **Nahrungsmittelvergiftung**/ナールングスミッテルフェアギフトゥング/(㊥food poisoning)
盲腸炎 *die* **Blinddarmentzündung**/ブリントダルムエントツュンドゥング/(㊥appendicitis)
花粉症 *der* **Heuschnupfen**/ホイシュヌプフェン/(㊥hay fever)
喘息 *das* **Asthma**/アストマ/(㊥asthma)
げり *der* **Durchfall**/ドゥルヒファル/(㊥diarrhea)
便秘 *die* **Verstopfung**/フェアシュトプフング/(㊥constipation)
打ぼく **blauer Fleck**/ブラオアー フレック/(㊥bruise)
ねんざ *die* **Verstauchung**/フェアシュタオフング/(㊥sprain)
骨折 *der* **Knochenbruch**/クノッヘンブルフ/(㊥fracture)
アレルギー *die* **Allergie**/アレルギー/(㊥allergy)

27 病院・薬局

日独単語帳

あ行

空いた **leer, frei** /レーア, フライ/ ([英]empty, vacant)
青い **blau** /ブラオ/ ([英]blue)
赤い **rot** /ロート/ ([英]red)
赤ちゃん *das* **Baby** /ベービ/ ([英]baby)
明かり *das* **Licht**, *die* **Lampe** /リヒト, ランペ/ ([英]light, lamp)
上がる **auf|steigen** /アオフシュタイゲン/ ([英]go up, rise)
明るい **hell** /ヘル/ ([英]bright, light)
秋 *der* **Herbst** /ヘルプスト/ ([英]autumn, fall)
朝 *der* **Morgen** /モルゲン/ ([英]morning)
脚 *das* **Bein** /バイン/ ([英]leg)
足 *der* **Fuß** /フース/ ([英]foot)
味 *der* **Geschmack** /ゲシュマック/ ([英]taste, flavor)
明日 **morgen** /モルゲン/ ([英]tomorrow)
預ける **an|vertrauen, deponieren** /アンフェアトラオエン, デポニーレン/ ([英]leave, deposit)
頭 *der* **Kopf** /コプフ/ ([英]head)
新しい **neu** /ノイ/ ([英]new)
熱[暑]い **heiß** /ハイス/ ([英]hot)
厚い **dick** /ディック/ ([英]thick)
アドレス *die* **Adresse** /アドレッセ/ ([英]address)
穴 *das* **Loch** /ロッホ/ ([英]hole, opening)
アナウンス *die* **Ansage** /アンザーゲ/ ([英]announcement)
危ない **gefährlich** /ゲフェーアリヒ/ ([英]dangerous, risky)
甘い **süß** /ズュース/ ([英]sweet)
雨 *der* **Regen** /レーゲン/ ([英]rain)
アレルギー *die* **Allergie** /アレルギー/ ([英]allergy)

日独単語帳

暗証番号　*die* **Geheimnummer** /ゲハイムヌマー/ (㊧code number)
安全な　**sicher** /ズィヒャー/ (㊧safe, secure)
案内所　*die* **Auskunft** /アオスクンフト/ (㊧information desk)
胃　*der* **Magen** /マーゲン/ (㊧stomach)
行く　**gehen, kommen** /ゲーエン, コメン/ (㊧go, come)
いくつ　**wie viel** /ヴィー フィール/ (㊧how many)
いくつ（何歳）　**wie alt** /ヴィー アルト/ (㊧how old)
居酒屋　*das* **Lokal,** *die* **Kneipe** /ロカール, クナイペ/ (㊧tavern)
医者　*der(die)* **Arzt(Ärztin)** /アールツト (エーアツティン)/ (㊧doctor)
いす　*der* **Sessel,** *der* **Stuhl** /ゼッセル, シュトゥール/ (㊧chair, stool)
痛い　**weh, schmerzhaft** /ヴェー, シュメルツハフト/ (㊧painful, sore)
一月　*der* **Januar** /ヤヌアール/ (㊧January)
いつ　**wann** /ヴァン/ (㊧when)
一杯　**eine Tasse, ein Glas** /アイネ タッセ, アイン グラース/ (㊧a cup *of*, a glass *of*)
いっぱいの　**voll** /フォル/ (㊧full)
糸　*der* **Faden,** *das* **Garn** /ファーデン, ガルン/ (㊧thread, yarn)
犬　*der* **Hund** /フント/ (㊧dog)
今　**jetzt, nun** /イェット, ヌン/ (㊧now)
意味　*die* **Bedeutung** /ベドイトゥング/ (㊧meaning, sense)
イヤホーン　*der* **Kopfhörer** /コプフヘーラー/ (㊧earphone)
入口　*der* **Eingang** /アインガング/ (㊧entrance)
入れ歯　**(künstliches) Gebiss** /(キュンストリヒェス) ゲビス/ (㊧artificial tooth)
色　*die* **Farbe** /ファルベ/ (㊧color)
インターネット　*das* **Internet** /インターネット/ (㊧Internet)
ウエイター　*der* **Kellner** /ケルナー/ (㊧waiter)
ウエイトレス　*die* **Kellnerin** /ケルネリン/ (㊧waitress)
上に　**oben** /オーベン/ (㊧above)
受付　*der* **Empfang** /エンプファング/ (㊧reception)

後ろ *die* **Rückseite** /リュックザイテ/ (㊀back)
薄い **dünn** /デュン/ (㊀thin)
薄い（色が） **blass** /ブラス/ (㊀light)
薄い（濃度） **schwach** /シュヴァッハ/ (㊀weak)
美しい **schön** /シェーン/ (㊀beautiful)
腕 *der* **Arm** /アルム/ (㊀arm)
海 *das* **Meer**, *die* **See** /メーア, ゼー/ (㊀sea, ocean)
売り場 *die* **Abteilung** /アップタイルング/ (㊀department)
運賃 *der* **Fahrpreis**, *die* **Fahrkosten** /ファールプライス, ファールコステン/ (㊀fare)
運転免許証 *der* **Führerschein** /フューラーシャイン/ (㊀driver's license)
絵 *das* **Bild** /ビルト/ (㊀picture)
エアコン *die* **Klimaanlage** /クリーマアンラーゲ/ (㊀air conditioner)
エアメール *die* **Luftpost** /ルフトポスト/ (㊀airmail)
映画 *der* **Film** /フィルム/ (㊀picture, movie)
英語 *das* **Englisch** /エングリシュ/ (㊀English)
駅 *der* **Bahnhof** /バーンホーフ/ (㊀station)
エスカレーター *die* **Rolltreppe** /ロルトレッペ/ (㊀escalator)
絵はがき *die* **Ansichtskarte** /アンズィヒツカルテ/ (㊀picture postcard)
エレベーター *der* **Aufzug**, *der* **Lift** /アオフツーク, リフト/ (㊀elevator)
演劇 *das* **Schauspiel** /シャオシュピール/ (㊀play, drama)
鉛筆 *der* **Bleistift** /ブライシュティフト/ (㊀pencil)
応急手当 **erste Hilfe** /エーアステ ヒルフェ/ (㊀first aid)
往復切符 *die* **Rückfahrkarte** /リュックファールカルテ/ (㊀round-trip ticket)
多い **viel** /フィール/ (㊀many, much)
大きい **groß** /グロース/ (㊀big, large)
オーバー *der* **Mantel** /マンテル/ (㊀overcoat)
屋外の[で] **im Freien** /イム フライエン/ (㊀outdoor)

日独単語帳

日独単語帳

屋上 *das* Dach /ダッハ/ (⑱roof)
屋内の[で] im Haus /イム ハオス/ (⑱indoor)
送る senden /ゼンデン/ (⑱send)
押す drücken, stoßen /ドリュッケン, シュトーセン/ (⑱push, press)
遅い spät /シュペート/ (⑱late)
遅い(速度が) langsam /ラングザーム/ (⑱slow)
夫 *der* Mann, *der* Gatte /マン, ガッテ/ (⑱husband)
音 *der* Laut /ラオト/ (⑱sound)
男 *der* Mann /マン/ (⑱man, male)
男の子 *der* Junge /ユンゲ/ (⑱boy)
大人 *der/die* Erwachsene /エアヴァクセネ/ (⑱adult)
踊り *der* Tanz /タンツ/ (⑱dance)
同じ gleich /グライヒ/ (⑱same, equal)
オプション *die* Wahl, *die* Option /ヴァール, オプツィオーン/ (⑱option)
オペラ *die* Oper /オーパー/ (⑱opera)
おむつ *der* Windel /ヴィンデル/ (⑱diaper)
重い schwer /シュヴェーア/ (⑱heavy)
おもちゃ *das* Spielzeug /シュピールツォイク/ (⑱toy)
織物 *die* Textilien /テクスティーリエン/ (⑱textile, fabrics)
下[降]りる herunter|kommen /ヘルンターコメン/ (⑱come down)
下[降]りる(乗り物から) aus|steigen /アオスシュタイゲン/ (⑱get off, get out *of*)
オレンジ色の orange /オラーンジェ/ (⑱orange)
終わり *das* Ende, *der* Schluss /エンデ, シュルス/ (⑱end, close)
音楽 *die* Musik /ムズィーク/ (⑱music)
温泉 heiße Quelle, *die* Thermalquelle /ハイセ クヴェレ, テルマールクヴェレ/ (⑱hot spring, spa)
温度 *die* Temperatur /テンペラトゥーア/ (⑱temperature)
女 *die* Frau /フラオ/ (⑱woman)

女の子 das **Mädchen** /メートヒェン/ (㊍girl)

か行

蚊 die **Mücke**, der **Moskito** /ミュッケ, モスキート/ (㊍mosquito)
カーテン der **Vorhang**, die **Gardine** /フォーアハング, ガルディーネ/ (㊍curtain)
カード die **Karte** /カルテ/ (㊍card)
カーブ die **Kurve**, die **Biegung** /クルヴェ, ビーグング/ (㊍curve, turn)
改札口 die **Sperre** /シュペレ/ (㊍ticket gate)
会場 der **Saal** /ザール/ (㊍hall)
解説 die **Erklärung** /エアクレールング/ (㊍explanation, commentary)
階段 die **Treppe** /トレッペ/ (㊍stairs)
ガイド der(die) **Führer**(*in*) /フューラー(-レリン)/ (㊍guide)
ガイドブック (旅行用) der **Reiseführer** /ライゼフューラー/ (㊍guidebook)
解約 die **Kündigung** /キュンディグング/ (㊍cancellation)
買う **kaufen** /カオフェン/ (㊍buy, purchase)
帰り die **Rückkehr** /リュックケーア/ (㊍return)
変える **ändern** /エンダーン/ (㊍change)
価格 der **Preis** /プライス/ (㊍price)
鏡 der **Spiegel** /シュピーゲル/ (㊍mirror)
鍵 der **Schlüssel** /シュリュッセル/ (㊍key)
書留 das **Einschreiben** /アインシュライベン/ (㊍registration)
書く **schreiben** /シュライベン/ (㊍write)
家具 das **Möbel** /メーベル/ (㊍furniture)
各駅停車 der **Bummelzug** /ブメルツーク/ (㊍local train)
確認する **bestätigen** /ベシュテーティゲン/ (㊍confirm)
傘 der **Schirm** /シルム/ (㊍umbrella)
菓子 die **Süßigkeit**, das **Gebäck** /ズースィヒカイト, ゲベック/ (㊍sweets, candy, cookies)
火事 das **Feuer** /フォイアー/ (㊍fire)

日独単語帳

カジノ *das* **Kasino** /カズィーノ/ (㊀casino)
数 *die* **Zahl** /ツァール/ (㊀number, figure)
ガス *das* **Gas** /ガース/ (㊀gas)
風 *der* **Wind** /ヴィント/ (㊀wind, breeze)
風邪 *die* **Erkältung** /エアケルトゥング/ (㊀cold)
家族 *die* **Familie** /ファミーリエ/ (㊀family)
ガソリンスタンド *die* **Tankstelle** /タンクシュテレ/ (㊀gas station)
かたい **hart, fest** /ハルト, フェスト/ (㊀hard, solid)
片道切符 **einfache Fahrkarte** /アインファッヘ ファールカルテ/ (㊀one-way ticket)
カタログ *der* **Katalog** /カタローク/ (㊀catalog)
楽器 *das* **Musikinstrument** /ムズィークインストルメント/ (㊀musical instrument)
カップ *die* **Tasse** /タッセ/ (㊀cup)
金 *das* **Geld** /ゲルト/ (㊀money)
カバー *die* **Decke** /デッケ/ (㊀cover)
鞄 *die* **Tasche** /タッシェ/ (㊀bag)
カフェ *das* **Café** /カフェー/ (㊀café, coffeehouse)
紙 *das* **Papier** /パピーア/ (㊀paper)
髪 *das* **Haar** /ハール/ (㊀hair)
カメラ *die* **Kamera,** *der* **Fotoapparat** /カメラ, フォートアパラート/ (㊀camera)
火曜日 *der* **Dienstag** /ディーンスターク/ (㊀Tuesday)
柄 *das* **Muster** /ムスター/ (㊀pattern, design)
辛い **scharf** /シャルフ/ (㊀hot, pungent)
ガラス *das* **Glas** /グラース/ (㊀glass)
軽い **leicht** /ライヒト/ (㊀light, slight)
川 *der* **Fluss** /フルス/ (㊀river)
皮・革 *das* **Fell,** *das* **Leder** /フェル, レーダー/ (㊀hide, leather, fur)
かわいい **süß, hübsch, lieb** /ズース, ヒュブシュ, リープ/ (㊀pretty, lovely)

乾かす **trocknen** /トロックネン/ (㊛dry)
缶 *die* **Büchse**, *die* **Dose** /ビュクセ, ドーゼ/ (㊛can)
観客席 *der* **Zuschauerraum**, *die* **Tribüne** /ツーシャオアーラオム, トリビューネ/ (㊛seat, stand)
缶切り *der* **Dosenöffner** /ドーゼンエフナー/ (㊛can opener)
関係 *das* **Verhältnis**, *die* **Beziehung** /フェアヘルトニス, ベツィーウング/ (㊛relation(ship))
観光 *der* **Tourismus** /トゥリスムス/ (㊛tourism)
勘定書 *die* **Rechnung** /レヒヌング/ (㊛bill)
関税 *der* **Zoll** /ツォル/ (㊛customs, duty)
簡単な **einfach, leicht** /アインファハ, ライヒト/ (㊛simple, easy)
缶詰め *die* **Konserve** /コンゼルヴェ/ (㊛canned food)
木 *der* **Baum** /バオム/ (㊛tree)
木（木材）*das* **Holz** /ホルツ/ (㊛wood)
黄色い **gelb** /ゲルプ/ (㊛yellow)
気温 *die* **Temperatur** /テンペラトゥーア/ (㊛temperature)
期間 *der* **Zeitraum** /ツァイトラオム/ (㊛period, term)
貴金属 *das* **Edelmetall** /エーデルメタル/ (㊛precious metals)
聞く（聞こえる）**hören** /ヘーレン/ (㊛hear)
聞く（尋ねる）**fragen** /フラーゲン/ (㊛ask, inquire)
危険 *die* **Gefahr** /ゲファール/ (㊛danger, risk)
期限 *die* **Frist** /フリスト/ (㊛term, deadline)
傷 *die* **Wunde** /ヴンデ/ (㊛wound, injury)
傷（品物の）*der* **Fehler** /フェーラー/ (㊛flaw)
季節 *die* **Jahreszeit** /ヤーレスツァイト/ (㊛season)
北 *der* **Norden** /ノルデン/ (㊛north)
汚い **schmutzig, unsauber** /シュムッツィヒ, ウンザオバー/ (㊛dirty, soiled)
貴重品 *die* **Wertsachen** /ヴェーアトザッヘン/ (㊛valuables)
きつい（窮屈な）**eng** /エング/ (㊛tight)
喫煙エリア *die* **Raucherzone** /ラオハーツォーネ/ (㊛smoking area)

日独単語帳

切手 die **Briefmarke** /ブリーフマルケ/ (㊧stamp)
切符（乗車券） die **Fahrkarte** /ファールカルテ/ (㊧ticket)
絹 die **Seide** /ザイデ/ (㊧silk)
昨日 **gestern** /ゲスターン/ (㊧yesterday)
客室乗務員 der(die) **Flugbegleiter(in)** /フルークベグライター(-テリン)/ (㊧flight attendant)
逆の **umgekehrt** /ウムゲケアト/ (㊧reverse, contrary)
キャッシュカード die **Kontokarte**, die **Euro-Karte** /コントカルテ, オイロカルテ/ (㊧bank card)
ギャラリー die **Galerie** /ガレリー/ (㊧gallery)
キャンセル die **Absage** /アップザーゲ/ (㊧cancellation)
救急車 der **Krankenwagen** /クランケンヴァーゲン/ (㊧ambulance)
急行列車 der **Schnellzug** /シュネルツーク/ (㊧express)
救命胴衣 die **Schwimmweste** /シュヴィムヴェステ/ (㊧life jacket)
今日 **heute** /ホイテ/ (㊧today)
教会 die **Kirche** /キルヒェ/ (㊧church)
兄弟 der **Bruder** /ブルーダー/ (㊧brother)
去年 **letztes Jahr** /レッツテス ヤール/ (㊧last year)
距離 der **Abstand**, die **Entfernung** /アップシュタント, エントフェルヌング/ (㊧distance)
キリスト教 das **Christentum** /クリステントゥーム/ (㊧Christianity)
切る（スイッチを） **aus|schalten** /アオスシャルテン/ (㊧turn off)
着る・着ている **tragen** /トラーゲン/ (㊧wear)
きれいな **schön** /シェーン/ (㊧pretty, beautiful)
きれいな（清潔な） **sauber** /ザオバー/ (㊧clean)
キログラム das **Kilogramm** /キログラム/ (㊧kilogram)
キロメートル der **Kilometer** /キロメーター/ (㊧kilometer)
禁煙エリア die **Nichtraucherzone** /ニヒトラオハーツォーネ/ (㊧nonsmoking area)
緊急 die **Dringlichkeit** /ドリングリヒカイト/ (㊧emergency)

金庫　der/das **Safe**, der **Geldschrank** /セイフ, ゲルトシェランク/ (Ⓔsafe)
銀行　die **Bank** /バンク/ (Ⓔbank)
金属　das **Metall** /メタル/ (Ⓔmetal)
金曜日　der **Freitag** /フライターク/ (ⒺFriday)
空気　die **Luft** /ルフト/ (Ⓔair)
空港　der **Flughafen** /フルークハーフェン/ (Ⓔairport)
空席　**freier Platz** /フライアー プラッツ/ (Ⓔvacant seat)
九月　der **September** /ゼプテンバー/ (ⒺSeptember)
臭い　**stinken, übel riechen** /シュティンケン, ユーベル リーヒェン/ (Ⓔsmelly, stinking)
薬　das **Medikament**, die **Medizin**, die **Arznei** /メディカメント, メディツィーン, アルツナイ/ (Ⓔmedicine, drug)
果物　das **Obst** /オープスト/ (Ⓔfruit)
口　der **Mund** /ムント/ (Ⓔmouth)
靴　die **Schuhe** /シューエ/ (Ⓔshoes)
靴（ブーツ）　die **Stiefel** /シュティーフェル/ (Ⓔboots)
靴下　die **Socken** /ゾッケン/ (Ⓔsocks)
クッション　das **Kissen** /キッセン/ (Ⓔcushion)
首　der **Hals** /ハルス/ (Ⓔneck)
曇り　die **Bewölkung** /ベヴェルクング/ (Ⓔcloudy weather)
暗い　**dunkel** /ドゥンケル/ (Ⓔdark, gloomy)
グラス　das **Glas** /グラース/ (Ⓔglass)
グラム　das **Gramm** /グラム/ (Ⓔgram)
グループ　die **Gruppe** /グルッペ/ (Ⓔgroup)
グレーの　**grau** /グラオ/ (Ⓔgray)
クレジットカード　die **Kreditkarte** /クレディートカルテ/ (Ⓔcredit card)
黒い　**schwarz** /シュヴァルツ/ (Ⓔblack)
クローク　die **Garderobe** /ガルデローベ/ (Ⓔcloakroom)
詳しい　**ausführlich, eingehend** /アオスフューアリヒ, アインゲーエント/ (Ⓔdetailed)
警官　der(die) **Polizist**(*in*) /ポリツィスト(-ティン)/ (Ⓔpolice

警察 *die* **Polizei** /ポリツァイ/ (㊤police)
計算 *die* **Rechnung** /レヒヌング/ (㊤calculation)
掲示 *der* **Aushang** /アオスハング/ (㊤notice, bulletin)
芸術 *die* **Kunst** /クンスト/ (㊤art)
携帯電話 *das* **Handy** /ヘンディ/ (㊤cell phone)
警備 *die* **Bewachung** /ベヴァッフング/ (㊤defense, guard)
契約書 *die* **Vertragsurkunde** /フェアトラークスウーアクンデ/ (㊤contract)
ゲート *der* **Flugsteig** /フルークシュタイク/ (㊤gate)
けが *die* **Verletzung** /フェアレッツング/ (㊤wound, injury)
劇場 *das* **Theater** /テアーター/ (㊤theater)
今朝 **heute früh, heute Morgen** /ホイテ フリュー, ホイテ モルゲン/ (㊤this morning)
下車する **aus|steigen** /アオスシュタイゲン/ (㊤get off)
化粧室 *die* **Toilette** /トアレッテ/ (㊤dressing room)
化粧品 *der* **Kosmetikartikel** /コスメーティクアルティーケル/ (㊤cosmetics)
消す（電灯などを） **aus|machen** /アオスマッヘン/ (㊤turn out, turn off)
月曜日 *der* **Montag** /モンタ-ク/ (㊤Monday)
煙 *der* **Rauch** /ラオホ/ (㊤smoke)
下痢 *der* **Durchfall** /ドゥルヒファル/ (㊤diarrhea)
券 *die* **Karte** /カルテ/ (㊤ticket, coupon)
現金 *das* **Bargeld** /バールゲルト/ (㊤cash)
検査 *die* **Untersuchung** /ウンターズーフング/ (㊤inspection)
現像 *die* **Entwicklung** /エントヴィックルング/ (㊤development)
建築（建築術） *die* **Architektur** /アルヒテクトゥーア/ (㊤architecture)
濃い（色） **dunkel** /ドゥンケル/ (㊤dark, deep)
濃い（密度） **dick** /ディック/ (㊤thick)
濃い（味） **stark** /シュタルク/ (㊤strong)
コイン *die* **Münze** /ミュンツェ/ (㊤coin)

コインロッカー　*das* **Schließfach** /シュリースファッハ/ (⊛coin-operated locker)
更衣室　*der* **Umkleideraum** /ウムクライデラオム/ (⊛dressing room)
公園　*der* **Park** /パルク/ (⊛park)
高価な　**teuer, kostbar** /トイアー, コストバール/ (⊛expensive, costly)
航空会社　*die* **Fluggesellschaft** /フルークゲゼルシャフト/ (⊛airline)
航空券　*das* **Flugticket** /フルークティケット/ (⊛airline ticket)
航空便　*die* **Luftpost** /ルフトポスト/ (⊛airmail)
合計　*die* **Summe** /ズメ/ (⊛sum, total)
口座　*das* **Konto** /コント/ (⊛account)
交差点　*die* **Kreuzung** /クロイツング/ (⊛crossing, crossroads)
香辛料　*das* **Gewürz** /ゲヴュルツ/ (⊛spices)
香水　*das* **Parfüm** /パルフューム/ (⊛perfume)
抗生物質　*das* **Antibiotikum** /アンティビオーティクム/ (⊛antibiotic)
高速道路　*die* **Autobahn** /アオトバーン/ (⊛expressway)
強奪　*der* **Raub** /ラオプ/ (⊛robbery)
紅茶　*der* **Tee** /テー/ (⊛tea)
交通機関　*das* **Verkehrsmittel** /フェアケーアスミッテル/ (⊛transportation)
交通標識　*das* **Verkehrszeichen** /フェアケーアスツァイヒェン/ (⊛traffic sign)
声　*die* **Stimme** /シュティメ/ (⊛voice)
コード　*die* **Schnur** /シュヌーア/ (⊛cord)
コーヒー　*der* **Kaffee** /カフェ/ (⊛coffee)
氷　*das* **Eis** /アイス/ (⊛ice)
五月　*der* **Mai** /マイ/ (⊛May)
呼吸　*der* **Atem** /アーテム/ (⊛respiration)
国際運転免許証　**internationaler Führerschein** /イン

日独単語帳

ターナツィオナーラー フューラーシャイン / (英international driving permit)

午後 der **Nachmittag** /ナーハミッターク/ (英afternoon)
ゴシック die **Gotik** /ゴーティク/ (英Gothic)
コスト die **Kosten** /コステン/ (英cost)
小銭入れ das **Portemonnaie** /ポルトモネー/ (英coin purse)
午前 der **Vormittag** /フォーアミッターク/ (英morning)
小包 das **Paket**, das **Päckchen** /パケート, ペックヒェン/ (英package, parcel)
骨董品 die **Antiquitäten** /アンティクヴィテーテン/ (英curio)
コップ das **Glas** /グラース/ (英glass)
今年 **dieses Jahr** /ディーゼス ヤール/ (英this year)
言葉（言語）die **Sprache** /シュプラーヘ/ (英language)
言葉（語）das **Wort** /ヴォルト/ (英word)
子供 das **Kind** /キント/ (英child)
細かい **fein** /ファイン/ (英small, fine)
ごみ箱 der **Mülleimer** /ミュルアイマー/ (英dustbin)
小屋 die **Hütte** /ヒュッテ/ (英hut, shed)
壊れた **zerbrochen** /ツェアブロッヒェン/ (英broken)
今月 **diesen Monat** /ディーゼン モーナト/ (英this month)
今週 **diese Woche** /ディーゼ ヴォッヘ/ (英this week)
コンセント die **Steckdose** /シュテックドーゼ/ (英outlet)
コンタクトレンズ die **Kontaktlinsen** /コンタクトリンゼン/ (英contact lenses)
コンドーム das/der **Kondom** /コンドーム/ (英condom)
今晩 **heute Abend** /ホイテアーベント/ (英this evening)
今夜 **heute Nacht** /ホイテナハト/ (英tonight)

さ行

サービス料 die **Bedienung** /ベディーヌング/ (英service charge)
在庫 der **Vorrat** /フォーアラート/ (英stocks)
最後の **letzt** /レッツト/ (英last, final)

最初の **erst** /エーアスト/ (㊅first, initial)
サイズ *die* **Größe** /グレーセ/ (㊅size)
財布 *die* **Brieftasche**, *der* **Geldbeutel** /ブリーフタッシェ, ゲルトボイテル/ (㊅wallet, purse)
魚 *der* **Fisch** /フィッシュ/ (㊅fish)
下がる **fallen, sinken** /ファレン, ズィンケン/ (㊅fall, drop)
昨晩 **gestern Abend** /ゲスターン アーベント/ (㊅last evening)
昨夜 **letzte Nacht** /レッツテ ナハト/ (㊅last night)
酒 *der* **Alkohol** /アルコホール/ (㊅alcohol)
下げる **senken** /ゼンケン/ (㊅lower, drop)
座席 *der* **Platz** /プラッツ/ (㊅seat)
サッカー *der* **Fußball** /フースバル/ (㊅soccer, football)
殺菌 *die* **Sterilisation** /シュテリリザツィオーン/ (㊅sterilization)
雑誌 *die* **Zeitschrift** /ツァイトシュリフト/ (㊅magazine)
砂糖 *der* **Zucker** /ツッカー/ (㊅sugar)
サポーター *der(die)* **Anhänger(*in*)** /アンヘンガー(-ゲリン)/ (㊅supporter)
寒い **kalt** /カルト/ (㊅cold, chilly)
皿 *der* **Teller** /テラー/ (㊅plate, dish)
三角の **dreieckig** /ドライエッキヒ/ (㊅triangular)
三月 *der* **März** /メルツ/ (㊅March)
桟橋 *die* **Landungsbrücke** /ランドゥングスブリュッケ/ (㊅pier)
サンプル *das* **Muster** /ムスター/ (㊅sample)
散歩 *der* **Spaziergang** /シュパツィーアガング/ (㊅walk)
試合 *das* **Spiel**, *der* **Wettkampf**, *das* **Match** /シュピール, ヴェットカンプフ, メッチュ/ (㊅game, match)
シート *der* **Sitzplatz** /ズィッツプラッツ/ (㊅seat)
シートベルト *der* **Sicherheitsgurt** /ズィヒャーハイツグルト/ (㊅seatbelt)
シェービングクリーム *die* **Rasiercreme** /ラズィーアクレーム/ (㊅shaving cream)
塩 *das* **Salz** /ザルツ/ (㊅salt)
塩辛い **salzig** /ザルツィヒ/ (㊅salty)

日独単語帳

四角い **viereckig** /フィーアエッキヒ/ (㊄quadrangular)
四月 *der* **April** /アプリル/ (㊄April)
時間 *die* **Zeit**, *die* **Stunde** /ツァイト, シュトゥンデ/ (㊄time, hour)
事故 *der* **Unfall**, *das* **Unglück** /ウンファル, ウングリュック/ (㊄accident)
時刻 *die* **Zeit** /ツァイト/ (㊄time, hour)
時刻表 *der* **Fahrplan** /ファールプラーン/ (㊄timetable, schedule)
辞書 *das* **Wörterbuch** /ヴェルターブーフ/ (㊄dictionary)
静かな **still, ruhig** /シュティル, ルーイヒ/ (㊄silent, still, calm)
自然 *die* **Natur** /ナトゥーア/ (㊄nature)
舌 *die* **Zunge** /ツンゲ/ (㊄tongue)
下着 *die* **Unterwäsche** /ウンターヴェッシェ/ (㊄underwear)
下に **unter** /ウンター/ (㊄lower, under, below)
七月 *der* **Juli** /ユーリ/ (㊄July)
シックな **schick** /シック/ (㊄chic)
指定席 **reservierter Platz** /レゼルヴィーアター プラッツ/ (㊄reserved seat)
自転車 *das* **Fahrrad** /ファールラート/ (㊄bicycle)
自動車 *das* **Auto** /アオト/ (㊄car)
自動販売機 *der* **Automat** /アオトマート/ (㊄vending machine)
品物 *der* **Artikel**, *die* **Ware** /アルティーケル, ヴァーレ/ (㊄article, goods)
支払い *die* **Zahlung**, *die* **Bezahlung** /ツァールング, ベツァールング/ (㊄payment)
紙幣 *der* **Geldschein**, *die* **Banknote** /ゲルトシャイン, バンクノーテ/ (㊄bill)
縞 *der* **Streifen** /シュトライフェン/ (㊄stripes)
島 *die* **Insel** /インゼル/ (㊄island)
姉妹 *die* **Schwestern** /シュヴェスターン/ (㊄sisters)
氏名 *der* **Name** /ナーメ/ (㊄name)

ジャケット *die* **Jacke** /ヤッケ/ (㊥jacket)
写真 *das* **Foto** /フォート/ (㊥photograph)
シャツ *das* **Hemd** /ヘムト/ (㊥shirt)
シャツ（下着） *das* **Unterhemd** /ウンターヘムト/ (㊥undershirt)
シャッター（カメラの） *der* **Verschluss** /フェアシュルス/ (㊥shutter)
シャワー *die* **Dusche** /ドゥッシェ/ (㊥shower)
州 *das* **Land** /ラント/ (㊥state, province, country)
週 *die* **Woche** /ヴォッヘ/ (㊥week)
十一月 *der* **November** /ノヴェンバー/ (㊥November)
十月 *der* **Oktober** /オクトーバー/ (㊥October)
宗教 *die* **Religion** /レリギオーン/ (㊥religion)
住所 *die* **Adresse**, *die* **Anschrift** /アドレッセ, アンシュリフト/ (㊥address)
ジュース *der* **Saft** /ザフト/ (㊥juice)
自由席 **nicht reservierter Platz** /ニヒト レゼルヴィーアター プラッツ/ (㊥non-reserved seat)
充電 *die* **Ladung** /ラードゥング/ (㊥charge)
修道院 *das* **Kloster** /クロースター/ (㊥monastery, convent)
十二月 *der* **Dezember** /デツェンバー/ (㊥December)
重要な **wichtig** /ヴィヒティヒ/ (㊥important, principal)
修理 *die* **Reparatur** /レパラトゥアー/ (㊥repair)
宿泊 *die* **Übernachtung** /ユーバーナハトゥング/ (㊥lodging)
宿泊料 *die* **Übernachtungskosten** /ユーバーナハトゥングスコステン/ (㊥hotel charges)
出発 *die* **Abfahrt** /アップファールト/ (㊥departure)
種類 *die* **Art**, *die* **Sorte** /アールト, ゾルテ/ (㊥kind, sort)
順番 *die* **Reihenfolge** /ライエンフォルゲ/ (㊥order)
消火器 *der* **Feuerlöscher** /フォイアーレッシャー/ (㊥extinguisher)
正午 *der* **Mittag** /ミッターク/ (㊥noon)
状態 *der* **Zustand** /ツーシュタント/ (㊥state, situation)
商品 *die* **Ware** /ヴァーレ/ (㊥commodity, goods)

情報 *die* **Information** /インフォルマツィオーン/ (㊧information)
正味で **netto** /ネット/ (㊧net)
乗務員 *das* **Personal** /ペルゾナール/ (㊧crew member)
証明書 *die* **Bescheinigung** /ベシャイニグング/ (㊧certificate)
使用料 *die* **Benutzungsgebühren** /ベヌッツングスゲビューレン/ (㊧fee)
ショー *die* **Schau**, *die* **Show** /シャオ, ショー/ (㊧show)
食塩 *das* **Kochsalz** /コッホザルツ/ (㊧salt)
職業 *der* **Beruf** /ベルーフ/ (㊧occupation)
食事 *das* **Essen** /エッセン/ (㊧meal)
食堂（飲食店） *das* **Restaurant** /レストラーン/ (㊧eating house)
食堂車 *der* **Speisewagen** /シュパイゼヴァーゲン/ (㊧dining car)
食品 *die* **Lebensmittel** /レーベンスミッテル/ (㊧food)
女性 *die* **Frau** /フラオ/ (㊧woman)
ショッピングセンター *das* **Einkaufszentrum** /アインカオフスツェントルム/ (㊧shopping center)
署名 *die* **Unterschrift** /ウンターシュリフト/ (㊧signature)
書類 *das* **Dokument** /ドクメント/ (㊧documents, papers)
ショルダーバッグ *die* **Umhängetasche** /ウムヘンゲタッシェ/ (㊧shoulder bag)
知らせる **mit|teilen, informieren** /ミットタイレン, インフォルミーレン/ (㊧inform, tell, report)
調べる **prüfen, überprüfen, untersuchen** /プリューフェン, ユーバープリューフェン, ウンターズーヘン/ (㊧examine, check up)
知る **kennen, wissen** /ケネン, ヴィッセン/ (㊧know)
白い **weiß** /ヴァイス/ (㊧white)
申告 *die* **Anmeldung** /アンメルドゥング/ (㊧report)
新鮮な **frisch** /フリッシュ/ (㊧fresh, new)
新聞 *die* **Zeitung** /ツァイトゥング/ (㊧newspaper, press)
診療所 *die* **Klinik** /クリーニク/ (㊧clinic)
図 *das* **Bild** /ビルト/ (㊧picture, figure)

スイッチ der **Schalter** /シャルター/ (㊥switch)
睡眠 der **Schlaf** /シュラーフ/ (㊥sleep)
水曜日 der **Mittwoch** /ミットヴォホ/ (㊥Wednesday)
吸う（たばこを） **rauchen** /ラオヘン/ (㊥smoke)
数学 die **Mathematik** /マテマティーク/ (㊥mathematics)
スーツ der **Anzug** /アンツーク/ (㊥suit)
スーツケース der **Koffer** /コッファー/ (㊥suitcase)
スープ die **Suppe** /ズッペ/ (㊥soup)
スカート der **Rock** /ロック/ (㊥skirt)
少ない **wenig** /ヴェーニヒ/ (㊥few, little)
スケジュール das **Programm** /プログラム/ (㊥schedule)
涼しい **kühl** /キュール/ (㊥cool)
スタジアム das **Stadion** /シュターディオン/ (㊥stadium)
ストライキ der **Streik** /シュトライク/ (㊥strike)
スニーカー der **Turnschuh** /トゥルンシュー/ (㊥sneakers)
スパイス das **Gewürz** /ゲヴュルツ/ (㊥spice)
スプーン der **Löffel** /レッフェル/ (㊥spoon)
スプレー der/das **Spray** /シュプレー/ (㊥spray)
スペア das **Ersatzteil** /エアザッツタイル/ (㊥spare, refill)
全ての **all** /アル/ (㊥all, every, whole)
スポーツ der **Sport** /シュポルト/ (㊥sports)
ズボン die **Hose** /ホーゼ/ (㊥trousers)
すり der(die) **Taschendieb**(*in*) /タッシェンディープ(・ビン)/ (㊥pickpocket)
鋭い **scharf** /シャルフ/ (㊥sharp)
寸法 die **Größe** /グレーセ/ (㊥measure, size)
姓 der **Familienname** /ファミーリエンナーメ/ (㊥family name, surname)
正確な **exakt, richtig, genau** /エクサクト, リヒティヒ, ゲナオ/ (㊥exact, correct)
税関 der **Zoll**, das **Zollamt** /ツォル, ツォルアムト/ (㊥customs, customhouse)
請求書 die **Rechnung** /レヒヌング/ (㊥bill)

日独単語帳

清潔な sauber, rein /ザオバー, ライン/ (⑱clean, neat)
清掃 die Reinigung /ライニグング/ (⑱cleaning)
生年月日 das Geburtsdatum /ゲブーアツダートゥム/ (⑱date of birth)
姓名 der Name /ナーメ/ (⑱(full) name)
セーター der Pullover /プローヴァー/ (⑱sweater, pullover)
セール der Ausverkauf /アオスフェアカオフ/ (⑱sale)
咳 der Husten /フーステン/ (⑱cough)
席 der Platz /プラッツ/ (⑱seat)
咳止め das Hustenmittel /フーステンミッテル/ (⑱cough remedy)
石けん die Seife /ザイフェ/ (⑱soap)
瀬戸物 das Porzellan /ポルツェラーン/ (⑱earthenware, china)
背中 der Rücken /リュッケン/ (⑱back)
狭い eng /エング/ (⑱narrow, small)
線 (駅の) das Gleis /グライス/ (⑱track)
洗剤 das Waschmittel /ヴァッシュミッテル/ (⑱detergent, cleanser)
前菜 die Vorspeise /フォーアシュパイゼ/ (⑱hors d'oeuvre)
ぜんそく das Asthma /アストマ/ (⑱asthma)
洗濯屋 die Wäscherei /ヴェシェライ/ (⑱laundry)
センチメートル der/das Zentimeter /ツェンティメーター/ (⑱centimeter)
栓抜き der Korkenzieher, der Flaschenöffner /コルケンツィーアー, フラッシェンエフナー/ (⑱corkscrew, bottle opener)
扇風機 der Ventilator /ヴェンティラートア/ (⑱electric fan)
洗面所 die Toilette, der Waschraum /トアレッテ, ヴァッシュラオム/ (⑱lavatory, toilet)
装飾 die Dekoration /デコラツィオーン/ (⑱decoration)
装身具 der Schmuck /シュムック/ (⑱accessories)
送料 die Versandkosten /フェアザントコステン/ (⑱postage, carriage)

速達 *die* **Eilpost** /アイルポスト/ (㊷special delivery)
速度 *die* **Geschwindigkeit** /ゲシュヴィンディヒカイト/ (㊷speed, velocity)
素材 *das* **Material** /マテリアール/ (㊷material)
袖 *der* **Ärmel** /エルメル/ (㊷sleeve)
外の **draußen, außerhalb** /ドラオセン, アオサーハルプ/ (㊷outdoor, external)
ソファー *das* **Sofa** /ゾーファ/ (㊷sofa)
損害 *der* **Schaden** /シャーデン/ (㊷damage, loss)

た行

ダース *das* **Dutzend** /ドゥッツェント/ (㊷dozen)
ターミナル *der/das* **Terminal** /テーアミネル/ (㊷terminal)
体温計 *das* **Fieberthermometer** /フィーバーテルモメーター/ (㊷thermometer)
大学 *die* **Universität**, *die* **Hochschule** /ウニヴェルズィテート, ホーホシューレ/ (㊷university, college)
滞在 *der* **Aufenthalt** /アオフエントハルト/ (㊷stay)
大使館 *die* **Botschaft** /ボートシャフト/ (㊷embassy)
大事な **wichtig, bedeutend** /ヴィヒティヒ, ベドイテント/ (㊷important, precious)
タイヤ *der* **Reifen** /ライフェン/ (㊷tire)
タオル *das* **Handtuch**, *der* **Waschlappen** /ハントトゥーフ, ヴァッシュラッペン/ (㊷towel)
高い **hoch** /ホーホ/ (㊷high)
高い(値段が) **teuer** /トイアー/ (㊷expensive)
たくさんの **viel** /フィール/ (㊷many, much)
タクシー *das* **Taxi** /タクスィ/ (㊷taxi)
正しい **richtig, gerecht, korrekt** /リヒティヒ, ゲレヒト, コレクト/ (㊷right, correct)
ただで(無料) **umsonst, gratis** /ウムゾンスト, グラーティス/ (㊷gratis)
脱脂綿 *die* **Watte** /ヴァッテ/ (㊷absorbent cotton)

建物 *das* **Gebäude**, *der* **Bau** /ゲボイデ, バオ/ (㊨building)

棚 *das* **Regal** /レガール/ (㊨shelf, rack)

谷 *das* **Tal**, *die* **Schlucht** /タール, シュルフト/ (㊨valley)

種 *der* **Samen**, *der* **Kern** /ザーメン, ケルン/ (㊨seed)

楽しい **lustig, froh, fröhlich** /ルスティヒ, フロー, フレーリヒ/ (㊨happy, cheerful)

タバコ *der* **Tabak**, *die* **Zigarette** /ターバク, ツィガレッテ/ (㊨tobacco, cigarette)

食べる **essen** /エッセン/ (㊨eat)

誰 **wer** /ヴェーア/ (㊨who)

単位 *die* **Einheit** /アインハイト/ (㊨unit)

単語 *das* **Wort** /ヴォルト/ (㊨word)

炭酸水 *der* **Sprudel** /シュプルーデル/ (㊨soda water)

男性 *der* **Mann** /マン/ (㊨male)

暖房 *die* **Heizung** /ハイツング/ (㊨heating)

血 *das* **Blut** /ブルート/ (㊨blood)

治安 **öffentliche Sicherheit** /エッフェントリヒェ ズィヒャーハイト/ (㊨public peace)

小さい **klein** /クライン/ (㊨small, little)

チーズ *der* **Käse** /ケーゼ/ (㊨cheese)

チェックする **checken, an|kreuzen** /チェッケン, アンクロイツェン/ (㊨check)

近い **nahe** /ナーエ/ (㊨near, close *to*)

地階 *das* **Untergeschoss** /ウンターゲショス/ (㊨basement)

違い *der* **Unterschied** /ウンターシート/ (㊨difference)

地下鉄 *die* **U-Bahn**, *die* **Untergrundbahn** /ウーバーン, ウンターグルントバーン/ (㊨subway)

地区 *der* **Bezirk** /ベツィルク/ (㊨district)

チケット *das* **Ticket**, *die* **Eintrittskarte** /ティケット, アイントリッツカルテ/ (㊨ticket)

地図 *die* **Landkarte**, *der* **Stadtplan** /ラントカルテ, シュタットプラン/ (㊨map, atlas)

父 *der* **Vater** /ファーター/ (㊨father)

チップ　*das* **Trinkgeld** /トリンクゲルト/ (㊧tip)
チャーターする　**chartern, mieten** /チャルターン, ミーテン/ (㊧charter)
茶色の　**braun** /ブラオン/ (㊧brown)
着払いで　**per Nachnahme** /ペル ナーハナーメ/ (㊧collect on delivery, C.O.D.)
着陸　*die* **Landung** /ランドゥング/ (㊧landing)
チャンネル　*der* **Kanal** /カナール/ (㊧channel)
注意　*die* **Achtung,** *die* **Aufmerksamkeit** /アハトゥング, アオフメルクザームカイト/ (㊧attention)
注意(警告)　*die* **Warnung,** *die* **Vorsicht** /ヴァルヌング, フォーアズィヒト/ (㊧caution, warning)
中央　*die* **Mitte,** *das* **Zentrum** /ミッテ, ツェントルム/ (㊧center)
中間　*die* **Mitte** /ミッテ/ (㊧middle)
中古の　**gebraucht, aus zweiter Hand** /ゲブラオホト, アオスツヴァイター ハント/ (㊧used, secondhand)
中止　*der* **Ausfall** /アオスファル/ (㊧suspension)
駐車禁止　**Parken verboten!** /パルケン フェアボーテン/ (㊧No Parking)
駐車場　*der* **Parkplatz** /パルクプラッツ/ (㊧parking lot)
昼食　*das* **Mittagessen** /ミッタークエッセン/ (㊧lunch)
注文する　**bestellen** /ベシュテレン/ (㊧order)
彫刻　*die* **Skulptur,** *die* **Plastik** /スクルプトゥーア, プラスティク/ (㊧sculpture)
朝食　*das* **Frühstück** /フリューシュテュック/ (㊧breakfast)
彫像　*die* **Statue** /シュタートゥエ/ (㊧statue)
調味料　*das* **Gewürz** /ゲヴュルツ/ (㊧seasoning)
直接の　**direkt, unmittelbar** /ディレクト, ウンミッテルバール/ (㊧direct)
鎮静剤　*das* **Beruhigungsmittel** /ベルーイグングスミッテル/ (㊧sedative)
ツアー　*die* **Tour,** *die* **Pauschalreise** /トゥーア, パオシャールライゼ/ (㊧tour)

追加 *der* **Zusatz**, *der* **Nachtrag** /ツーザッツ, ナーハトラーク/ ([英]addition)

ツインルーム *das* **Zweibettzimmer** /ツヴァイベットツィマー/ ([英]twin room)

通貨 *die* **Währung** /ヴェールング/ ([英]currency)

通過する **passieren, vorbei|gehen** /パスィーレン, フォーアバイゲーエン/ ([英]pass *by*)

通常の **gewöhnlich, normal, üblich** /ゲヴェーンリヒ, ノルマール, ユーブリヒ/ ([英]usual, ordinary)

通訳 *der(die)* **Dolmetscher(*in*)** /ドルメッチャー(-チェリン)/ ([英]interpreter)

通路 *der* **Gang**, *der* **Durchgang** /ガング, ドゥルヒガング/ ([英]passage, path)

月（暦の） *der* **Monat** /モーナト/ ([英]month)

次の **folgend, nächst** /フォルゲント, ネーヒスト/ ([英]next, following)

着く **an|kommen, ein|treffen** /アンコメン, アイントレッフェン/ ([英]arrive *at, in*)

机 *der* **(Schreib)tisch** /(シュライプ) ティッシュ/ ([英]desk, bureau)

点ける **an|machen, an|zünden** /アンマッヘン, アンツュンデン/ ([英]light, set fire)

続ける **weiter|machen, fort|setzen** /ヴァイターマッヘン, フォルトゼッツェン/ ([英]continue)

包む **ein|packen** /アインパッケン/ ([英]pack, wrap up)

粒 *das* **Korn** /コルン/ ([英]grain, drop)

妻 *die* **Frau**, *die* **Ehefrau** /フラオ, エーエフラオ/ ([英]wife)

つまみ *der* **Knopf** /クノプフ/ ([英]knob)

爪切り *die* **Nagelschere** /ナーゲルシェーレ/ ([英]nail clipper)

冷たい **kalt, kühl** /カルト, キュール/ ([英]cold, chilly)

強い **stark, kräftig** /シュタルク, クレフティヒ/ ([英]strong, powerful)

釣り *das* **Angeln** /アンゲルン/ ([英]fishing)

連れ *der(die)* **Begleiter(*in*)** /ベグライター(-テリン)/ (㊍companion)

手 *die* **Hand** /ハント/ (㊍hand)

Tシャツ *das* **T-Shirt** /ティーシャート/ (㊍T-shirt)

ティーバッグ *der* **Teebeutel** /テーボイテル/ (㊍teabag)

庭園 *der* **Garten** /ガルテン/ (㊍garden)

ディスカウント *das* **Sonderangebot** /ゾンダーアンゲボート/ (㊍discount)

訂正 *die* **Verbesserung**, *die* **Korrektur** /フェアベッセルング, コレクトゥーア/ (㊍correction)

ティッシュ *das* **Papiertaschentuch** /パピーアタッシェントゥーフ/ (㊍tissue)

停電 *der* **Stromausfall** /シュトロームアオスファル/ (㊍power failure)

停留所 *die* **Haltestelle**, *die* **Station** /ハルテシュテレ, シュタツィオーン/ (㊍stop)

テープ *das* **Band**, *der* **Streifen** /バント, シュトライフェン/ (㊍tape)

テーブル *der* **Tisch** /ティッシュ/ (㊍table)

手紙 *der* **Brief** /ブリーフ/ (㊍letter)

出口 *der* **Ausgang** /アオスガング/ (㊍exit)

デザート *der* **Nachtisch**, *das* **Dessert** /ナーハティッシュ, デセーア/ (㊍dessert)

デザイン *das* **Design**, *das* **Muster** /ディザイン, ムスター/ (㊍design)

手数料 *die* **Gebühr** /ゲビューア/ (㊍commission)

手続き *das* **Verfahren**, *die* **Formalitäten** /フェアファーレン, フォルマリテーテン/ (㊍procedure)

鉄道 *die* **Eisenbahn**, *die* **Bahn** /アイゼンバーン, バーン/ (㊍railroad)

手荷物 *das* **Handgepäck** /ハントゲペック/ (㊍baggage)

手荷物預かり所 *die* **Aufbewahrung** /アオフベヴァールング/ (㊍baggage room)

デパート *das* **Kaufhaus** /カオフハオス/ (㊍department

store)
出る aus|gehen /アオスゲーエン/ (㊍go out)
テレビ das **Fernsehen,** der **Fernseher** /フェルンゼーエン, フェルンゼーアー/ (㊍television)
テロ der **Terror** /テローア/ (㊍terrorism)
点(点数) der **Punkt,** die **Note** /プンクト, ノーテ/ (㊍score, point)
電圧 die **Spannung** /シュパヌング/ (㊍voltage)
店員 der(die) **Verkäufer(in)** /フェアコイファー(-フェリン)/ (㊍clerk)
天気予報 der **Wetterbericht,** die **Wettervorhersage** /ヴェッターベリヒト, ヴェッターフォーアヘーアザーゲ/ (㊍weather forecast)
電気 die **Elektrizität,** der **Strom** /エレクトリツィテート, シュトローム/ (㊍electricity)
電球 die **Glühbirne** /グリュービルネ/ (㊍electric bulb)
電車 die **Bahn,** der **Zug** /バーン, ツーク/ (㊍electric train)
添乗員 der(die) **Reisebegleiter(in)** /ライゼベグライター(-テリン)/ (㊍tour conductor)
電卓 der **Taschenrechner** /タッシェンレヒナー/ (㊍calculator)
電池 die **Batterie,** die **Zelle** /バテリー, ツェレ/ (㊍electric cell)
電灯 das **Licht,** die **Lampe** /リヒト, ランペ/ (㊍electric light)
伝票 der **Zettel** /ツェッテル/ (㊍slip)
展覧会 die **Ausstellung** /アオスシュテルング/ (㊍exhibition)
電話 das **Telefon** /テレフォーン/ (㊍telephone)
電話番号 die **Telefonnummer** /テレフォーンヌマー/ (㊍telephone number)
度(角度・温度) der **Grad** /グラート/ (㊍degree)
ドア die **Tür** /テューア/ (㊍door)
ドイツ語 das **Deutsch** /ドイチュ/ (㊍German)
トイレ die **Toilette,** der **WC** /トアレッテ, ヴェーツェー/ (㊍toilet)
トイレットペーパー das **Toilettenpapier** /トアレッテンパピーア/ (㊍toilet paper)

陶器 *die* **Keramik** /ケラーミク/ (㋳earthenware)
どうして（なぜ） **warum, wieso** /ヴァルム, ヴィーゾー/ (㋳why)
どうして（いかにして） **wie, auf welche Weise** /ヴィー, アオフ ヴェルヒェ ヴァイゼ/ (㋳how)
搭乗ゲート *der* **Flugsteig** /フルークシュタイク/ (㋳boarding gate)
搭乗券 *die* **Bordkarte** /ボルトカルテ/ (㋳boarding pass)
到着 *die* **Ankunft** /アンクンフト/ (㋳arrival)
盗難 *der* **Diebstahl** /ディープシュタール/ (㋳robbery)
遠い **fern, entfernt, weit** /フェルン, エントフェルント, ヴァイト/ (㋳far, distant)
通り *die* **Straße**, *der* **Weg**, *die* **Gasse** /シュトラーセ, ヴェーク, ガッセ/ (㋳road, street)
通る **gehen, fahren** /ゲーエン, ファーレン/ (㋳pass)
時々 **manchmal, ab und zu** /マンヒマール, アップ ウント ツー/ (㋳sometimes)
特別の **besonder, speziell** /ベゾンダー, シュペツィエル/ (㋳special, exceptional)
時計 *die* **Uhr** /ウーア/ (㋳watch, clock)
どこ **wo** /ヴォー/ (㋳where)
所 *der* **Ort** /オルト/ (㋳place, spot)
都市 *die* **Stadt** /シュタット/ (㋳city)
年 *das* **Jahr** /ヤール/ (㋳year)
戸棚 *der* **Schrank** /シュランク/ (㋳cabinet, locker)
とどまる **bleiben** /ブライベン/ (㋳stay, remain)
どの **welcher, welche, welches** /ヴェルヒャー, ヴェルヒェ, ヴェルヒェス/ (㋳which)
どのくらい **wie** /ヴィー/ (㋳how)
どのくらい（時間） **wie lange** /ヴィー ランゲ/ (㋳how long)
どのくらい（距離） **wie weit** /ヴィー ヴァイト/ (㋳how far)
止まる **halten, stehen bleiben** /ハルテン, シュテーエン ブライベン/ (㋳stop, halt)
泊まる **übernachten** /ユーバーナハテン/ (㋳stay *at*)

友達 *der(die)* **Freund(*in*)** / フロイント(-ディン) / ([英]friend)
土曜日 *der* **Samstag**, *der* **Sonnabend** / ザムスターク, ゾンアーベント / ([英]Saturday)
ドライクリーニング **chemische Reinigung** / ヒェーミシェ ライニグング / ([英]dry cleaning)
ドライヤー *der* **Haartrockner**, *der* **Fön** / ハールトロックナー, フェーン / ([英]drier)
トラベラーズチェック *der* **Reisescheck** / ライゼシェック / ([英]traveler's check)
トランク *der* **Koffer** / コッファー / ([英]trunk, suitcase)
トランク（車の） *der* **Kofferraum** / コッファーラオム / ([英]trunk)
トランジット *der* **Transit** / トランズィート / ([英]transit)
鳥 *der* **Vogel** / フォーゲル / ([英]bird)
ドル *der* **Dollar** / ドラー / ([英]dollar)
ドレス *das* **Kleid** / クライト / ([英]dress)
ドレッシング *das* **Dressing** / ドレッスィング / ([英]dressing)
泥棒 *der* **Dieb**, *der* **Einbrecher** / ディープ, アインブレッヒャー / ([英]thief, burglar)
どんな **was für...** / ヴァス フューア / ([英]what)
トンネル *der* **Tunnel** / トゥネル / ([英]tunnel)

な行

ナイフ *das* **Messer** / メッサー / ([英]knife)
長い **lang** / ラング / ([英]long)
なぜ **warum, wieso** / ヴァルム, ヴィゾー / ([英]why)
なぜなら **weil** / ヴァイル / ([英]because, for)
夏 *der* **Sommer** / ゾマー / ([英]summer)
何 **was** / ヴァス / ([英]what)
名前 *der* **Name** / ナーメ / ([英]name)
におい *der* **Duft**, *der* **Geruch** / ドゥフト, ゲルフ / ([英]smell, odor)
二階 **erster Stock** / エーアスター シュトック / ([英]second floor)
苦い **bitter** / ビッター / ([英]bitter)

二月　*der* **Februar** /フェーブルアール/ ([英]February)
肉　*das* **Fleisch** /フライシュ/ ([英]flesh, meat)
西　*der* **Westen** /ヴェステン/ ([英]west)
二重の　**doppelt, zweifach** /ドッペルト, ツヴァイファッハ/ ([英]double)
日曜日　*der* **Sonntag** /ゾンターク/ ([英]Sunday)
荷造り　*das* **Packen** /パッケン/ ([英]packing)
日射病　*der* **Sonnenstich** /ゾネンシュティヒ/ ([英]sunstroke)
日本語　*das* **Japanisch** /ヤパーニシュ/ ([英]Japanese)
荷物　*das* **Gepäck** /ゲペック/ ([英]baggage)
入国管理　*die* **Einwanderung** /アインヴァンデルング/ ([英]immigration)
入場券　*die* **Eintrittskarte** /アイントリッツカルテ/ ([英]admission ticket)
入場料　*das* **Eintrittsgeld** /アイントリッツゲルト/ ([英]admission fee)
ニュース　*die* **Nachricht** /ナーハリヒト/ ([英]news)
布　*das* **Tuch** /トゥーフ/ ([英]cloth)
温い　**lauwarm** /ラオヴァルム/ ([英]tepid, lukewarm)
猫　*die* **Katze** /カッツェ/ ([英]cat)
値段　*der* **Preis** /プライス/ ([英]price)
熱（病気の）　*das* **Fieber** /フィーバー/ ([英]fever)
眠る　**schlafen** /シュラーフェン/ ([英]sleep)
練り歯磨き　*die* **Zahnpasta** /ツァーンパスタ/ ([英]toothpaste)
年　*das* **Jahr** /ヤール/ ([英]year)
年齢　*das* **Alter** /アルター/ ([英]age)
のど　*der* **Hals**, *die* **Kehle** /ハルス, ケーレ/ ([英]throat)
飲み物　*das* **Getränk** /ゲトレンク/ ([英]drink, beverage)
飲む　**trinken** /トリンケン/ ([英]drink)
乗り換え　*das* **Umsteigen** /ウムシュタイゲン/ ([英]change)
乗り場　*der* **Bahnsteig**, *die* **Haltestelle** /バーンシュタイク, ハルテシュテレ/ ([英]stop, platform)
乗る（乗り物に）　*auf*[4] [*in*[4]] **auf|steigen** /アオフシュタイゲン/ ([英]get on [in])

は行

日独単語帳

歯 *der* **Zahn** /ツァーン/ (英tooth)

刃 *die* **Klinge**, *die* **Schneide** /クリンゲ, シュナイデ/ (英edge, blade)

バー *die* **Bar** /バール/ (英bar)

バーゲン *der* **Ausverkauf**, *der* **Schlussverkauf** /アオスフェアカオフ, シュルスフェアカオフ/ (英bargain sale)

パーセント *das* **Prozent** /プロツェント/ (英percent)

パーティー *die* **Party** /パールティ/ (英party)

灰皿 *der* **Aschenbecher** /アッシェンベッヒャー/ (英ashtray)

配達 *die* **Lieferung**, *die* **Zustellung** /リーフェルング, ツーシュテルング/ (英delivery)

売店 *der* **Stand**, *der* **Kiosk** /シュタント, キオスク/ (英stall, stand)

入る **hinein|gehen**, **ein|treten** /ヒナインゲーエン, アイントレーテン/ (英enter, go in)

はがき *die* **Postkarte** /ポストカルテ/ (英postal card)

博物館 *das* **Museum** /ムゼーウム/ (英museum)

博覧会 *die* **Ausstellung** /アオスシュテルング/ (英exposition)

箱 *der* **Kasten**, *die* **Kiste**, *die* **Schachtel** /カステン, キステ, シャハテル/ (英box, case)

橋 *die* **Brücke** /ブリュッケ/ (英bridge)

始まる **an|fangen**, **beginnen** /アンファンゲン, ベギネン/ (英begin, start)

パジャマ *der* **Schlafanzug**, *der* **Pyjama** /シュラーフアンツーク, ピュジャーマ/ (英pajamas)

場所 *der* **Platz**, *der* **Ort**, *die* **Stelle**, /プラッツ, オルト, シュテレ/ (英place, site)

バス *der* **Bus** /ブス/ (英bus)

バス(風呂) *das* **Bad** /バート/ (英bath)

バスタオル *das* **Badetuch** /バーデトゥーフ/ (英bath towel)

バス停 *die* **Bushaltestelle** /ブスハルテシュテレ/ (英bus stop)

パスポート *der* **Reisepass** /ライゼパス/ (㊗passport)
バスルーム *das* **Badezimmer** /バーディツィマー/ (㊗bathroom)
肌 *die* **Haut** /ハオト/ (㊗skin)
畑 *der* **Acker**, *das* **Feld** /アッカー, フェルト/ (㊗field, farm)
八月 *der* **August** /アオグスト/ (㊗August)
はっきりした **deutlich, klar** /ドイトリヒ, クラール/ (㊗clear)
バッグ *die* **Tasche** /タッシェ/ (㊗bag)
パッケージ *die* **Packung** /パックング/ (㊗package)
発車 *die* **Abfahrt** /アップファールト/ (㊗departure)
派手な **grell, auffallend** /グレル, アオフファレント/ (㊗gay, showy)
波止場 *der* **Kai**, *der* **Anlegeplatz** /カイ, アンレーゲプラッツ/ (㊗wharf, pier)
花 *die* **Blume**, *die* **Blüte** /ブルーメ, ブリューテ/ (㊗flower)
鼻 *die* **Nase** /ナーゼ/ (㊗nose)
話す **sprechen, reden** /シュプレッヒェン, レーデン/ (㊗speak, talk)
母 *die* **Mutter** /ムッター/ (㊗mother)
幅・巾 *die* **Breite** /ブライテ/ (㊗width, breadth)
歯ブラシ *die* **Zahnbürste** /ツァーンビュルステ/ (㊗toothbrush)
早い **früh** /フリュー/ (㊗early)
速い **schnell, rasch** /シュネル, ラッシュ/ (㊗quick, fast)
払い戻し *die* **Rückzahlung** /リュックツァールング/ (㊗repayment, refund)
払う **zahlen, bezahlen** /ツァーレン, ベツァーレン/ (㊗pay)
針 *die* **Nadel** /ナーデル/ (㊗needle)
春 *der* **Frühling** /フリューリング/ (㊗spring)
晴れ **schönes [heiteres] Wetter** /シェーネス [ハイテレス] ヴェッター/ (㊗fine weather)
バレエ *das* **Ballett** /バレット/ (㊗ballet)
晩 *der* **Abend** /アーベント/ (㊗evening, night)
パン *das* **Brot**, *das* **Brötchen** /ブロート, ブレートヒェン/ (㊗bread)
ハンカチ *das* **Taschentuch** /タッシェントゥーフ/ (㊗handker-

chief)
番号 die **Nummer** /ヌマー/ (㊙number)
ばんそうこう das **Heftpflaster** /ヘフトプフラスター/ (㊙plaster)
反対側 die **Gegenseite** /ゲーゲンザイテ/ (㊙opposite side)
ハンドバッグ die **Handtasche** /ハントタッシェ/ (㊙handbag, purse)
パンフレット die **Broschüre** /ブロシューレ/ (㊙pamphlet, brochure)
半分 die **Hälfte** /ヘルフテ/ (㊙half)
火 das **Feuer** /フォイアー/ (㊙fire)
日（時間） der **Tag** /ターク/ (㊙day, date)
ビーチ der **Strand** /シュトラント/ (㊙beach)
ビール das **Bier** /ビーア/ (㊙beer)
冷えた **kalt, gekühlt** /カルト, ゲキュールト/ (㊙cold)
東 der **Osten** /オステン/ (㊙east)
光 das **Licht**, der **Schein** /リヒト, シャイン/ (㊙light, ray)
低い **nieder, niedrig** /ニーダー, ニードリヒ/ (㊙low)
飛行機 das **Flugzeug** /フルークツォイク/ (㊙airplane, plane)
膝 das **Knie** /クニー/ (㊙knee)
ビザ das **Visum** /ヴィーズム/ (㊙visa)
ピザ die **Pizza** /ピッツァ/ (㊙pizza)
ビジネス das **Geschäft** /ゲシェフト/ (㊙business)
美術館 die **Kunsthalle**, das **Kunstmuseum** /クンストハレ, クンストムゼーウム/ (㊙art museum)
非常口 der **Notausgang** /ノートアオスガング/ (㊙emergency exit)
左に **links** /リンクス/ (㊙on the left)
日付 das **Datum** /ダートゥム/ (㊙date)
必要な **nötig, notwendig, erforderlich** /ネーティヒ, ノートヴェンディヒ, エアフォルダーリヒ/ (㊙necessary)
ビデ das **Bidet** /ビデー/ (㊙bidet)
ビニール der **Kunststoff**, das **Plastik** /クンストシュトフ, プラスティク/ (㊙vinyl)

紐 *die* **Schnur,** *das* **Band** /シュヌーア, バント/ (㊜string, cord)
ビヤホール *die* **Bierhalle** /ビーアハレ/ (㊜beer hall)
ヒューズ *die* **Sicherung** /ズィヒェルング/ (㊜fuse)
表 *die* **Tabelle,** *die* **Liste** /タベレ, リステ/ (㊜table, diagram)
費用 *die* **Kosten,** *die* **Ausgaben** /コステン, アオスガーベン/ (㊜cost)
秒 *die* **Sekunde** /ゼクンデ/ (㊜second)
美容院 *der* **Friseursalon,** *der* **Damensalon** /フリゼーアザローン, ダーメンザローン/ (㊜beauty salon)
病院 *das* **Krankenhaus,** *die* **Klinik** /クランケンハオス, クリーニク/ (㊜hospital)
病気 *die* **Krankheit** /クランクハイト/ (㊜sickness, disease)
表示 *der* **Hinweis** /ヒンヴァイス/ (㊜indication)
標識 *das* **Schild** /シルト/ (㊜sign, mark)
昼（正午） *der* **Mittag** /ミッターク/ (㊜noon)
ビル *das* **Hochhaus** /ホーホハオス/ (㊜building)
広い **groß, weit, breit** /グロース, ヴァイト, ブライト/ (㊜wide, broad)
広場 *der* **Platz,** *der* **Marktplatz** /プラッツ, マルクトプラッツ/ (㊜open space)
瓶 *die* **Flasche** /フラッシェ/ (㊜bottle)
品質 *die* **Qualität** /クヴァリテート/ (㊜quality)
ファスナー *der* **Reißverschluss** /ライスフェアシュルス/ (㊜fastener)
ファッション *die* **Mode** /モーデ/ (㊜fashion)
フィルム *der* **Film** /フィルム/ (㊜film)
ブーツ *die* **Stiefel** /シュティーフェル/ (㊜boots)
封筒 *der* **Umschlag** /ウムシュラーク/ (㊜envelope)
夫婦 *das* **Ehepaar** /エーエパール/ (㊜couple)
プール *das* **Schwimmbad** /シュヴィムバート/ (㊜swimming pool)
フェリー *die* **Fähre** /フェーレ/ (㊜ferry)
フォーク *die* **Gabel** /ガーベル/ (㊜fork)

深い tief /ティーフ/ (英deep, profound)
服 das Kleid, die Kleidung /クライト, クライドゥング/ (英clothes)
服地 der Kleiderstoff /クライダーシュトフ/ (英cloth)
服用量 die Dosis /ドーズィス/ (英dose)
袋 der Sack, die Tüte, der Beutel /ザック, テューテ, ボイテル/ (英bag, sac)
ブザー der Summer /ズマー/ (英buzzer)
ふた der Deckel /デッケル/ (英lid)
縁 der Rand /ラント/ (英edge, brink)
太い dick /ディック/ (英big, thick)
布団 das Bettzeug /ベットツォイク/ (英bedclothes)
船・舟 das Schiff /シフ/ (英boat, ship)
部品 das Zubehör, das Teil /ツーベヘーア, タイル/ (英parts)
部分 der Teil /タイル/ (英part)
冬 der Winter /ヴィンター/ (英winter)
フライト der Flug /フルーク/ (英flight)
プラグ der Stecker /シュテッカー/ (英plug)
プラスチック der Kunststoff, das Plastik /クンストシュトフ, プラスティク/ (英plastic)
プラットホーム der Bahnsteig /バーンシュタイク/ (英platform)
古い alt /アルト/ (英old, ancient)
フルコース vollständiges Menü /フォルシュテンディゲス メニュー/ (英six-course dinner)
プレゼント das Geschenk /ゲシェンク/ (英present)
風呂 das Bad /バート/ (英bath)
フロント die Rezeption, der Empfang /レツェプツィオーン, エンプファング/ (英front desk)
分 die Minute /ミヌーテ/ (英minute)
文学 die Literatur /リテラトゥーア/ (英literature)
紛失 der Verlust /フェアルスト/ (英loss)
平均 der Durchschnitt /ドゥルヒシュニット/ (英average)
ページ die Seite /ザイテ/ (英page)
ベッド das Bett /ベット/ (英bed)

ペット　*das* **Haustier** /ハオスティーア/ (英pet)
ヘッドホン　*der* **Kopfhörer** /コプフヘーラー/ (英headphone)
別の　**ander** /アンダー/ (英different, another)
部屋　*das* **Zimmer** /ツィマー/ (英room)
ベル　*die* **Glocke** /グロッケ/ (英bell)
ベルト　*der* **Gürtel** /ギュルテル/ (英belt)
ペン　*die* **Feder** /フェーダー/ (英pen)
変更　*die* **Änderung**, *die* **Veränderung** /エンデルング, フェアエンデルング/ (英change)
返事　*die* **Antwort** /アントヴォルト/ (英answer, reply)
便秘　*die* **Verstopfung** /フェアシュトプフング/ (英constipation)
便利な　**praktisch, günstig** /プラクティシュ, ギュンスティヒ/ (英handy, convenient)
方向　*die* **Richtung** /リヒトゥング/ (英direction)
帽子（つばなしの）　*die* **Mütze** /ミュッツェ/ (英hat, cap)
防水の　**wasserdicht** /ヴァッサーディヒト/ (英waterproof)
宝石　*der* **Edelstein**, *der/das* **Juwel** /エーデルシュタイン, ユヴェール/ (英jewel)
包装　*die* **Verpackung** /フェアパックング/ (英wrapping)
包帯　*der* **Verband** /フェアバント/ (英bandage)
方法　*die* **Methode**, *die* **Art und Weise** /メトーデ, アールト ウント ヴァイゼ/ (英way, method)
法律　*das* **Gesetz**, *das* **Recht** /ゲゼッツ, レヒト/ (英law)
ボーイ　*der* **Kellner**, *der* **Ober** /ケルナー, オーバー/ (英waiter, bellboy)
ボート　*das* **Boot** /ボート/ (英boat)
ボールペン　*der* **Kugelschreiber**, *der* **Kuli** /クーゲルシュライバー, クーリ/ (英ball-point)
ほかの　**ander** /アンダー/ (英another, other)
ポケット　*die* **Tasche** /タッシェ/ (英pocket)
保険　*die* **Versicherung** /フェアズィヒェルング/ (英insurance)
星　*der* **Stern** /シュテルン/ (英star)
保証書　*der* **Garantieschein** /ガランティーシャイン/ (英written

乾[干]す trocknen /トロックネン/ (㋳dry, air)
ポスト der Briefkasten /ブリーフカステン/ (㋳mailbox)
細い schmal, schlank /シュマール, シュランク/ (㋳thin, small)
ボタン der Knopf /クノプフ/ (㋳button)
ホテル das Hotel /ホテル/ (㋳hotel)
歩道橋 die Fußgängerbrücke /フースゲンガーブリュッケ/ (㋳footbridge)
骨 der Knochen /クノッヘン/ (㋳bone)
ポリエステル der Polyester /ポリュエスター/ (㋳polyester)
本 das Buch /ブーフ/ (㋳book)
盆 das Tablett /タブレット/ (㋳tray)
本屋 die Buchhandlung /ブーフハンドルング/ (㋳bookstore)
翻訳 die Übersetzung /ユーバーゼッツング/ (㋳translation)

ま行

マーク die Marke /マルケ/ (㋳mark)
迷子 verlaufenes Kind /フェアラオフェネス キント/ (㋳stray child)
前売り券 die Vorverkaufskarte /フォーアフェアカオフスカルテ/ (㋳advance ticket)
枕 das Kopfkissen /コプフキッセン/ (㋳pillow)
待合室 das Wartezimmer, der Warteraum /ヴァルテツィマー, ヴァルテラオム/ (㋳waiting room)
間違い der Fehler, der Irrtum /フェーラー, イルトゥーム/ (㋳mistake, error)
待つ auf⁴ warten /ヴァルテン/ (㋳wait)
真っ直ぐな gerade, aufrecht /ゲラーデ, アオフレヒト/ (㋳straight)
マッチ das Streichholz /シュトライヒホルツ/ (㋳match)
祭り das Fest, die Feier /フェスト, ファイアー/ (㋳festival)
窓 das Fenster /フェンスター/ (㋳window)
窓口 der Schalter /シャルター/ (㋳window)

迷う（道に） *sich*[4] **verlaufen** /フェアラオフェン/ ([英]lose *one's* way)
円［丸］い **rund** /ルント/ ([英]round, circular)
回る（循環） **zirkulieren** /ツィルクリーレン/ ([英]circulate)
万年筆 *der* **Füller** /フュラー/ ([英]fountain pen)
右に **rechts** /レヒツ/ ([英]on the right)
短い **kurz** /クルツ/ ([英]short, brief)
水 *das* **Wasser** /ヴァッサー/ ([英]water)
湖 *der* **See** /ゼー/ ([英]lake)
水着 *der* **Badeanzug** /バーデアンツーク/ ([英]swimming suit)
店 *das* **Geschäft**, *der* **Laden** /ゲシェフト, ラーデン/ ([英]store, shop)
未成年の **minderjährig** /ミンダーイェーリヒ/ ([英]underage)
道 *der* **Weg**, *die* **Straße** /ヴェーク, シュトラーセ/ ([英]road, street)
緑の **grün** /グリューン/ ([英]green)
港 *der* **Hafen** /ハーフェン/ ([英]harbor, port)
南 *der* **Süden** /ズューデン/ ([英]south)
身分証明書 *der* **Personalausweis** /ペルゾナールアオスヴァイス/ ([英]identity card)
見本市 *die* **Messe** /メッセ/ ([英]trade fair)
耳 *das* **Ohr** /オーア/ ([英]ear)
ミリメートル *der/das* **Millimeter** /ミリメーター/ ([英]millimeter)
見る **sehen, schauen, blicken** /ゼーエン, シャオエン, ブリッケン/ ([英]see, look *at*)
ミルク *die* **Milch** /ミルヒ/ ([英]milk)
虫（昆虫） *das* **Insekt** /インゼクト/ ([英]insect)
虫（ミミズなど） *der* **Wurm** /ヴルム/ ([英]worm)
虫歯 *die* **Karies, fauler Zahn** /カーリエス, ファオラー ツァーン/ ([英]decayed tooth)
難しい **schwer, schwierig** /シュヴェーア, シュヴィーリヒ/ ([英]difficult, hard)
息子 *der* **Sohn** /ゾーン/ ([英]son)
娘 *die* **Tochter** /トホター/ ([英]daughter)

日独単語帳

胸 *die* **Brust** /ブルスト/ ([英]breast, chest)

村 *das* **Dorf** /ドルフ/ ([英]village)

無料の **frei, kostenlos** /フライ, コステンロース/ ([英]free)

目 *das* **Auge** /アオゲ/ ([英]eye)

銘柄 *die* **Marke,** *das* **Muster** /マルケ, ムスター/ ([英]brand, description)

明細 *die* **Einzelheiten** /アインツェルハイテン/ ([英]details)

メーカー *der* **Hersteller,** *der* **Produzent** /ヘーアシュテラー, プロドゥツェント/ ([英]maker)

メートル *der/das* **Meter** /メーター/ ([英]meter)

メール *die* **Mail** /メイル/ ([英]mail)

眼鏡 *die* **Brille** /ブリレ/ ([英]glasses)

目覚まし時計 *der* **Wecker** /ヴェッカー/ ([英]alarm clock)

メッセージ *die* **Botschaft,** *die* **Nachricht** /ボートシャフト, ナーハリヒト/ ([英]message)

メニュー *die* **Speisekarte** /シュパイゼカルテ/ ([英]menu)

メモ *die* **Notizen** /ノティーツェン/ ([英]memo)

綿 *die* **Baumwolle** /バオムヴォレ/ ([英]cotton)

免税店 *der* **Duty-free-Shop** /デューティフリー ショップ/ ([英]duty-free shop)

申し込み（予約などの） *die* **Bestellung** /ベシュテルング/ ([英]subscription)

申し込む（予約などを） **bestellen** /ベシュテレン/ ([英]book, subscribe)

毛布 *die* **Wolldecke** /ヴォルデッケ/ ([英]blanket)

目的地 *das* **Ziel** /ツィール/ ([英]destination)

木曜日 *der* **Donnerstag** /ドナースターク/ ([英]Thursday)

文字 *die* **Schrift,** *der* **Buchstabe** /シュリフト, ブーフシュターベ/ ([英]letter)

持つ（携帯） ***bei*** *sich*^{3} **haben** /バイ ズィヒ ハーベン/ ([英]have)

物 *das* **Ding,** *die* **Sache** /ディング, ザッヘ/ ([英]thing, object)

モノクロの **monochrom, einfarbig** /モノクローム, アインファルビヒ/ ([英]monochrome)

森 *der* **Wald** /ヴァルト/ (⑱woods, forest)
門 *das* **Tor,** *die* **Pforte** /トーア, プフォルテ/ (⑱gate)
問題 *das* **Problem,** *die* **Frage** /プロブレーム, フラーゲ/ (⑱question, problem)

や行

薬品 *das* **Arzneimittel** /アールツナイミッテル/ (⑱medicines)
やけど *die* **Brandwunde** /ブラントヴンデ/ (⑱burn)
野菜 *das* **Gemüse** /ゲミューゼ/ (⑱vegetables)
易しい **leicht, einfach** /ライヒト, アインファッハ/ (⑱easy, plain)
矢印 *der* **Richtungspfeil** /リヒトゥングスプファイル/ (⑱arrow)
安い **billig** /ビリヒ/ (⑱cheap, inexpensive)
安売り *der* **Sonderverkauf** /ゾンダーフェアカオフ/ (⑱bargain sale)
薬局 *die* **Apotheke,** *die* **Drogerie** /アポテーケ, ドロゲリー/ (⑱drugstore)
宿屋 *das* **Gasthaus,** *der* **Gasthof** /ガストハオス, ガストホーフ/ (⑱inn, hotel)
山 *der* **Berg** /ベルク/ (⑱mountain)
止める **auf|hören** /アオフヘーレン/ (⑱stop, end)
柔らかい **weich** /ヴァイヒ/ (⑱soft, tender)
湯 **heißes [warmes] Wasser** /ハイセス [ヴァルメス] ヴァッサー/ (⑱hot water)
夕方 *der* **Abend** /アーベント/ (⑱evening)
夕食 *das* **Abendessen** /アーベントエッセン/ (⑱supper, dinner)
ユースホステル *die* **Jugendherberge** /ユーゲントヘアベルゲ/ (⑱youth hostel)
郵送料 *die* **Postgebühr** /ポストゲビューア/ (⑱postage)
郵便 *die* **Post** /ポスト/ (⑱mail, post)
郵便局 *das* **Postamt** /ポストアムト/ (⑱post office)
郵便番号 *die* **Postleitzahl** /ポストライトツァール/ (⑱zip code)
有名な **berühmt** /ベリュームト/ (⑱famous, well-known)

有料の **gebührenpflichtig** /ゲビューレンプフリヒティヒ/ (㊓pay)

ユーロ *der* **Euro** /オイロ/ (㊓Euro)

雪 *der* **Schnee** /シュネー/ (㊓snow)

指 *der* **Finger** /フィンガー/ (㊓finger)

緩い **locker** /ロッカー/ (㊓loose)

よい **gut** /グート/ (㊓good)

酔う（船［車，飛行機］に～) **seekrank [reisekrank, flugkrank] werden** /ゼークランク［ライゼクランク，フルーククランク］ヴェーアデン/ (㊓get seasick [carsick, airsick])

用意する *sich*^{4} *für*^{4} *[auf*^{4}*]* **vor|bereiten** /フォーアベライテン/ (㊓prepare)

容器 *der* **Behälter** /ベヘルター/ (㊓receptacle)

用紙 *das* **Formular** /フォルムラール/ (㊓form)

幼児 *das* **Kleinkind** /クラインキント/ (㊓baby, child)

用途 *der* **Gebrauch** /ゲブラオホ/ (㊓use, purpose)

余暇 *die* **Freizeit** /フライツァイト/ (㊓leisure)

預金 *die* **Spareinlage** /シュパールアインラーゲ/ (㊓savings, deposit)

浴室 *das* **Badezimmer**, *das* **Bad** /バーデツィマー，バート/ (㊓bathroom)

浴槽 *die* **Badewanne** /バーデヴァネ/ (㊓bathtub)

汚れ *der* **Schmutz** /シュムッツ/ (㊓dirt, stain)

予防注射 *die* **Impfung** /インプフング/ (㊓preventive injection)

読む **lesen** /レーゼン/ (㊓read)

予約する **buchen, reservieren** /ブーヘン，レゼルヴィーレン/ (㊓reserve, book)

夜 *die* **Nacht** /ナハト/ (㊓night)

弱い **schwach** /シュヴァッハ/ (㊓weak)

ら行

ライター（タバコの) *das* **Feuerzeug** /フォイアーツオイク/ (㊓lighter)

ラジオ *das* **Radio** /ラーディオ/ (㊓radio)

ラジカセ *der* **Kassettenrecorder** /カセッテンレコルダー/ (㊓

cassette recorder)

リクライニングシート　*der* **Liegesitz** /リーゲズィッツ/ (㉇reclining seat)

率　*die* **Rate** /ラーテ/ (㉇rate)

リットル　*der/das* **Liter** /リーター/ (㉇liter)

リフト（スキー場の）　*der* **Skilift, *der*** **Sessellift** /シーリフト, ゼッセルリフト/ (㉇chair lift)

リボン　*das* **Band** /バント/ (㉇ribbon)

リモコン　*die* **Fernbedienung** /フェルンベディーヌング/ (㉇remote control)

理由　*der* **Grund** /グルント/ (㉇reason, cause)

量　*die* **Menge** /メンゲ/ (㉇quantity)

両替する　**wechseln** /ヴェクセルン/ (㉇change, exchange *for*)

料金　*die* **Gebühr** /ゲビューア/ (㉇charge, fee)

領事館　*das* **Konsulat** /コンズラート/ (㉇consulate)

領収書　*die* **Quittung** /クヴィットゥング/ (㉇receipt)

両方　**beide** /バイデ/ (㉇both)

旅券　*der* **Reisepass** /ライゼパス/ (㉇passport)

旅行　*die* **Reise** /ライゼ/ (㉇travel, trip)

離陸　*der* **Abflug** /アップフルーク/ (㉇takeoff)

臨時の　**provisorisch** /プロヴィゾーリシュ/ (㉇temporary, special)

ルート　*die* **Route** /ルーテ/ (㉇route)

冷蔵庫　*der* **Kühlschrank** /キュールシュランク/ (㉇refrigerator)

レシート　*die* **Quittung** /クヴィットゥング/ (㉇receipt)

レストラン　*das* **Restaurant** /レストラーン/ (㉇restaurant)

列車　*der* **Zug** /ツーク/ (㉇train)

レンタカー　*der* **Mietwagen** /ミートヴァーゲン/ (㉇rent-a-car)

ロープウエイ　*die* **Seilbahn** /ザイルバーン/ (㉇ropeway)

六月　*der* **Juni** /ユーニ/ (㉇June)

ロッカー　*das* **Schließfach** /シュリースファッハ/ (㉇locker)

ロッジ　*die* **Hütte** /ヒュッテ/ (㉇lodge)

ロビー *das* **Foyer** /フォワイエー/ (㊀lobby)

わ行

ワイシャツ *das* **Oberhemd** /オーバーヘムト/ (㊀shirt)
ワイン *der* **Wein** /ヴァイン/ (㊀wine)
若い **jung** /ユング/ (㊀young)
忘れ物 *die* **Fundsache** /フントザッヘ/ (㊀thing left behind)
綿 *die* **Watte** /ヴァッテ/ (㊀cotton)
割合 *die* **Rate** /ラーテ/ (㊀rate, ratio)
割引 *die* **Ermäßigung** /エアメースィグング/ (㊀discount)
悪い **schlecht** /シュレヒト/ (㊀bad, wrong)

独日単語帳

A

der **Abend** /アーベント/ ([英]evening) 晩，夕方
das **Abendessen** /アーベントエッセン/ ([英]dinner) 夕食
die **Abfahrt** /アップファールト/ ([英]departure) 出発，発車；出航
der **Abflug** /アップフルーク/ ([英]departure) (飛行機の) 出発，離陸
die **Achtung** /アハトゥング/ ([英]attention) 注意，用心
die **Adresse** /アドレッセ/ ([英]address) 住所
die **Allergie** /アレルギー/ ([英]allergy) アレルギー
alt /アルト/ [形]([英]old) 高齢の；古い
das **Alter** /アルター/ ([英]age) 年齢
die **Ampel** /アンペル/ ([英]traffic light) 交通信号機
die **Änderung** /エンデルング/ ([英]change) 変更
der **Anhänger** /アンヘンガー/ ([英]supporter) ファン，サポーター
die **Ankunft** /アンクンフト/ ([英]arrival) 到着
der **Anschluss** /アンシュルス/ ([英]connection) 接続，乗り継ぎ
die **Ansichtskarte** /アンズィヒツカルテ/ ([英]picture postcard) 絵はがき
das **Antibiotikum** /アンティビオーティクム/ ([英]antibiotic) 抗生物質
der **Anzug** /アンツーク/ ([英]suit) スーツ
die **Apotheke** /アポテーケ/ ([英]drugstore) 薬局
der **Ärmel** /エルメル/ ([英]sleeve) 袖
die **Art** /アールト/ ([英]way; kind) 方法；種類
der(die) **Arzt(Ärztin)** /アールツト（エーアツティン）/ ([英]doctor) 医者
der **Aufenthalt** /アオフエントハルト/ ([英]stay) 滞在（期間）
der **Aufwand** /アオフヴァント/ ([英]expenditure) 支出
der **Aufzug** /アオフツーク/ ([英]elevator) エレベーター
ausführlich /アオスフューアリヒ/ [形]([英]detailed) 詳細な

der **Ausgang** /アオスガング/ (英exit) 出口
die **Auskunft** /アオスクンフト/ (英information office) 案内所
die **Ausstellung** /アオスシュテルング/ (英exhibition) 展覧会
das **Auto** /アオト/ (英car) 自動車
die **Autobahn** /アオトバーン/ (英autobahn) 高速道路

B

das **Bad** /バート/ (英bath) 浴室
der **Badeanzug** /バーデアンツーク/ (英swimsuit) 水着
die **Bahn** /バーン/ (英(rail)road) 鉄道；道路
der **Bahnhof** /バーンホーフ/ (英station) 駅
das **Band** /バント/ (英ribbon, tape) リボン；テープ
die **Bank** /バンク/ (英bank) 銀行
die **Bar** /バール/ (英bar) バー
die **Batterie** /バテリー/ (英battery) 電池
der **Baum** /バオム/ (英tree) 木
der **Becher** /ベッヒャー/ (英glass, cup) コップ
die **Bedeutung** /ベドイトゥング/ (英meaning) 意味，意義
die **Bedienung** /ベディーヌング/ (英service) サービス
der **Behälter** /ベヘルター/ (英container) 容器
die **Bekleidung** /ベクライドゥング/ (英clothing) 衣類
die **Beleuchtung** /ベロイヒトゥング/ (英lighting) 照明
das **Benzin** /ベンツィーン/ (英gasoline) ガソリン
der **Berg** /ベルク/ (英mountain) 山
der **Beruf** /ベルーフ/ (英occupation) 職業
der **Bescheid** /ベシャイト/ (英information) 情報
die **Bestellung** /ベシュテルング/ (英order) 注文（品）
die **Bestimmung** /ベシュティムング/ (英regulation) 規則
der **Besuch** /ベズーフ/ (英visit) 訪問
das **Bett** /ベット/ (英bed) ベッド
das **Bier** /ビーア/ (英beer) ビール
das **Bild** /ビルト/ (英picture) 絵
billig /ビリヒ/ 形(英cheap) 安い

独日単語帳

bitter /ビッター/ 形(⊛bitter) 苦い
blau /ブラオ/ 形(⊛blue) 青い
der **Bleistift** /ブライシュティフト/ (⊛pencil) 鉛筆
der **Blitz** /ブリッツ/ (⊛flash) フラッシュ
die **Blume** /ブルーメ/ (⊛flower) 花
das **Blut** /ブルート/ (⊛blood) 血
das **Boot** /ボート/ (⊛boat) ボート
böse /ベーゼ/ 形(⊛bad) 悪い
der **Brand** /ブラント/ (⊛fire) 火災
der **Braten** /ブラーテン/ (⊛roast) 焼き肉
braun /ブラオン/ 形(⊛brown) 茶色の
breit /ブライト/ 形(⊛wide) (幅が)広い
der **Brief** /ブリーフ/ (⊛letter) 手紙
die **Briefmarke** /ブリーフマルケ/ (⊛stamp) 切手
die **Brieftasche** /ブリーフタッシェ/ (⊛wallet) 札入れ
der **Briefumschlag** /ブリーフウムシュラーク/ (⊛envelope) 封筒
die **Brille** /ブリレ/ (⊛glasses) 眼鏡
das **Brot** /ブロート/ (⊛bread) パン
die **Brücke** /ブリュッケ/ (⊛bridge) 橋
das **Buch** /ブーフ/ (⊛book) 本
die **Büchse** /ビュクセ/ (⊛can) 缶; 缶詰
der **Buchstabe** /ブーフシュターベ/ (⊛letter) 文字
die **Bude** /ブーデ/ (⊛stall, booth) 屋台, 売店
die **Burg** /ブルク/ (⊛castle) 城
das **Büro** /ビューロー/ (⊛office) 事務所
die **Bürste** /ビュルステ/ (⊛brush) ブラシ
der **Bus** /ブス/ (⊛bus) バス
die **Butter** /ブッター/ (⊛butter) バター

C

der **Campingplatz** /ケンピングプラッツ/ (⊛campsite) キャンプ場
der **CD-Spieler** /ツェーデーシュピーラー/ (⊛CD-player) ＣＤプレーヤー

独日単語帳

Celsius /ツェルスィウス/ (英Celsius) 摂氏
das Christentum /クリステントゥーム/ (英Christianity) キリスト教

D

das Datum /ダートゥム/ (英date) 日付
das Dessert /デセーア/ (英dessert) デザート
deutsch /ドイチュ/ 形(英German) ドイツの；ドイツ語の
dicht /ディヒト/ 形(英dense) 密な
der Dieb /ディープ/ (英thief) 泥棒
der Dienst /ディーンスト/ (英service) 勤務；サービス
das Ding /ディング/ (英thing) 物，事
das Dokument /ドクメント/ (英document) 書類，文書
der Dolmetscher /ドルメッチャー/ (英interpreter) 通訳者
das Dorf /ドルフ/ (英village) 村
der Dosenöffner /ドーゼンエフナー/ (英can opener) 缶切り
dunkel /ドゥンケル/ 形(英dark) 暗い，濃い
dünn /デュン/ 形(英thin) 薄い，細い
der Durchfall /ドゥルヒファル/ (英diarrhea) 下痢
der Durchgang /ドゥルヒガング/ (英passage) 通路
die Dusche /ドゥッシェ/ (英shower) シャワー
das Dutzend /ドゥッツェント/ (英dozen) ダース
der D-Zug /デーツーク/ (英express train) 急行列車

E

die Ecke /エッケ/ (英corner) かど，コーナー
das Ei /アイ/ (英egg) 卵
einfach /アインファッハ/ 形(英simple) 単純な，簡単な
der Einfluss /アインフルス/ (英influence) 影響（力）
der Eingang /アインガング/ (英entrance) 入口
das Einkaufszentrum /アインカオフスツェントルム/ (英shopping center) ショッピングセンター
die Einreise /アインライゼ/ (英entry) 入国
die Eintrittskarte /アイントリッツカルテ/ (英ticket) 入場券

das **Eis** /アイス/ ([英]ice) 氷；アイスクリーム
das **Eisen** /アイゼン/ ([英]iron) 鉄
die **Eisenbahn** /アイゼンバーン/ ([英]railroad) 鉄道
die **Elektrizität** /エレクトリツィテート/ ([英]electricity) 電気
das **Ende** /エンデ/ ([英]end) 終わり
eng /エング/ [形]([英]narrow) 狭い，きつい
entfernt /エントフェルント/ [形]([英]distant) 離れた
die **Entfernung** /エントフェルヌング/ ([英]distance) 距離
die **Erkältung** /エアケルトゥング/ ([英]cold) 風邪
die **Erklärung** /エアクレールング/ ([英]explanation) 解説，説明
der/die **Erwachsene** /エアヴァクセネ/ ([英]adult) 成人
das **Essen** /エッセン/ ([英]meal, food) 食事；料理
der **Essig** /エッスィヒ/ ([英]vinegar) 酢
die **Etage** /エタージェ/ ([英]floor) 階
der **Euro** /オイロ/ ([英]euro) ユーロ

F

der **Faden** /ファーデン/ ([英]thread) 糸
die **Fähre** /フェーレ/ ([英]ferry) フェリー
das **Fahrgeld** /ファールゲルト/ ([英]fare) 運賃
die **Fahrkarte** /ファールカルテ/ ([英]ticket) 乗車［船］券
der **Fahrplan** /ファールプラーン/ ([英]timetable) 時刻表
das **Fahrrad** /ファールラート/ ([英]bicycle) 自転車
der **Fahrstuhl** /ファールシュトゥール/ ([英]elevator) エレベーター
falsch /ファルシュ/ [形]([英]wrong; false) まちがった；にせの
die **Familie** /ファミーリエ/ ([英]family) 家族
die **Farbe** /ファルベ/ ([英]color) 色
faul /ファオル/ [形]([英]rotten) 腐った
die **Feder** /フェーダー/ ([英]feather) 羽毛
der **Fehler** /フェーラー/ ([英]error; fault) 間違い；欠陥
der **Feiertag** /ファイアーターク/ ([英]holiday) 祝日
fein /ファイン/ [形]([英]fine) 細い；細かい
das **Feld** /フェルト/ ([英]field) 畑；競技場

das **Fenster** /フェンスター/ (㊀window) 窓
die **Ferien** /フェーリエン/ (㊀vacation) 休暇
fern /フェルン/ 形(㊀far) 遠い
das **Fernsehen** /フェルンゼーエン/ (㊀television) テレビ
das **Fest** /フェスト/ (㊀celebration) 祭, パーティー
fett /フェット/ 形(㊀fat) 脂っこい；太った
feucht /フォイヒト/ 形(㊀moist) 湿った
das **Feuer** /フォイアー/ (㊀fire) 火；火事
das **Feuerzeug** /フォイアーツォイク/ (㊀lighter) ライター
das **Fieber** /フィーバー/ (㊀fever) 熱, 発熱
der **Film** /フィルム/ (㊀film) 映画；フィルム
der **Filz** /フィルツ/ (㊀felt) フェルト
finster /フィンスター/ 形(㊀dark) 暗い
der **Fisch** /フィッシュ/ (㊀fish) 魚
flach /フラッハ/ 形(㊀flat; shallow) 平らな；浅い
die **Flasche** /フラッシェ/ (㊀bottle) 瓶, ボトル
das **Fleisch** /フライシュ/ (㊀meat, flesh) 肉
der **Flug** /フルーク/ (㊀flight) フライト
der **Flügel** /フリューゲル/ (㊀wing) 翼
der **Flughafen** /フルークハーフェン/ (㊀airport) 空港
der **Flugschein** /フルークシャイン/ (㊀air ticket) 航空券
das **Flugzeug** /フルークツォイク/ (㊀airplane) 飛行機
der **Fluss** /フルス/ (㊀river) 川
das **Formular** /フォルムラール/ (㊀form) 申込用紙
das **Foto** /フォート/ (㊀Photo) 写真
der **Fotoapparat** /フォートアパラート/ (㊀camera) カメラ
die **Frage** /フラーゲ/ (㊀question) 問い
die **Frau** /フラオ/ (㊀woman; wife) 女性；妻
frei /フライ/ 形(㊀free) 自由な；無料の；空いている
der **Freund** /フロイント/ (㊀friend) 友人
frisch /フリッシュ/ 形(㊀fresh) 新鮮な
früh /フリュー/ 形(㊀early) 早い
der **Frühling** /フリューリング/ (㊀spring) 春

独日単語帳

das **Frühstück** /フリューシュテュック/ ([英]breakfast) 朝食
der **Führerschein** /フューラーシャイン/ ([英]driver's license) 運転免許証
der **Fußball** /フースバル/ ([英]soccer, football) サッカー

G

die **Gabel** /ガーベル/ ([英]fork) フォーク
die **Galerie** /ガレリー/ ([英]gallery) ギャラリー
der **Gang** /ガング/ ([英]passage) 通路
die **Garantie** /ガランティー/ ([英]guarantee) 保証
die **Gardine** /ガルディーネ/ ([英]curtain) カーテン
der **Garten** /ガルテン/ ([英]garden) 庭
das **Gas** /ガース/ ([英]gas) 気体，ガス
der **Gast** /ガスト/ ([英]guest) 客
das **Gasthaus** /ガストハオス/ ([英]inn) 食堂を兼ねた旅館
das **Gebäude** /ゲボイデ/ ([英]building) 建物
das **Gebirge** /ゲビルゲ/ ([英]mountain range) 山脈，山地
die **Gebühr** /ゲビューア/ ([英]charge, fee) 料金；手数［使用］料
der **Geburtstag** /ゲブーアツターク/ ([英]birthday) 誕生日
die **Gefahr** /ゲファール/ ([英]danger) 危険
gefährlich /ゲフェーアリヒ/ [形]([英]dangerous) 危険な
die **Gegend** /ゲーゲント/ ([英]area) 地域
gelb /ゲルプ/ [形]([英]yellow) 黄色の
das **Geld** /ゲルト/ ([英]money) 金，貨幣
der **Geldautomat** /ゲルトアオトマート/ ([英]ATM) ATM
der **Geldbeutel** /ゲルトボイテル/ ([英]purse) 財布
der **Geldschein** /ゲルトシャイン/ ([英]banknote) 紙幣
das **Gemüse** /ゲミューゼ/ ([英]vegetable) 野菜
geöffnet /ゲエフネット/ [形]([英]open) 営業中の
das **Gepäck** /ゲペック/ ([英]baggage) 荷物
gerade /ゲラーデ/ [形]([英]straight) まっすぐな
das **Gericht** /ゲリヒト/ ([英]dish) 料理
das **Geschäft** /ゲシェフト/ ([英]business) ビジネス

das **Geschenk** /ゲシェンク/ (英present) 贈り物
der **Geschmack** /ゲシュマック/ (英taste) 味, 風味
die **Geschwindigkeit** /ゲシュヴィンディヒカイト/ (英speed) 速度
das **Gesetz** /ゲゼッツ/ (英law) 法律
das **Gesicht** /ゲズィヒト/ (英face) 顔
das **Gespräch** /ゲシュプレーヒ/ (英conversation) 会話, 通話
gesund /ゲズント/ 形(英healthy) 健康な
das **Gewicht** /ゲヴィヒト/ (英weight) 重さ
das **Gewürz** /ゲヴュルツ/ (英spice) 香辛料
der **Gipfel** /ギプフェル/ (英peak) 山頂
das **Glas** /グラース/ (英glass) ガラス；コップ
gleich /グライヒ/ 形(英equal) 同じ；等しい
die **Glocke** /グロッケ/ (英bell) ベル
grau /グラオ/ 形(英gray) 灰色の
der **Grill** /グリル/ (英grill) グリル
die **Grippe** /グリッペ/ (英influenza) インフルエンザ
groß /グロース/ 形(英big) 大きい
die **Größe** /グレーセ/ (英size) 大きさ, サイズ
grün /グリューン/ 形(英green) 緑の
die **Gruppe** /グルッペ/ (英group) グループ
der **Gummi** /グミ/ (英rubber) ゴム
der **Gürtel** /ギュルテル/ (英belt) ベルト
gut /グート/ 形(英good) よい

H

der **Hafen** /ハーフェン/ (英harbor) 港
halb /ハルプ/ 形(英half) 半分の
die **Halle** /ハレ/ (英hall) ホール, ロビー
die **Haltestelle** /ハルテシュテレ/ (英stop) 停留所, 駅
das **Hammelfleisch** /ハメルフライシュ/ (英mutton) 羊肉
die **Hand** /ハント/ (英hand) 手
das **Handgepäck** /ハントゲペック/ (英baggage) 手荷物
die **Handtasche** /ハントタッシェ/ (英handbag) ハンドバッグ

das **Handtuch** /ハントトゥーフ/ (英towel) タオル
das **Handy** /ヘンディ/ (英cell phone) 携帯電話
hart /ハルト/ 形(英hard) かたい
das **Haus** /ハオス/ (英house) 家
das **Haustier** /ハオスティーア/ (英pet) ペット
heiß /ハイス/ 形(英hot) 熱い，暑い
hell /ヘル/ 形(英bright) 明るい
das **Hemd** /ヘムト/ (英shirt) ワイシャツ
der **Herbst** /ヘルプスト/ (英autumn) 秋
der **Herr** /ヘル/ (英gentleman) 男性，紳士；主人
hoch /ホーホ/ 形(英high) 高い
der **Hof** /ホーフ/ (英courtyard, court) 中庭；宮殿
das **Holz** /ホルツ/ (英wood) 木材
die **Hose** /ホーゼ/ (英pants) ズボン
das **Hotel** /ホテル/ (英hotel) ホテル
der **Hügel** /ヒューゲル/ (英hill) 丘
die **Hütte** /ヒュッテ/ (英hut) 小屋

I

der **IC** /イーツェー/ (英IC) インターシティ特急
die **Infektion** /インフェクツィオーン/ (英infection) 伝染病
die **Information** /インフォルマツィオーン/ (英information) 情報；案内所
die **Insel** /インゼル/ (英island) 島
der **Irrtum** /イルトゥーム/ (英error) 誤り

J

die **Jacke** /ヤッケ/ (英jacket) 上着
das **Jahr** /ヤール/ (英year) 年
der **Jahrestag** /ヤーレスターク/ (英anniversary) 記念日
die **Jahreszeit** /ヤーレスツァイト/ (英season) 季節
das **Jahrhundert** /ヤールフンダート/ (英century) 世紀
jüdisch /ユーディシュ/ 形(英Jewish) ユダヤ人［教］の

独日単語帳

jung /ユング/ [形](英young) 若い
der Junge /ユンゲ/ (英boy) 男の子

K

das Kabel /カーベル/ (英cable) ケーブル；コード
die Kabine /カビーネ/ (英cabin) 小部屋；客室
der Kaffee /カフェ/ (英coffee) コーヒー
kalt /カルト/ [形](英cold) 冷たい；寒い
die Kamera /カメラ/ (英camera) カメラ
der Kamm /カム/ (英comb) くし
die Kappe /カッペ/ (英cap) キャップ
die Karte /カルテ/ (英card) カード；はがき；切符；トランプ；メニュー；地図
die Kartoffel /カルトッフェル/ (英potato) ジャガイモ
der Käse /ケーゼ/ (英cheese) チーズ
die Kasse /カッセ/ (英cashier) 金庫；レジ；チケット売り場
der Kasten /カステン/ (英box, case) 箱，ケース
katholisch /カトーリシュ/ [形](英Catholic) カトリックの
das Kaufhaus /カオフハオス/ (英department store) デパート
die Kette /ケッテ/ (英chain) 鎖；チェーン（店）
das Kind /キント/ (英child) 子供
das Kino /キーノ/ (英movie) 映画館
der Kiosk /キオスク/ (英kiosk) 売店
die Kirche /キルヒェ/ (英church) 教会
die Klasse /クラッセ/ (英class) クラス；等級
das Kleid /クライト/ (英dress) ドレス，ワンピース
die Kleidung /クライドゥング/ (英clothes) 衣服
klein /クライン/ [形](英little) 小さい
das Klima /クリーマ/ (英climate) 気候
die Klingel /クリンゲル/ (英bell) ベル
die Klinik /クリーニク/ (英clinic) 病院
das Kloster /クロースター/ (英monastery) 修道院
das Knie /クニー/ (英knee) ひざ

der **Knopf** /クノプフ/ (㊀button) (服・スイッチの) ボタン
der **Koffer** /コッファー/ (㊀suitcase) トランク, スーツケース
das/der **Kondom** /コンドーム/ (㊀condom) コンドーム
die **Kontaktlinse** /コンタクトリンゼ/ (㊀contact lens) コンタクトレンズ
das **Konzert** /コンツェルト/ (㊀concert) コンサート
der **Kopfhörer** /コプフヘーラー/ (㊀headphones) ヘッドフォン
das **Kopfkissen** /コプフキッセン/ (㊀pillow) 枕
die **Kopie** /コピー/ (㊀copy) コピー
der **Korkenzieher** /コルケンツィーアー/ (㊀corkscrew) コルク栓抜き
die **Kosten** /コステン/ (㊀cost) 費用
kostenlos /コステンロース/ 形(㊀free) ただの, 無料の
krank /クランク/ 形(㊀sick) 病気の
das **Krankenhaus** /クランケンハオス/ (㊀hospital) 病院
der **Krankenwagen** /クランケンヴァーゲン/ (㊀ambulance) 救急車
die **Krawatte** /クラヴァッテ/ (㊀tie) ネクタイ
die **Kreditkarte** /クレディートカルテ/ (㊀credit card) クレジットカード
der **Kreis** /クライス/ (㊀circle) 円; サークル
die **Kreuzung** /クロイツング/ (㊀crossing) 交差点
die **Krug** /クルーク/ (㊀jug,mug) ジョッキ
die **Küche** /キュッヒェ/ (㊀kitchen) 台所
der **Kuchen** /クーヘン/ (㊀cake) ケーキ
die **Kugel** /クーゲル/ (㊀ball) 球; 弾丸
der **Kugelschreiber** /クーゲルシュライバー/ (㊀ball-point pen) ボールペン
kühl /キュール/ 形(㊀cool) 涼しい, 冷たい
der **Kühlschrank** /キュールシュランク/ (㊀refrigerator) 冷蔵庫
die **Kunst** /クンスト/ (㊀art) 芸術, 美術; 技術
der **Kunststoff** /クンストシュトフ/ (㊀plastic) プラスチック
der **Kurs** /クルス/ (㊀course) 針路, コース
die **Kurve** /クルヴェ/ (㊀curve) カーブ

独日単語帳

kurz /クルツ/ 形(㊎short) 短い
die Küste /キュステ/ (㊎coast) 海岸, 沿岸

L

der Laden /ラーデン/ (㊎store) 店
das Lamm /ラム/ (㊎lamb) 子羊
die Lampe /ランペ/ (㊎lamp) 電灯
das Land /ラント/ (㊎land) 陸地；田園；国；州
die Landkarte /ラントカルテ/ (㊎map) 地図
die Landschaft /ラントシャフト/ (㊎landscape) 景色
lang /ラング/ 形(㊎long) 長い
langsam /ラングザーム/ 形(㊎slow) 遅い, ゆっくりした
der Lärm /レルム/ (㊎noise) 騒音
der Laut /ラオト/ (㊎sound) 音, 声
die Lautstärke /ラオトシュテルケ/ (㊎volume) (音の) ボリューム
die Lebensmittel /レーベンスミッテル/ (㊎food) 食料 (品)
das Leder /レーダー/ (㊎leather) 皮革
leer /レーア/ 形(㊎empty) からの
leicht /ライヒト/ 形(㊎light; easy) 軽い；簡単な
das Leinen /ライネン/ (㊎linen) リネン
leise /ライゼ/ 形(㊎quiet) (音が) 小さい, 静かな
letzt /レッツト/ 形(㊎last) 最後の；最新の
das Licht /リヒト/ (㊎light) 光；照明
das Lied /リート/ (㊎song) 歌
der Lift /リフト/ (㊎elevator) エレベーター；リフト
die Linie /リーニエ/ (㊎line) 線；路線
die Linke /リンケ/ (㊎left) 左側
die Linse /リンゼ/ (㊎lens) レンズ
der Lippenstift /リッペンシュティフト/ (㊎lipstick) 口紅
das Loch /ロッホ/ (㊎hole) 穴
der Löffel /レッフェル/ (㊎spoon) スプーン
die Luftpost /ルフトポスト/ (㊎airmail) 航空郵便

M

das **Mädchen** /メートヒェン/ (㊥girl) 女の子
das **Magazin** /マガツィーン/ (㊥magazine) 雑誌
das **Mal** /マール/ (㊥time) 回，度
der **Mann** /マン/ (㊥man) 男性；夫
der **Mantel** /マンテル/ (㊥coat) コート，オーバー
die **Marke** /マルケ/ (㊥coupon, stamp, mark, brand) 券，札；切手；標識，目印；銘柄
der **Markt** /マルクト/ (㊥market) 市場；広場
die **Marmelade** /マルメラーデ/ (㊥jam) ジャム
die **Maschine** /マシーネ/ (㊥machine) 機械
das **Material** /マテリアール/ (㊥material) 素材
die **Mauer** /マオアー/ (㊥wall) 壁；塀
die **Medizin** /メディツィーン/ (㊥medicine) 医学；薬
das **Meer** /メーア/ (㊥sea, ocean) 海
die **Menge** /メンゲ/ (㊥amount) 量
die **Messe** /メッセ/ (㊥mass; fair) ミサ；見本市
das **Messer** /メッサー/ (㊥knife) ナイフ
das **Metall** /メタル/ (㊥metal) 金属
der **Mietwagen** /ミートヴァーゲン/ (㊥rent-a-car) レンタカー
die **Milch** /ミルヒ/ (㊥milk) ミルク
die **Minute** /ミヌーテ/ (㊥minute) 分
der **Mittag** /ミッターク/ (㊥noon) 昼，正午
das **Mittagessen** /ミッタークエッセン/ (㊥lunch) 昼食
die **Mitte** /ミッテ/ (㊥middle) 中央，中心
die **Mitteilung** /ミットタイルング/ (㊥announcement) 知らせ，通知
das **Mittel** /ミッテル/ (㊥means) 手段，方策
die **Mode** /モーデ/ (㊥fashion) 流行；ファッション
der **Monat** /モーナト/ (㊥month) (暦の) 月
der **Morgen** /モルゲン/ (㊥morning) 朝
die **Mücke** /ミュッケ/ (㊥mosquito) 蚊

独日単語帳

das **Museum** /ムゼーウム/ (㊤museum) 博物館, 美術館
die **Musik** /ムズィーク/ (㊤music) 音楽
das **Muster** /ムスター/ (㊤pattern) 模様, 柄

N

der **Nachmittag** /ナーハミッターク/ (㊤afternoon) 午後
die **Nachricht** /ナーハリヒト/ (㊤news) 知らせ；ニュース
nächst /ネーヒスト/ 形(㊤next) 次の
die **Nacht** /ナハト/ (㊤night) 夜
der **Nachtisch** /ナーハティッシュ/ (㊤dessert) デザート
die **Nadel** /ナーデル/ (㊤needle) 針
der **Nagel** /ナーゲル/ (㊤nail) くぎ；つめ
nah(e) /ナー(エ)/ 形(㊤near) 近い
der **Name** /ナーメ/ (㊤name) 名前
nass /ナス/ 形(㊤wet) ぬれた
der **Nebel** /ネーベル/ (㊤fog) 霧
der **Nerv** /ネルフ/ (㊤nerve) 神経
das **Netz** /ネッツ/ (㊤net) 網, ネット；ネットワーク
neu /ノイ/ 形(㊤new) 新しい
nieder /ニーダー/ 形(㊤low) 低い
normal /ノルマール/ 形(㊤normal) 通常の
der **Notausgang** /ノートアオスガング/ (㊤emergency exit) 非常口
der **Notfall** /ノートファル/ (㊤emergency) 非常事態
nötig /ネーティヒ/ 形(㊤necessary) 必要な
die **Nummer** /ヌマー/ (㊤number) 数, ナンバー；サイズ
die **Nuss** /ヌス/ (㊤nut) ナッツ

O

das **Oberhemd** /オーバーヘムト/ (㊤shirt) ワイシャツ
das **Obst** /オープスト/ (㊤fruit) 果物
der **Ofen** /オーフェン/ (㊤stove) ストーブ, オーブン
offen /オッフェン/ 形(㊤open) 開いている

独日単語帳

das **Öl** /エール/ (㊀oil) 油
die **Oper** /オーパー/ (㊀opera) オペラ
das **Orchester** /オルケスター/ (㊀orchestra) オーケストラ
die **Orgel** /オルゲル/ (㊀organ) パイプオルガン
der **Ort** /オルト/ (㊀place) 場所
der **Osten** /オステン/ (㊀east) 東
das **Ostern** /オースターン/ (㊀Easter) 復活祭
österreichisch /エーステライヒシュ/ 形(㊀Austrian) オーストリアの
der **Ozean** /オーツェアーン/ (㊀ocean) 海洋

P

die **Packung** /パックング/ (㊀package) 包み, 包装
das **Paket** /パケート/ (㊀parcel) 小包
der **Palast** /パラスト/ (㊀palace) 宮殿
das **Papier** /パピーア/ (㊀paper) 紙;書類
der **Papierkorb** /パピーアコルプ/ (㊀waste-paper basket) くずかご
der **Park** /パルク/ (㊀park) 公園
der **Pass** /パス/ (㊀passport) 旅券
die **Pause** /パオゼ/ (㊀pause) 休憩
der **Pelz** /ペルツ/ (㊀fur) 毛皮(製品)
der **Pfeffer** /プフェッファー/ (㊀pepper) コショウ
der **Pilz** /ピルツ/ (㊀mushroom) キノコ
der **Plan** /プラーン/ (㊀plan) 計画
das **Plastik** /プラスティク/ (㊀plastic) プラスチック
die **Platte** /プラッテ/ (㊀plate) 板;平皿
der **Platz** /プラッツ/ (㊀place) 場所;広場;席
die **Polizei** /ポリツァイ/ (㊀police) 警察
das **Portemonnaie** /ポルトモネー/ (㊀purse) 財布
die **Post** /ポスト/ (㊀post) 郵便
das **Postamt** /ポストアムト/ (㊀post office) 郵便局
die **Postkarte** /ポストカルテ/ (㊀postcard) 郵便はがき

独日単語帳

der **Preis** /プライス/ (㊥price) 価格
das **Problem** /プロブレーム/ (㊥problem) 問題；トラブル
das **Programm** /プログラム/ (㊥program) 番組
protestantisch /プロテスタンティシュ/ 形(㊥Protestant) プロテスタントの
der **Pullover** /プローヴァー/ (㊥pullover) セーター
der **Punkt** /プンクト/ (㊥point) 点；地点；時点；得点；論点

R

das **Radio** /ラーディオ/ (㊥radio) ラジオ
der **Rasierapparat** /ラズィーアアパラート/ (㊥electric shaver) 電気かみそり
der **Räuber** /ロイバー/ (㊥robber) 強盗
der **Raum** /ラオム/ (㊥room) 部屋；余地
die **Rechnung** /レヒヌング/ (㊥bill) 請求書
recht /レヒト/ 形(㊥right) 右の；正しい
das **Recht** /レヒト/ (㊥law; right) 法律，権利
das **Regal** /レガール/ (㊥shelf) 棚
die **Regel** /レーゲル/ (㊥rule) 規則
der **Regen** /レーゲン/ (㊥rain) 雨
die **Reihe** /ライエ/ (㊥row) 列
die **Reihenfolge** /ライエンフォルゲ/ (㊥order) 順番
rein /ライン/ 形(㊥pure) 純粋な
der **Reis** /ライス/ (㊥rice) 米，ご飯
die **Reise** /ライゼ/ (㊥travel) 旅行
das **Reisebüro** /ライゼビューロー/ (㊥travel agency) 旅行代理店
der **Reiseführer** /ライゼフューラー/ (㊥guidebook) 旅行ガイドブック
der **Reisepass** /ライゼパス/ (㊥passport) パスポート
der **Reisescheck** /ライゼシェック/ (㊥traveler's check) トラベラーズチェック
der **Reißverschluss** /ライスフェアシュルス/ (㊥zip) ファスナー
die **Religion** /レリギオーン/ (㊥religion) 宗教

die **Reparatur** /レパラトゥーア/ (㊧repair) 修理
das **Restaurant** /レストラーン/ (㊧restaurant) レストラン
die **Rezeption** /レツェプツィオーン/ (㊧reception) フロント
richtig /リヒティヒ/ 形(㊧right) 正しい，適切な
die **Richtung** /リヒトゥング/ (㊧direction) 方向，方角
das **Rindfleisch** /リントフライシュ/ (㊧beef) 牛肉
der **Ring** /リング/ (㊧ring) 指輪
der **Rock** /ロック/ (㊧skirt) スカート
der **Roggen** /ロッゲン/ (㊧rye) ライ麦
roh /ロー/ 形(㊧raw) なまの
die **Rolltreppe** /ロルトレッペ/ (㊧escalator) エスカレーター
rot /ロート/ 形(㊧red) 赤い
die **Rückfahrkarte** /リュックファールカルテ/ (㊧return ticket) 往復乗車券
der **Rucksack** /ルックザック/ (㊧rucksack) リュックサック
die **Rufnummer** /ルーフヌマー/ (㊧telephone number) 電話番号
die **Ruhe** /ルーエ/ (㊧silence; rest) 静けさ；休息
der **Ruhetag** /ルーエターク/ (㊧day of rest) 休業日
ruhig /ルーイヒ/ 形(㊧quiet) 静かな
rund /ルント/ 形(㊧round) 丸い
die **Rundfahrt** /ルントファールト/ (㊧tour) 観光ツアー

S

der **Saal** /ザール/ (㊧hall) ホール
die **Sache** /ザッヘ/ (㊧thing) 物，事
der **Sack** /ザック/ (㊧sack) 袋
der **Saft** /ザフト/ (㊧juice) ジュース
der **Salat** /ザラート/ (㊧salad) サラダ
das **Salz** /ザルツ/ (㊧salt) 塩
salzig /ザルツィヒ/ 形(㊧salty) 塩辛い
sanft /ザンフト/ 形(㊧soft) 柔らかい
sauber /ザオバー/ 形(㊧clean) 清潔な

独日単語帳

sauer /ザオアー/ 形(㊈sour) 酸っぱい
der **Sauerstoff** /ザオアーシュトフ/ (㊈oxygen) 酸素
die **Schachtel** /シャヒテル/ (㊈box) 箱
der **Schaden** /シャーデン/ (㊈damage) 損害
der **Schalter** /シャルター/ (㊈switch) スイッチ
scharf /シャルフ/ 形(㊈sharp) 鋭い；辛い
der **Scheck** /シェック/ (㊈check) 小切手
der **Schi** /シー/ (㊈ski) スキー
das **Schiff** /シフ/ (㊈ship) 船
das **Schild** /シルト/ (㊈sign) 看板；標識
der **Schinken** /シンケン/ (㊈ham) ハム
der **Schirm** /シルム/ (㊈umbrella) 傘
der **Schlafanzug** /シュラーフアンツーク/ (㊈pyjamas) パジャマ
das **Schlafzimmer** /シュラーフツィマー/ (㊈bedroom) 寝室
schlecht /シュレヒト/ 形(㊈bad) 悪い
das **Schließfach** /シュリースファッハ/ (㊈locker) コインロッカー
das **Schloss** /シュロス/ (㊈lock; castle) 錠，ロック；城館
der **Schlüssel** /シュリュッセル/ (㊈key) 鍵
schmal /シュマール/ 形(㊈narrow) 狭い
der **Schmerz** /シュメルツ/ (㊈pain) 痛み
schmutzig /シュムッツィヒ/ 形(㊈dirty) 汚ない
der **Schnee** /シュネー/ (㊈snow) 雪
schnell /シュネル/ 形(㊈fast) 速い
der **Schnellzug** /シュネルツーク/ (㊈express) 急行列車
schön /シェーン/ 形(㊈beautiful) 美しい
der **Schrank** /シュランク/ (㊈closet) 戸棚
der **Schreibtisch** /シュライプティッシュ/ (㊈desk) (事務) 机
die **Schrift** /シュリフト/ (㊈script) 文字
der **Schuh** /シュー/ (㊈shoe) 靴
die **Schüssel** /シュッセル/ (㊈bowl) 深皿，ボウル
schwach /シュヴァッハ/ 形(㊈weak) 弱い；(味・濃度が) 薄い
schwarz /シュヴァルツ/ 形(㊈black) 黒い
das **Schweinefleisch** /シュヴァイネフライシュ/ (㊈pork) 豚肉

独日単語帳

der **Schweiß** /シュヴァイス/ (㊍sweat) 汗

schweizerisch /シュヴァイツェリシュ/ 形(㊍Swiss) スイスの

schwer /シュヴェーア/ 形(㊍heavy) 重い

schwierig /シュヴィーリヒ/ 形(㊍difficult) 困難な

die **Schwimmweste** /シュヴィムヴェステ/ (㊍life jacket) 救命胴衣

der **Schwindel** /シュヴィンデル/ (㊍dizziness) めまい

der **See** /ゼー/ (㊍lake) 湖

die **See** /ゼー/ (㊍sea) 海

die **Seife** /ザイフェ/ (㊍soap) せっけん

die **Seilbahn** /ザイルバーン/ (㊍cable car) ロープウェー, ケーブルカー

die **Seite** /ザイテ/ (㊍side) 面 ; ページ

die **Sekunde** /ゼクンデ/ (㊍second) 秒

die **Selbstbedienung** /ゼルプストベディーヌング/ (㊍selfservice) セルフサービス

der **Senf** /ゼンフ/ (㊍mustard) マスタード

sicher /ズィヒャー/ 形(㊍safe) 安全な ; 確実な

der **Sicherheitsgurt** /ズィヒャーハイツグルト/ (㊍seat belt) シートベルト

der **Sinn** /ズィン/ (㊍sense) 感覚 ; 意味

der **Sitz** /ズィッツ/ (㊍seat) 座席

der **Ski** /シー/ (㊍ski) スキー

die **Socke** /ゾッケ/ (㊍sock) 靴下

der **Sommer** /ゾマー/ (㊍summer) 夏

der **Sonnenstich** /ゾネンシュティヒ/ (㊍sunstroke) 日射病

die **Soße** /ゾーセ/ (㊍sauce) ソース

spät /シュペート/ 形(㊍late) (時刻・時期の) 遅い

der **Speck** /シュペック/ (㊍bacon) ベーコン

die **Speise** /シュパイゼ/ (㊍food) 料理

die **Speisekarte** /シュパイゼカルテ/ (㊍menu) メニュー

der **Spiegel** /シュピーゲル/ (㊍mirror) 鏡

das **Spiel** /シュピール/ (㊍play) 遊び ; ゲーム ; 試合 ; 演奏

独日単語帳

das **Spielzeug** /シュピールツォイク/ (㊤toy) おもちゃ
die **Spitze** /シュピッツェ/ (㊤top) 頂上；先頭
die **Sprache** /シュプラーヘ/ (㊤language) 言語
die **Stadt** /シュタット/ (㊤town, city) 都市
der **Stadtplan** /シュタットプラーン/ (㊤street map) 市街地図
der **Stand** /シュタント/ (㊤stand) 売店；乗り場
stark /シュタルク/ 形(㊤strong) 強い
die **Station** /シュタツィオーン/ (㊤station) 駅；停留所
das **Steak** /ステーク/ (㊤steak) ステーキ
die **Steckdose** /シュテックドーゼ/ (㊤socket) コンセント
der **Stecker** /シュテッカー/ (㊤plug) プラグ
die **Stelle** /シュテレ/ (㊤place) 場所
der **Stiefel** /シュティーフェル/ (㊤boots) ブーツ
der **Stift** /シュティフト/ (㊤pencil) 鉛筆
die **Stimme** /シュティメ/ (㊤voice) 声
der **Stoff** /シュトフ/ (㊤material) 材料；生地
der **Strand** /シュトラント/ (㊤beach) 海岸
die **Straße** /シュトラーセ/ (㊤street) 道路，通り
das **Streichholz** /シュトライヒホルツ/ (㊤match) マッチ
der **Streik** /シュトライク/ (㊤strike) ストライキ
der **Strohhalm** /シュトローハルム/ (㊤straw) ストロー；わら
der **Strom** /シュトローム/ (㊤river) 川；電流
der **Strumpf** /シュトルンプフ/ (㊤stockings) ストッキング
die **Stube** /シュトゥーベ/ (㊤room) 部屋
das **Stück** /シュテュック/ (㊤part) 部分
der **Stuhl** /シュトゥール/ (㊤chair) いす
die **Stunde** /シュトゥンデ/ (㊤hour) 時間
der **Sturm** /シュトゥルム/ (㊤storm) 嵐
der **Süden** /ズューデン/ (㊤south) 南
die **Summe** /ズメ/ (㊤sum) 合計
die **Suppe** /ズッペ/ (㊤soup) スープ
süß /ズュース/ 形(㊤sweet) 甘い
die **Süßigkeit** /ズュースィヒカイト/ (㊤sweet) 菓子

T

der **Tabak** /ターバク/ (㊈tobacco) たばこ
die **Tabelle** /タベレ/ (㊈table) 表，リスト
das **Tablett** /タブレット/ (㊈tray) 盆
der **Tag** /ターク/ (㊈day) 日；昼間
das **Tal** /タール/ (㊈valley) 谷
der **Tanz** /タンツ/ (㊈dance) ダンス
die **Tasche** /タッシェ/ (㊈bag; pocket) かばん；袋；ポケット
die **Tasse** /タッセ/ (㊈cup) (コーヒー) カップ
das **Taxi** /タクスィ/ (㊈taxi) タクシー
das **Team** /ティーム/ (㊈team) チーム
der **Tee** /テー/ (㊈tea) 紅茶
der **Teil** /タイル/ (㊈part) 部分
das **Telefon** /テレフォーン/ (㊈telephone) 電話
der **Teller** /テラー/ (㊈plate) 皿
die **Temperatur** /テムペラトゥーア/ (㊈temperature) 温度
der **Termin** /テルミーン/ (㊈date) 期日
teuer /トイアー/ 形(㊈expensive) 高価な，金のかかる
das **Theater** /テアーター/ (㊈theater) 劇場；演劇
das **Thermometer** /テルモメーター/ (㊈thermometer) 温度計
das **Ticket** /ティケット/ (㊈ticket) 切符
tief /ティーフ/ 形(㊈deep) 深い
die **Tiefkühlkost** /ティーフキュールコスト/ (㊈frozen food) 冷凍食品
der **Tierpark** /ティーアパルク/ (㊈zoo) 動物園
der **Tisch** /ティッシュ/ (㊈table) テーブル
die **Toilette** /トアレッテ/ (㊈toilet) トイレ
das **Tor** /トーア/ (㊈gate) 門；ゴール
der **Tourismus** /トゥリスムス/ (㊈tourism) 観光
die **Treppe** /トレッペ/ (㊈stair) 階段
trocken /トロッケン/ 形(㊈dry) 乾いた
das **Tuch** /トゥーフ/ (㊈cloth) 布
die **Tür** /テューア/ (㊈door) ドア

独日単語帳

der **Typ** / テューブ / (㊧type) 型

U

die **U-Bahn** / ウーバーン / (㊧subway) 地下鉄
die **Übersetzung** / ユーバーゼッツング / (㊧translation) 翻訳
die **Uhr** / ウーア / (㊧clock, watch, o'clock) 時計 ; …時
der **Umschlag** / ウムシュラーク / (㊧envelope) 封筒
ungefähr / ウンゲフェーア / 副(㊧about) ほとんど
das **Unglück** / ウングリュック / (㊧accident) 事故
ungültig / ウンギュルティヒ / 形(㊧invalid) 無効の
die **Unterführung** / ウンター–フールング / (㊧underpass) 地下道
die **Unterschrift** / ウンターシュリフト / (㊧signature) 署名
die **Unterwäsche** / ウンターヴェッシェ / (㊧underwear) 下着
der **Urlaub** / ウーアラオプ / (㊧vacation) 休暇

V

vegetarisch / ヴェゲターリシュ / 形(㊧vegetarian) 菜食（主義）の
das **Verkehrszeichen** / フェアケーアスツァイヒェン / (㊧traffic sign) 交通標識
die **Verletzung** / フェアレッツング / (㊧injury) けが
die **Versicherung** / フェアズィヒェルング / (㊧insurance) 保険
viel / フィール / 形 (㊧many, much) 多くの
das **Visum** / ヴィーズム / (㊧visa) ビザ
der **Vogel** / フォーゲル / (㊧bird) 鳥
voll / フォル / 形(㊧full) いっぱいの
der **Vormittag** / フォーアミッターク / (㊧morning) 午前
die **Vorspeise** / フォーアシュパイゼ / (㊧hors d'oeuvre) オードブル
der **Vorteil** / フォルタイル / (㊧advantage) 長所

W

die **Waage** / ヴァーゲ / (㊧balance) はかり
der **Wald** / ヴァルト / (㊧forest) 森
die **Wand** / ヴァント / (㊧wall) 壁

独日単語帳

die **Ware** /ヴァーレ/ (㋳goods) 商品
warm /ヴァルム/ 形(㋳warm) 暖かい，温かい
der **Waschsalon** /ヴァッシュザローン/ (㋳laundromat) コインランドリー
die **Watte** /ヴァッテ/ (㋳cotton wool) 綿
das **Wechselgeld** /ヴェクセルゲルト/ (㋳change) つり銭，小銭
der **Wecker** /ヴェッカー/ (㋳alarm clock) 目覚まし時計
der **Weg** /ヴェーク/ (㋳way) 道；方法
weich /ヴァイヒ/ 形(㋳soft) 柔らかい
das **Weihnachten** /ヴァイナハテン/ (㋳Christmas) クリスマス
der **Wein** /ヴァイン/ (㋳wine) ワイン
weiß /ヴァイス/ 形(㋳white) 白い
weit /ヴァイト/ 形(㋳wide) 広い
der **Weizen** /ヴァイツェン/ (㋳wheat) 小麦
der **Wert** /ヴェーアト/ (㋳value) 価値；価格
der **Westen** /ヴェステン/ (㋳west) 西
das **Wetter** /ヴェッター/ (㋳weather) 天気
wichtig /ヴィヒティヒ/ 形(㋳important) 重要な
der **Wind** /ヴィント/ (㋳wind) 風
die **Windel** /ヴィンデル/ (㋳diaper) おむつ
der **Winter** /ヴィンター/ (㋳winter) 冬
die **Woche** /ヴォッヘ/ (㋳week) 週
das **Wochenende** /ヴォッヘンエンデ/ (㋳weekend) 週末
die **Wohnung** /ヴォーヌング/ (㋳apartment) 住居，アパート
die **Wolle** /ヴォレ/ (㋳wool) 羊毛；毛糸
das **Wort** /ヴォルト/ (㋳word) 単語
das **Wörterbuch** /ヴェルターブーフ/ (㋳dictionary) 辞書
die **Wunde** /ヴンデ/ (㋳wound) 傷
die **Wurst** /ヴルスト/ (㋳sausage) ソーセージ

Z

die **Zahl** /ツァール/ (㋳number) 数；数字
die **Zahlung** /ツァールング/ (㋳payment) 支払い

独日単語帳

die **Zahnbürste** / ツァーンビュルステ / (⊛toothbrush) 歯ブラシ
die **Zahnpasta** / ツァーンパスタ / (⊛toothpaste) 歯磨き粉
die **Zeit** / ツァイト / (⊛time) 時間；時刻
der **Zeitraum** / ツァイトラオム / (⊛period) 期間
die **Zeitung** / ツァイトゥング / (⊛newspaper) 新聞
das **Zentrum** / ツェントルム / (⊛center) 中心，中央
das **Ziel** / ツィール / (⊛goal) 目的(地)
das **Zimmer** / ツィマー / (⊛room) 部屋
der **Zoll** / ツォル / (⊛customs) 関税；税関
der **Zucker** / ツッカー / (⊛sugar) 砂糖
der **Zug** / ツーク / (⊛train) 列車
der **Zugang** / ツーガング / (⊛entrance) 入り口

独日単語帳

2006年4月10日　　初版発行
2016年8月1日　　カジュアル版 初版発行

デイリー日独英3か国語会話辞典
カジュアル版

2016年8月1日　　第1刷発行

監　修　渡辺　学（わたなべ・まなぶ）

編　者　三省堂編修所

発行者　株式会社 三省堂　代表者 北口克彦

印刷者　三省堂印刷株式会社

発行所　株式会社 三省堂

　　　　〒101-8371
　　　　東京都千代田区三崎町二丁目22番14号
　　　　　　電話　編集　（03）3230-9411
　　　　　　　　　営業　（03）3230-9412
　　　　http://www.sanseido.co.jp/
　　　　振替口座　00160-5-54300

〈カジュアル日独英会話・384pp.〉

落丁本・乱丁本はお取替えいたします
ISBN978-4-385-12262-5

Ⓡ本書を無断で複写複製することは、著作権法上の例外を除き、禁じられています。本書をコピーされる場合は、事前に日本複製権センター（03-3401-2382）の許諾を受けてください。また、本書を請負業者等の第三者に依頼してスキャン等によってデジタル化することは、たとえ個人や家庭内での利用であっても一切認められておりません。

シンプルな3か国語辞典

デイリー日仏英・仏日英辞典
村松定史[監修]日仏英は1万3千項目、仏日英は5千項目。カナ発音付き。2色刷。

デイリー日独英・独日英辞典
渡辺 学[監修]日独英は1万4千項目、独日英は6千項目。カナ発音付き。2色刷。

デイリー日伊英・伊日英辞典
藤村昌昭[監修]日伊英は1万5千項目、伊日英は9千項目。カナ発音付き。2色刷。

デイリー日西英・西日英辞典
上田博人・アントニオ=ルイズ=ティノコ[監修]日西英は1万5千、西日英は6千。カナ発音付き。2色刷。

デイリー日葡英・葡日英辞典
黒沢直俊・ホナウヂ=ポリート・武田千香[監修]日葡英は1万5千、葡日英は7千。カナ発音付き。2色刷。

デイリー日露英・露日英辞典
井桁貞義[監修]日露英は1万4千項目、露日英は9千項目。カナ発音付き。2色刷。

デイリー日韓英・韓日英辞典
福井 玲・尹 亭仁[監修]日韓英は1万4千項目、韓日英は6千項目。カナ発音付き。2色刷。

デイリー日中英・中日英辞典
池田 巧[監修]日中英は1万3千項目、中日英は5千項目。カナ発音付き。2色刷。

デイリー日タイ英・タイ日英辞典
宇戸清治[監修]日タイ英は1万2千項目、タイ日英は9千項目。カナ発音付き。2色刷。

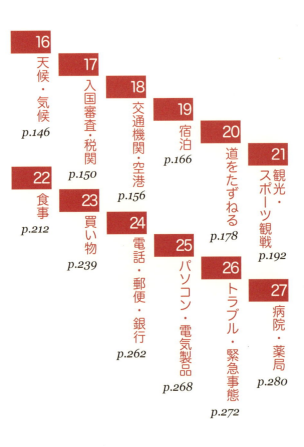

- 16 天候・気候 p.146
- 17 入国審査・税関 p.150
- 18 交通機関・空港 p.156
- 19 宿泊 p.166
- 20 道をたずねる p.178
- 21 観光・スポーツ観戦 p.192
- 22 食事 p.212
- 23 買い物 p.239
- 24 電話・郵便・銀行 p.262
- 25 パソコン・電気製品 p.268
- 26 トラブル・緊急事態 p.272
- 27 病院・薬局 p.280

単語コラム

家族 24	食品 237
家 25	果物 237
職業 48	飲み物 238
芸術 67	食器 238
季節・月など 120	店 249
空港 154	衣服 250
交通機関 155	小物 251
ホテル 175	色 252
観光 176	素材 252
スポーツ 176	文房具 253
表示 177	化粧品 253
味 234	度量衡 271
肉 234	薬 298
野菜 235	からだ 299
魚 236	病気 300
調味料 236	

ミニ情報

du か Sie か 3
タクシー 162
宿（1） 168
アルファベット 169
宿（2） 173
自動販売機 179
スポーツ 201
本日のランチ 217
乾杯 220
服のサイズ 243
免税 246
ユーロ 248
盗難に注意!! 279